MANESSE BIBLIOTHEK DER WELTLITERATUR

KATZEN

Eine Auswahl von Texten
aus der Weltliteratur

―

Herausgegeben von
Federico Hindermann

―

Mit 10 farbigen
und 27 schwarzweißen Bildern
von Gottfried Mind

MANESSE VERLAG
ZÜRICH

CIP-Kurztitelaufnahme der Deutschen Bibliothek

Katzen: e. Ausw. von Texten aus d. Weltliteratur
hrsg. von Federico Hindermann
Mit 10 farb. u. 27 schwarzweißen Bildern
von Gottfried Mind
3. Aufl. – Zürich: Manesse Verlag, 1986
(Manesse Bibliothek der Weltliteratur)
ISBN 3-7175-1614-0 Gewebe
ISBN 3-7175-1615-9 Ldr.

NE: Hindermann, Federico [Hrsg.]

Copyright © 1982 by Manesse Verlag, Zürich
Alle Rechte vorbehalten

Rudyard Kipling

Die Katze, die für sich allein ging

Höre, lausche und vernimm, mein liebstes Kind; dies begab und ereignete sich, wurde und war, da die Haustiere noch wild waren. Der Hund war wild, und das Pferd war wild, und die Kuh war wild, und das Schaf war wild, und das Schwein war wild – das war schon ganz und gar wild –, und die gingen da im nassen wilden Wald ihre einsamen wilden Wege. Aber das wildeste aller wilden Tiere war die Katze. Die ging ganz allein für sich, und ein Ort war für sie wie der andere.

Der Mensch war selbstverständlich auch wild. Furchtbar wild sogar. Er fing erst an, ein bißchen zahm zu werden, als er mit der Frau zusammengetroffen war und die ihm gesagt hatte, sie habe keine Lust, in so wilder Weise zu leben wie er. Sie suchte sich eine hübsche trockene Höhle, um darin zu schlafen, statt auf einem Haufen nassen Laubs; und dann streute sie sauberen Sand auf den Boden und zündete ganz hinten in der Höhle aus Holz ein hübsches Feuerchen an; darauf hängte sie noch die getrocknete Haut eines Wildpferdes mit dem Schwanz nach unten vor den Einlaß der Höhle und sagte: «Wisch deine Füße ab, mein Lieber, bevor du eintrittst; so, und nun wollen wir mit dem Haushalt anfangen.»

Am Abend gab es dann Wildschafffleisch, das auf heißen Steinen gebraten und mit wildem Knoblauch und wildem Pfeffer gewürzt war; darauf mit wildem Reis, wildem Fenchel und wildem Koriander gefüllte Wildente; danach

Markknochen von wilden Ochsen und schließlich wilde Kirschen und wilde Granatäpfel. Und dann legte sich der Mann glücklich und zufrieden vor dem Feuer schlafen; aber die Frau blieb auf und kämmte ihr Haar. Und sie nahm das große, flache Schulterblatt von dem Hammel und betrachtete die wundersame Zeichnung darauf, und dann warf sie frisches Holz aufs Feuer und machte einen Zauber, den ersten Sangeszauber auf der Welt.

Draußen im nassen wilden Wald aber liefen all die wilden Tiere zusammen an einer Stelle, wo sie von ganz weit her den Schein des Feuers sehen konnten, und machten sich Gedanken darüber, was das bedeuten möge.

Schließlich stampfte das Wildpferd mit dem wilden Huf auf und sagte: «O meine Freunde und meine Feinde, warum haben der Mann und das Weib das große Licht in der großen Höhle dort angezündet, und welchen Schaden wird uns dies bringen?»

Und der Wildhund hob die wilde Nase und roch den Geruch des Hammelbratens und sagte: «Ich werde einmal hingehn und nachsehn und euch Bescheid sagen; denn mich dünkt, es ist schon recht. Katze, komm mit!»

«Nichts da!» sagte die Katze. «Ich bin die Katze, und ich gehe nur allein für mich, und jeder Ort ist für mich wie der andere. Ich gehe nicht mit.»

«Dann können wir nie wieder Freunde sein», sagte der Wildhund und setzte sich in Trab nach der Höhle.

Als er aber ein Stückchen weit fort war, sprach die Katze bei sich selbst: «Ein Ort ist für mich wie der andere. Warum soll ich eigentlich nicht auch hingehn, mir alles ansehn und wieder weggehn, grade wie es mir beliebt?» Sie schlich also hinter dem Wildhund drein, sachte, ganz sachte, und versteckte sich an einer Stelle, wo sie alles hören konnte.

Als der Wildhund beim Eingang zur Höhle angelangt war, schob er die getrocknete Pferdehaut mit der Nase hoch und schnupperte den herrlichen Duft vom Hammelbraten. Die Frau aber, die immer noch das Schulterblatt betrachtete, hatte ihn gehört und sagte: «Da kommt der erste. Wildes Wesen aus dem wilden Wald, was willst du?»

Und der Wildhund sagte: «O meine Feindin und Weib meines Feindes, was duftet so wunderschön in den wilden Wald hinaus?»

Da nahm die Frau einen angebratenen Hammelknochen, warf ihn dem Wildhund zu und sagte: «Wildes Wesen aus dem wilden Wald, da, koste einmal.»

Und der Wildhund nagte den Knochen ab, und er schmeckte köstlicher denn alles, was er je gekostet hatte; und er sagte: «O meine Feindin und Weib meines Feindes, gib mir noch einen.»

Und die Frau sagte: «Wildes Wesen aus dem wilden Wald, hilf meinem Mann tagsüber beim Jagen und bewache diese Höhle zur Nachtzeit, dann werde ich dir so viele gebratene Knochen geben, wie du magst.»

Da das die Katze hörte, sagte sie: «Ei, ei, das ist eine gescheite Frau, aber so gescheit wie ich ist sie doch nicht.»

Der Wildhund aber kroch in die Höhle hinein zu der Frau hin, legte seinen Kopf in ihren Schoß und sagte: «O meine Freundin und Weib meines Freundes, ich werde deinem Mann tagsüber bei der Jagd helfen und zur Nachtzeit eure Höhle bewachen.»

«Ei, ei», sagte die horchende Katze, «das ist ja ein ganz dummer Hund.» Und sie ging zurück durch den nassen wilden Wald und wanderte, mit dem wilden Schwanz wedelnd, für sich allein ihres wilden Weges. Aber sie erzählte niemandem je etwas davon.

Als der Mann aufwachte, sagte er: «Was tut der Wildhund hier?»

Und die Frau sagte: «Er heißt nicht mehr Wildhund, sondern Erster Freund, denn er wird immer und ewig unser Freund sein. Nimm ihn mit, wenn du auf die Jagd gehst.»

Am nächsten Abend schnitt die Frau ganze Armvoll frischen grünen Grases auf den nassen Wiesen ab und trocknete es am Feuer, so daß es duftete wie frischgemähtes Heu, und dann setzte sie sich an den Eingang der Höhle und flocht einen Halfter aus Pferdeleder; dabei beschaute sie immer das Hammelschulterblatt und machte einen Zauber. Das war der zweite Sangeszauber auf der Welt.

Draußen im wilden Wald wunderten sich alle wilden Tiere darüber, was dem Wildhund zugestoßen sein möge, und schließlich stampfte das Wildpferd mit dem Huf auf und sagte: «Ich werde einmal hingehen und sehen und euch Bescheid sagen, warum der Wildhund nicht zurückgekehrt ist. Komm mit, Katze!»

«Nichts da!» sagte die Katze. «Ich bin die Katze, die für sich allein geht, und ein Ort ist für mich wie der andere. Ich gehe nicht mit.»

Trotzdem aber lief sie sachte, ganz sachte dem Wildpferd nach und versteckte sich an einer Stelle, wo sie alles hören konnte.

Als die Frau das Wildpferd herantrappeln und über seine lange Mähne stolpern hörte, lachte sie und sagte: «Da kommt der zweite. Wildes Wesen aus dem wilden Wald, was willst du?»

Und das Wildpferd sagte: «O meine Feindin und Weib meines Feindes, wo ist der Wildhund?»

Da lachte die Frau, hob den Schulterknochen hoch, schaute darauf und sprach: «Wildes Wesen aus dem wilden Wald, du bist nicht wegen des Wildhundes gekommen, sondern um des schönen Grases willen.»

Und da trappelte das Wildpferd und verhedderte sich in seiner langen Mähne und sagte: «Wahrlich, so ist es ... Laß mich davon fressen.»

Und die Frau sagte: «Wildes Wesen aus dem wilden Wald, beuge deinen wilden Kopf und trage, was ich dir zu tragen gebe, und du sollst dreimal am Tag das wunderschöne Gras zu fressen bekommen.»

«Ei, ei», sagte die horchende Katze, «das ist eine sehr gescheite Frau, aber sie ist nicht so gescheit wie ich.»

Das Wildpferd aber beugte den wilden Kopf, und die Frau streifte ihm das geflochtene Lederhalfter über, und das Wildpferd schnaubte auf die Füße der Frau und sagte: «O meine Herrin und Weib meines Herrn, um des wunderschönen Grases willen will ich dein Knecht sein.»

«Ei, ei», sagte die horchende Katze, «das ist ja ein ganz dummes Pferd.» Und sie ging zurück durch den nassen wilden Wald und wanderte, mit dem wilden Schwanz wedelnd, für sich allein ihres wilden Weges. Aber sie erzählte niemandem je davon.

Als der Mann und der Hund von der Jagd heimkamen, sagte der Mann: «Was tut denn das Wildpferd hier?»

Und die Frau sagte: «Es heißt nicht mehr Wildpferd, sondern Erster Knecht, denn es wird uns nun immer und ewig vom einen Ort zum andern tragen. Reite auf ihm, wenn du jagen gehst.»

Am nächsten Tag kam, den wilden Kopf hochhaltend, damit sich ihre wilden Hörner nicht im wilden Baumgeäst verfingen, die Wildkuh zu der Höhle, und die Katze schlich ihr nach und versteckte sich wieder, wie sie vorher getan; und es begab sich auch alles genau wie vorher, und die Katze sagte die gleichen Worte wie vorher; und als die Wildkuh versprochen hatte, der Frau gegen das wunderschöne Gras alle Tage ihre Milch zu geben, ging die Katze wiederum davon durch den nassen wilden Wald und wanderte, mit dem wilden Schwanz wedelnd, für sich allein ihres wilden Weges. Und erzählte niemandem je ein Wort davon.

Und als der Mann mit dem Pferd und dem Hund von der Jagd heimkam, stellte er wieder die gleiche Frage, und da sagte die Frau: «Sie heißt nicht mehr Wildkuh, sondern Spenderin trefflicher Nahrung. Immer und ewig wird sie uns ihre warme weiße Milch spenden, und ich werde für sie sorgen, während du mit dem Ersten Freund und dem Ersten Knecht auf der Jagd bist.»

Am nächsten Tag paßte die Katze auf, ob noch irgendein wildes Wesen zur Höhle ginge; aber es regte sich nichts im nassen wilden Wald, und so ging die Katze für sich allein hin; und sie sah die Frau die Kuh melken und den Feuerschein in der Höhle und roch den Geruch der warmen weißen Milch.

Und die Katze sagte: «O meine Feindin und Weib meines Feindes, wo ist die Wildkuh hingekommen?»

Da lachte die Frau und sagte: «Wildes Wesen aus dem wilden Wald, geh nur wieder in den Wald zurück, denn ich habe mein Haar geflochten und aufgesteckt und habe den Zauberknochen von mir getan, und wir brauchen in unserer Höhle keine weiteren Freunde noch Knechte.»

Da sagte die Katze: «Ich bin weder ein Freund noch ein Knecht. Ich bin die Katze, die für sich allein geht, und ich möchte in eure Höhle.»

Und die Frau sagte: «Warum bist du dann nicht mit dem Ersten Freund am ersten Abend gekommen?»

Da wurde die Katze erbost und fragte: «Hat der Wildhund mich verklatscht?»

Da lachte die Frau und sagte: «Du bist doch die Katze, die für sich allein geht und für die ein Ort ist wie der andere. Du bist weder ein Freund noch ein Knecht. Das hast du selbst gesagt. So geh denn auch für dich allein an alle Orte, die dir einer wie der andere sind.»

Da tat die Katze, als sei sie traurig, und sagte: «Darf ich denn nicht in die Höhle? Darf ich denn nicht am warmen Feuer sitzen? Darf ich denn nicht die warme weiße Milch trinken? Du bist sehr klug und sehr schön. Du solltest selbst gegen eine Katze nicht grausam sein.»

Und die Frau sagte: «Ich wußte, daß ich klug bin; aber ich wußte nicht, daß ich schön bin.

Drum will ich ein Abkommen mit dir machen. Wenn ich jemals ein Wort zu deinem Lobe sage, dann magst du in die Höhle kommen.»

«Und wenn du zwei Worte zu meinem Lobe sagst?» fragte die Katze.

«Das wird nicht geschehen», sagte die Frau. «Aber wenn ich zwei Worte zu deinem Lobe sage, dann darfst du in der Höhle am Feuer sitzen.»

«Und wenn du drei Worte sagst?» fragte die Katze.

«Das wird nicht geschehen», sagte die Frau. «Aber wenn ich drei Worte zu deinem Lobe sage, dann darfst du für immer und ewig dreimal am Tage warme weiße Milch trinken.»

Da machte die Katze einen Buckel und sagte: «So mögen der Vorhang am Einlaß der Höhle und das Feuer hinten in der Höhle und die Milchtöpfe neben dem Feuer sich dessen entsinnen, was meine Feindin und das Weib meines Feindes gesagt hat.» Und sie ging davon durch den nassen wilden Wald und wanderte, mit dem wilden Schwanz wedelnd, ihres einsamen wilden Weges.

Als nun am Abend der Mann mit dem Pferd und dem Hund von der Jagd heimkam, erzählte ihnen die Frau nichts von dem Abkommen, das sie mit der Katze getroffen hatte; denn sie fürchtete, das werde ihnen nicht recht sein.

Die Katze aber ging weit, weit fort und versteckte sich in der wilden Einöde des nassen wilden Waldes, bis die Frau gar nicht mehr an sie dachte. Nur die Fledermaus, die kleine Fledermaus, die, mit dem Kopf nach unten, in der Höhle hing, wußte, wo die Katze sich versteckt hielt; und jeden Abend flog die Fledermaus zur Katze hin und berichtete ihr, was es Neues gab.

Eines Abends nun sagte die Fledermaus: «In der Höhle ist ein Kleines. Ganz neu ist es und rosig und dick und winzig, und die Frau hat es sehr gern.»

«Ei, ei», sagte die Katze aufhorchend, «aber was hat das Kleine gern?»

«Das hat Sachen gern, die weich sind und kitzeln», sagte die Fledermaus. «Warme Sachen hat es gern, die es in den Armen halten kann, wenn es einschläft. Es hat gern, wenn man mit ihm spielt. All das hat es gern.»

«Ei, ei», sagte die Katze, «dann ist meine Zeit gekommen.»

In der nächsten Nacht wanderte die Katze durch den nassen wilden Wald und versteckte sich in der Nähe der Höhle, bis der Morgen anbrach und der Mann mit dem Hund und dem Pferd auf die Jagd ging. Die Frau hatte an dem Morgen viel Arbeit mit Kochen; das Kind aber schrie immerzu und störte sie. Darum trug sie es vor die Höhle und gab ihm eine Handvoll Steinchen zum Spielen. Allein das Kind schrie immer weiter.

Da streckte die Katze ihre Sammetpfote aus und streichelte damit dem Kind über die Wange, und das Kind gurrte vor Vergnügen; und da rieb sich die Katze an seinen dicken Knien und kitzelte es mit ihrem Schwanz unter seinem dicklichen Kinn. Da lachte das Kind, und die Frau hörte das und lächelte auch.

Da sagte die Fledermaus, die kleine Fledermaus, die mit dem Kopf nach unten am Eingang der Höhle hing: «O meine Hauswirtin und Weib meines Hauswirts und Mutter von meines Hauswirts Sohn, ein wildes Wesen aus dem wilden Wald spielt ganz wunderschön mit deinem Kind.»

«So sei das wilde Wesen gesegnet dafür, wer es auch sein mag», sagte die Frau, sich von der Arbeit aufrichtend, «denn ich hatte heute früh viel zu tun, und es hat mir einen Dienst erwiesen.»

Aber im gleichen Augenblick, auf die Sekunde genau, fiel – bums! – die trockene Pferdehaut, die mit dem Kopf nach unten als Vorhang am Einlaß der Höhle hing, herunter, denn sie entsann sich des Abkommens, das die Frau mit der Katze geschlossen hatte; und als die Frau hinging, um den Vorhang aufzuheben – siehe da! –, da saß die Katze ganz gemütlich am Eingang der Höhle.

«O meine Feindin und Weib meines Feindes und Mutter meines Feindes», sagte die Katze, «ich bin es: hast du doch ein Wort zu meinem Lobe gesagt, und so darf ich nun für immer und ewig in der Höhle sitzen. Doch ich bin und bleibe die Katze, die für sich allein geht, und ein Ort ist für mich wie der andere.»

Die Frau ärgerte sich sehr; sie biß die Lippen zusammen, nahm ihr Spinnrad und machte sich ans Spinnen.

Doch das Kind schrie wieder, weil die Katze von ihm fortgegangen war, und die Frau konnte es nicht zum Schweigen bringen; es fuchtelte und strampelte, daß es blau im Gesicht wurde.

Da sagte die Katze: «O meine Feindin und Weib meines Feindes und Mutter meines Feindes, nimm einen Faden von dem Garn, das du da spinnst, binde die Wirtel daran und ziehe sie über den Boden, dann werde ich dir einen Zauber zeigen, der bewirkt, daß dein Kind so laut lacht, wie es jetzt weint.»

«Das will ich tun», sagte die Frau, «weil ich mir keinen andern Rat mehr weiß, aber danken werde ich dir dafür nicht.»

Sie knüpfte also die kleine tönerne Wirtel an den Faden und zog sie über den Boden, und die Katze lief ihr nach und schlug mit der Pfote danach, überkugelte sich und schleuderte sie über die Schulter weg und zwischen den Hinterbeinen herum und stellte sich, als ob sie sie nicht mehr fände, dann sprang sie wieder draufzu, bis das Kind so laut lachte, wie es vorher geweint hatte, und krabbelte und jauchzte hinter der Katze her, bis es müde wurde und sich, die Katze im Arm, zum Schlafen hinlegte.

«Nun», sagte die Katze, «werde ich dem Kind ein Liedchen singen, damit es eine Stunde lang schläft.» Und sie schnurrte, erst laut, dann leise, laut, leise, bis das Kind fest eingeschlafen war.

Und da sie auf die beiden heruntersah, mußte die Frau lächeln und sagte: «Das hast du wunderschön gemacht. Keine Frage, du bist sehr gescheit, Katze.»

Aber im gleichen Augenblick, auf die Sekunde genau, schlug – pffft! – der Rauch des Feuers hinten in der Höhle in Qualmwolken von der Decke herunter, denn das Feuer entsann sich des Abkommens, das die Frau mit der Katze gemacht hatte; und als sich der Rauch verzogen hatte – siehe da! –, da saß die Katze gemütlich dicht am Feuer.

«O meine Feindin und Weib meines Feindes und Mutter meines Feindes», sagte sie, «ich bin es: hast du doch jetzt zum zweitenmal ein Wort zu meinem Lobe gesagt, und nun darf ich für immer und ewig hinten in der Höhle am warmen Feuer sitzen. Aber ich bin und bleibe die Katze, die für sich allein geht, und ein Ort ist für mich wie der andere.»

Da wurde die Frau sehr, sehr ärgerlich, ließ ihre Haare über die Schulter fallen, legte frisches Holz aufs Feuer, holte das breite Hammelschulterblatt und machte einen Zauber, der sie davor bewahren sollte, zum drittenmal ein gutes Wort über die Katze zu sagen. Es war kein Sangeszauber, sondern ein stummer Zauber, und nach und nach wurde es in der Höhle so still, daß ein winzig kleines Mäuslein aus einer Ecke hervorkroch und über den Fußboden huschte.

«O meine Feindin und Weib meines Feindes und Mutter meines Feindes», sagte die Katze, «gehört das Mäuslein da zu deinem Zauber?»

«Huhu! Huhu! Wahrlich nicht!» rief die Frau aus, ließ den Hammelknochen fallen, sprang auf den Schemel vor dem Feuer und knotete rasch, rasch ihr Haar zusammen, vor Angst, das Mäuslein könne daran hinauflaufen.

«Soso», sagte die Katze und schaute scharf aus, «dann kann es mir nicht schaden, wenn ich die Maus fresse?»

«Nein», sagte die Frau, ihr Haar hochsteckend, «friß sie rasch; ich werde dir das ewig danken.»

Die Katze machte einen Satz und hatte schon das Mäuslein gepackt.

Die Frau aber sagte: «Tausend Dank, selbst unser Erster Freund vermag nicht so schnell kleine Mäuse zu fangen, wie du das eben getan hast. Du mußt sehr klug sein.»

Da, im gleichen Augenblick, genau auf die Sekunde, zersprang – kkrr! – der Milchtopf, der am Feuer stand, in zwei Stücke, denn er entsann sich des Abkommens, das die Frau mit der Katze gemacht hatte; und als die Frau vom Schemel herabsprang – siehe da! –, da leckte die Katze die warme weiße Milch aus einer der beiden Scherben.

«O meine Feindin und Weib meines Feindes und Mutter meines Feindes», sagte die Katze, «jetzt hast du zum drittenmal ein Wort zu meinem Lobe gesagt, und nun darf ich für immer und ewig dreimal am Tage die warme weiße Milch trinken. Aber deshalb bin und bleibe ich doch die Katze, die für sich allein geht, und ein Ort ist für mich wie der andere.»

Da lachte die Frau und setzte der Katze einen Napf voll warmer weißer Milch vor und sagte: «O Katze, du bist so gescheit wie ein Mensch, du mußt jedoch bedenken, daß du das Abkommen nicht mit dem Mann und dem Hund gemacht hast, und wie die sich verhalten werden, wenn sie heimkommen, das weiß ich nicht.»

«Was kümmert das mich?» sagte die Katze. «Wenn ich meinen Platz am Feuer in der Höhle und dreimal täglich meine warme weiße Milch habe, dann ist es mir gleich, wie der Mann und der Hund sich verhalten.»

Als dann am Abend der Mann und der Hund in die Höhle kamen, erzählte ihnen die Frau die ganze Geschichte von dem Abkommen, derweil die Katze am Feuer saß und lächelte.

Darauf sagte der Mann: «Jaja, aber mit mir hat sie kein Abkommen geschlossen, noch mit allen richtigen Männern, die nach mir kommen.»

Dann zog er seine zwei Lederstiefel aus und nahm sein kleines Steinbeil – das macht drei – und holte ein Scheit Holz und eine Axt – das macht zusammen fünf –, stellte alles nebeneinander in eine Reihe und sagte: «So, jetzt werden wir zwei unser Abkommen machen. Wenn du nicht, solange du immer und ewig in der Höhle bist, Mäuse fängst, dann schmeiße ich diese fünf Sachen nach dir, wann immer ich dich zu Gesicht kriege, und so sollen alle richtigen Männer tun, die nach mir kommen.»

«Ei, ei», sagte die Frau, die zuhörte, «die Katze da ist sehr klug, aber so klug wie mein Mann ist sie doch nicht.»

Die Katze besah sich die fünf Sachen eine nach der andern – und sie sahen alle recht grobkantig aus – und sagte: «Ich werde in der Höhle immer und ewig Mäuse fangen; aber trotz alledem bin und bleibe ich die Katze, die für sich allein geht, und ein Ort ist für mich wie der andere.»

«Nicht, wenn ich um die Wege bin», sagte der Mann. «Hättest du das, was du zuletzt gesagt hast, nicht gesagt, dann würde ich all die Sachen da für immer und ewig beiseite getan haben; nun aber werde ich meine beiden Stiefel und mein kleines Steinbeil – das macht drei – nach dir werfen, wann immer ich dich sehe. Und so werden alle richtigen Männer tun, die nach mir kommen.»

Und da sagte der Hund: «Einen Augenblick! Die Katze hat auch kein Abkommen mit mir geschlossen, noch eines mit allen richtigen Hunden, die nach mir kommen.» Und dann fletschte er die Zähne und fuhr fort: «Wenn du nicht lieb zu dem Kind bist, solange ich für immer und ewig in der Höhle wohne, dann werde ich auf dich Jagd machen, bis ich dich packe, und wenn ich dich gepackt habe, dann werde ich dich beißen. Und so sollen alle richtigen Hunde tun, die nach mir kommen.»

«Ei, ei», sagte die Frau, die zuhörte, «die Katze ist sehr gescheit, aber sie ist doch nicht so gescheit wie der Hund.»

Die Katze beschaute die Zähne des Hundes einen nach dem andern – und sie schienen alle sehr scharf – und sagte: «Ich werde lieb sein zu dem Kind, solange ich in der Höhle wohne, wenn es mich nicht zu fest am Schwanz zieht, für immer und ewig. Aber deshalb bin und bleibe ich doch die Katze, die für sich allein geht, und für mich ist ein Ort wie der andere.»

«Nicht, wenn ich um die Wege bin», sagte der Hund. «Hättest du das letzte, was du gesagt hast, nicht gesagt, dann hätte ich meine Kiefer für immer und ewig geschlossen gehalten; nun aber werde ich dich auf den nächsten Baum jagen, wo immer ich dich treffe. Und so sollen alle richtigen Hunde nach mir tun.»

Und da warf der Mann seine beiden Stiefel und das kleine Steinbeil – das macht drei – nach der Katze, und die Katze rannte aus der Höhle hinaus, und der Hund lief ihr nach und jagte sie auf einen Baum hinauf; und von jenem Tag an bis zum heutigen werfen von fünf richtigen Männern drei immer Sachen nach einer Katze, sobald sie eine zu Gesicht kriegen, und alle richtigen Hunde jagen die Katze einen Baum hinauf.

Doch auch die Katze hält das Abkommen ein. Sie vertilgt Mäuse und ist lieb zu Kindern, wenn sie im Hause ist, solange die sie nicht zu fest am

Schwanz ziehen. Aber danach und auch zwischenhinein und wenn der Mond aufgeht und die Nacht anbricht, dann geht die Katze ganz allein für sich spazieren, und ein Ort ist für sie wie der andere. Dann wandert sie hinaus in den nassen wilden Wald oder hinauf in die nassen wilden Bäume oder über die nassen wilden Dächer, wedelt mit dem wilden Schwanz und geht ihres einsamen wilden Weges.

Osaragi Jirō

Das Zirpkätzchen

Es war Herbst geworden, und viele Zikaden kamen in den Garten, um zu singen. Am Mittag, wenn die Sonne strahlte, tönten vom Baumschatten her und aus dem Grase heraus ihre dünnen Stimmchen; sobald aber die Sonne verschwand und es Abend wurde, vereinigten die Suzu-, Matsu- und Suitcho-Zikaden ihre Stimmen und begannen um die Wette zu zirpen.

Die Katzenmutter nahm ihre Kinder mit auf die Veranda hinaus und hörte sich das Zirpen an. «Ihr dürft die Zikaden wohl fangen, doch essen solltet ihr sie nicht. Ihr kriegt Bauchweh, wenn ihr es tut; es gibt nämlich auch schlechte Insekten», warnte sie die Kinder.

Die Jungen hörten der Mutter artig zu. Doch eines der drei Kätzchen, ein weißes, gar schelmisches, dachte sich beim Anhören des Zikadengesangs: «Hm, Insekten, die so schön singen, müßten eigentlich ganz gut schmecken...»

Wenn der Meister diesem weißen Kätzchen rief, nannte er es Shirakichi, und so wollen auch wir ihm diesen Namen geben.

Alle waren nun langsam in den Garten hinabgestiegen und begannen zu spielen. Shirakichi aber lauschte und spähte nach der Stelle, wo die Zikadenstimmen zu vernehmen waren, und schlich unbemerkt davon. Sachte setzte es einen Fuß vor den andern, doch sobald es sich den Zikaden näherte, hörten sie auf zu singen, und es wußte nicht mehr, wo sie waren.

Wie oft es Shirakichi auch versuchte, es hatte kein Glück. Geduldig kauerte es sich hin und wartete, bis es dunkel wurde. Beim Einnachten rief die Katzenmutter den Kindern: «Kommt heim, es ist Zeit zum Schlafen. Morgen ist wieder ein Tag.» Alle Kätzchen rannten schnell ins Haus, nur das weiße Shirakichi blieb unter einem Baume sitzen, weil es sich vorgenommen hatte, ein Zikade zu verspeisen.

Da ging der Mond am Himmel auf. Als wären sie darüber begeistert, erhoben die Zikaden sogleich ihre schönen Stimmen und begannen zu singen. Das weiße Kätzchen trat ins Mondlicht. Augenblicklich verstummten die Zikaden wieder und zirpten nur in der Ferne weiter. Also blieb Shirakichi nichts übrig, als still zu sitzen und darauf zu warten, ob es nicht doch einmal an die Zikaden herankommen könnte.

Und da saß es nun und lauschte mit seinen zarten, gespannten Öhrchen der Zikadenmusik.

Allmählich wurde es müde vom langen Warten und nickte ein. Ein herrliches Gefühl, bei diesem Zirpkonzert so dahinzudämmern – am Himmel bloß der helle Mond.

Mit der Zeit sank dem Kätzchen der Kopf vornüber; als es mit der Nase am Boden aufschlug, öffnete es erschrocken die Augen. Weil es wirklich sehr, sehr müde war, gähnte es ausgiebig. In das aufgesperrte Maul sprang etwas hinein und ging unbemerkt hinunter. «O je, war das nicht eine Zikade?» dachte es unvermittelt und ärgerte sich, daß es das Ding, ohne zu beißen, verschluckt hatte und nun nicht wußte, wie es schmeckte.

«Ich bin müde, ich möchte schlafen gehen», sagte es und kehrte ins Haus zurück.

«Wo warst du?» fragte die Katzenmutter. «Rasch, leg dich jetzt hin.» Und sie leckte Shirakichi liebevoll das Fell am Kopfe. Es schmiegte sich nun auch an die kuschelig weiche Brust der Mutter und schlief sogleich ein.

«Hier gibt es doch bloß Katzen. Woher ruft denn eine Zikade mit lauter Stimme ‹suitcho›?» Shirakichi hob erstaunt den Kopf. Als es umherschaute, richteten sich auch die anderen Kätzchen auf und blickten verwundert um sich. Aber es gab hier keine Zikaden, und da man die Stimme kein zweites Mal hörte, schliefen die Kätzchen ruhig wieder ein.

Doch plötzlich tönte es von neuem, mit ungewöhnlich lauter Stimme, «suitcho».

Weil Shirakichi glaubte, daß das Suitcho unter seinem Bauch singe, sprang es rasch auf und begann zu suchen. Nirgends fand es auch nur das geringste. Und trotzdem, das Suitcho zirpte wieder. Also war es doch unter dem Bauch! Shirakichi drehte und wendete sich, als wollte es seinen Schwanz fassen, aber es konnte einfach nichts finden.

Die Katzenmutter öffnete die Augen und schaute Shirakichi an. Dieses ließ den Kopf hängen und grübelte: «Das ist so seltsam.»

Wenn Shirakichi aufhörte, sich zu drehen, und ruhig nachdachte, sang das Suitcho wieder. «Suiiitcho, suiiitcho», rief die laute Stimme, und sie kam aus Shirakichis Bauch.

Shirakichi erschrak und sprang ziellos auf dem Tatami herum. In dem Moment setzte der Suitcho-Ruf aus, doch sobald Shirakichi still stand, ging es im Bauch drin wieder los: «Suiitcho, suiitcho.»

Shirakichi ängstigte sich mehr und mehr und rannte wie von Sinnen.

Es war eine verflixte Sache. Wenn Shirakichi umherraste, hüpfte und sich wie toll gebärdete, fürchtete sich die Suitcho-Zikade im Bauch drin und schwieg. Sobald sich Shirakichi beruhigte, hob sie abermals mit lauter Stimme zu singen an, und Shirakichi sprang erschreckt in die Höhe. Wenn das weiße Kätzchen sich schlafen legen wollte, fing das Suitcho gleich wieder zu zirpen an und hörte nicht auf. Denn da es in einem Katzenbauch drin finster ist, meinte die Zikade, es sei immer Nacht.

«Es ist viel zu lärmig», murrten die Geschwister. «Wenn Shirakichi neben uns liegt, können wir nicht schlafen; geh doch weg.»

Shirakichi fühlte sich verstoßen; es wurde traurig und litt jetzt – wie die Menschen sagen – an Schlaflosigkeit. Wenn es sich fortbewegte, schwankte es, als ob es Reiswein getrunken hätte. Dann aber hatte der Suitcho-Kerl Lust zu singen.

Shirakichi wurde es ganz elend zumute; es weinte bitterlich und sagte zur Mutter: «Ich brauche mein Gesicht nicht mehr zu waschen.»

Da ging die Mutter mit Shirakichi zum Doktor. Der Doktor war ein alter Tigerkater mit einem prächtigen Bart. Die beiden traten ins Sprechzimmer, und als die Katzenmutter Shirakichis Zustand schilderte, sagte er: «Ich bin zwar schon lange Doktor, aber diese Krankheit ist mir neu. Hast du vielleicht Fieber?», und er kniff Shirakichi ins Ohr. Ein Katzenohr ist immer kalt, aber falls etwas nicht stimmt, wird es heiß. Greift man also einer Katze ans Ohr, kann man feststellen, ob sie Fieber hat oder nicht.

«Das Ohr ist kalt, demnach wird's nichts Schlimmes sein», meinte der Doktor, «zeig mal deine Zunge, aaah.»

Shirakichi rümpfte die Nase und öffnete folgsam das Mäulchen. Daraus tönte plötzlich ein kurzes «Suitcho». Der Tigerkater erschrak. Sein Bart wurde spitz, und seine Augen wurden so groß wie Teller. «Wahrhaftig, es rief ‹suitcho›.»

Shirakichi machte ein bekümmertes Gesicht wie ein Schwerkranker. Der Tigerkater-Doktor schaute verwirrt drein, strich sich über den Bart, und wie er so nachdenklich schwieg, wurde es Shirakichi eng ums Herz.

«Wird man es heilen können, Herr Doktor?» fragte die Katzenmutter.

«Warten Sie nur, ich versuche es einmal mit dem Stethoskop. Leg dich bitte dorthin und zeig mir deine Brust.» Shirakichi drehte sich um. Der Doktor steckte sich das Stethoskop in die Ohren und hielt es an Shirakichis Brust. «Tief atmen.» Da machte es wieder «suitcho», und abermals erschrak der Doktor und ließ beinahe das Stethoskop fallen. «Das ist ja furchtbar, eine solch laute Stimme. Ein Insekten-Abführmittel wäre wohl das Richtige, aber das tut weh, und ich weiß nicht, was gegen ein Suitcho wirksam ist. Ja, gute Mutter, soll ich die Wahrheit sagen: es wäre das beste, wenn Ihr Kind einen lebendigen Spatzen oder einen Kanarienvogel fräße, damit der in seinem Bauch drin die Zikade verzehrt. Da dieses

Kind aber noch zu klein ist, wird das wohl kaum gehen. Ich könnte operieren und das Suitcho mit den Pfoten herausnehmen, aber das ist ein schwieriger Eingriff...»

Als darauf die Katzenmutter besorgt fragte: «Meinem Kind soll der Bauch aufgeschnitten werden?», brach das kleinmütige Shirakichi in Tränen aus. Aus Angst vor dieser Stimme verhielt sich das Suitcho wieder ruhig.

Der Tigerkater-Doktor setzte noch einmal das Stethoskop an, horchte und bemerkte: «Es scheint etwas besser geworden zu sein. Ich gebe dir ein Abführmittel, und dann werden wir sehen, ob es etwas nützt.»

Shirakichi trank das Abführmittel. Trotzdem sang die Suitcho-Zikade weiter.

Als das Mädchen, das die Katzen fütterte, Shirakichis Suitcho-Stimme hörte, sagte es: «Ach, eine Zikade ist ins Haus gekommen», und Shirakichi verdrückte sich verlegen in den Hausflur.

Später ging es in den nächtlichen Garten und setzte sich unter jenen Baum, wo es Zikadenstimmen vernahm. Wie es so ruhig dasaß, sang das Suitcho im Bauch drin mit herrlicher Stimme, so daß die Suzu- und Matsu-Zikaden ringsum friedlich mithielten, ohne die Katze zu bemerken. Wo immer das weiße Kätzchen spazierte, es war stets von schönem Zikadengesang umgeben. Noch und noch hätte es Gelegenheit gehabt, Zikaden zu fangen. Doch Shirakichi war die Lust vergangen, singende Insekten zu verspeisen; sie waren ihm völlig gleichgültig geworden.

An einem Abend aber, als es kurz nach dem Einschlafen wieder erwachte, war das Suitcho im Bauch drin endgültig verstummt. Es sang nicht mehr, so sehr auch Shirakichi darauf wartete. «Mutter!» rief es, «das Suitcho hat aufgehört zu singen.»

«So ist es richtig», antwortete schlaftrunken die Mutter, und da sie meinte, es sei von den Zikaden draußen die Rede, fuhr sie fort: «Es wird eben langsam Winter. Wenn Rauhreif fällt, werden die Zikaden immer seltener.»

Nach diesen Worten achtete sie noch darauf, daß sich die Kinder nicht erkälteten, schloß dann wieder die Augen und schlummerte behaglich weiter. Alle Katzen rückten zusammen und schliefen ein.

Es war ein kühler Abend, an dem man gern ein Holzkohlenbecken aufgestellt hätte.

Und wirklich, der Winter schien bald zu kommen. Die Katzenkinder, die erst in diesem Sommer geboren wurden, hatten noch keinen Winter erlebt; sie kannten weder Rauhreif noch Schnee. Aber wenn sie gesund bleiben, wird es ihnen auf dieser Welt gefallen; und weil sie wissen, was gut ist, schlafen sie fest, damit sie morgen gern aufstehen. Sooft sie in der Frühe die Augen öffnen, beginnt ein neuer Morgen, der anders ist als der gestrige.

Auch Shirakichi, das sich bis zum Herbst des kommenden Jahres nicht mehr an die Suitcho-Geschichte erinnert, wird morgen bei strahlender Herbstsonne fröhlich im Garten herumtollen.

Colette

«Poum»

«Ich bin der Teufel. Der Teufel. Niemand kann daran zweifeln, sobald er mich erblickt. Seht mich nur an, wenn ihr es wagt! Schwarz – ein Schwarz, versengt von den Feuern der Hölle. Augen vom giftigsten Grün, braungesprenkelt wie die Blüten des Bilsenkrauts. Hörner aus weißen Borsten, die mir aus den Ohren ragen. Und Krallen, Krallen, Krallen. Wie viele wohl? Vielleicht hunderttausend. Mein Schwanz steigt schief in die Höhe, mager, beweglich, gebieterisch, ausdrucksvoll – kurz, teuflisch.

Ich bin der Teufel, nicht einfach nur eine Katze. Ich wachse nicht. Das Eichhörnchen in seinem runden Käfig ist größer als ich. Ich esse für vier, für sechs – aber ich werde nicht fetter.

An einem Maitage bin ich auf der Heide aufgetaucht, in der wilde Nelken und schimmernde Orchideen blühten. Ich bin der Welt in der harmlosen Gestalt eines zwei Monate alten Kätzchens erschienen. Ihr, gute Leute, habt mich aufgenommen, ohne zu wissen, daß ihr dem letzten Dämon der verhexten Bretagne ein Obdach gewährtet. ‹Gnom›, ‹Kobold› oder ‹Satan› hätte man mich nennen sollen und nicht ‹Poum›! Jedoch lasse ich diesen Namen für den Umgang mit den Menschen gelten. Denn er paßt gut zu mir.

‹Poum!›, wie aus einer Kanone geschossen bin ich da, und niemand weiß, woher ich komme. ‹Poum!›, und ich habe mit einem absichtlich ungeschickten Sprung die chinesische Vase zerbrochen. ‹Poum!›, und ich hänge gleich einem Polypen an dem weißen Schnäuzchen der Windhündin, die wie eine geprügelte Frau zu schreien beginnt. ‹Poum!›, sitze ich zwischen den aufblühenden zarten Begonienpflänzchen, die nun nicht blühen werden. ‹Poum!›, springe ich mitten in das Nest an der Gabelung des Holunderbaums, in dem die kleinen Finken zutraulich gepiepst hatten. ‹Poum!›, in die Milchschüssel, ‹Poum!›, in das Froschglas, und ‹Poum!›, schließlich auf einen von euch.

In drei Sekunden habe ich eine Haarlocke herausgezogen, einen Finger gebissen, vier Schmutzflecken auf das weiße Kleid gemacht und renne davon... Versucht nicht, mich am Schwanz festzuhalten, sonst schleudere ich euch einen abscheulichen Fluch ins Gesicht und lasse euch in der Hand ein Büschel borstiger Haare zurück, die versengt riechen: ihr kriegt Fieber davon!

In den ersten Tagen mußtet ihr über mich lachen. Ihr lacht immer noch, aber schon seid ihr beunruhigt. Ihr lacht, wenn ich zur Essenszeit einen großen Dünenkäfer herbeibringe, der gesprenkelt ist wie ein Kiebitzei. Aber ich fresse ihn – krack! krack! – mit einer derartigen Wildheit, ich weide seinen fetten Bauch mit solch abscheulicher Gier aus, daß ihr den Teller wegstellt und die Suppe kalt werden laßt... Ich schleppe das anmutig geschlängelte Eingeweide des Huhnes heran, das ihr heute abend essen sollt, und im Salon spiele ich nicht mit dem Band, das an der Klinke befestigt ist, sondern mit einem schönen lebendigen Regenwurm, einem elastischen, geschmeidigen!...

Ich fresse alles. Grüne Fliegen und Krabben, die tote Seezunge im Sand, die lebendige Blindschleiche, die im Grase glitzert wie eine Kette aus Stahl. Ich töte den Salamander am Rande des Brunnens, um sein Todesröcheln zu hören. Mit meinen Krallenspitzen zerfetze ich die glitschige Haut der Kröte. Ich habe die Milch der grauen Katze gekostet und sie beim Saugen absichtlich gebissen, ebenso die Colliehündin, bei der ich gemeinsam mit ihren tapsigen wollhaarigen Jungen trank.

Seit jenem Tage sind die Zitzen der Hündin schwarz. Ich bin mager und heimtückisch, und ich rieche schlecht. Wenn ich vor Wut fauche, kommt mir Rauch aus der Kehle, und ihr weicht zurück!

Ihr weicht zurück, ich aber gehe vor. Zerstörungslustig suche ich eure Nähe. Warum sollte ich mich auch verbergen? Ich bin keiner jener menschenscheuen Dämonen, die in einer Höhle leben, unter einem Dachvorsprung oder zähneklappernd in einem tiefen Brunnen. Drei fromme Worte, ein Tropfen Weihwasser, und schon entfliehen sie. Ich aber! Ich lebe im hellsten Tageslicht. Ich schlafe nur wenig, bin immer rege, immer auf Diebstahl aus, unheimlich und dabei doch fröhlich.

Zur Mittagsstunde, in der die Augen der Katzen blässer werden, erscheint an meiner Seite auf der warmen Terrasse ein gehörnter Schatten, kurz, fast ohne Pfoten. Ich öffne die Arme, richte mich auf und tanze mit ihm. Wir sind beide unermüdlich und überbieten einander an Behendigkeit. Wenn ich hochspringe, entfernt er sich, und wir fallen Arm in Arm wieder herab, um das Spiel noch toller zu beginnen, wie zwei schwarze Schmetterlinge, die sich aneinanderheften, sich trennen und wieder vereinen.

Ihr lacht, aber ihr versteht nicht, was vorgeht. Die Arabesken unseres Tanzes, die verruchten Zeichen, die ich in die Luft schreibe, die Hieroglyphen meines Schwanzes, der sich krümmt wie eine zerschnittene Schlange, wie wärt ihr imstande, all das zu lesen? Ihr lacht, statt zu zittern, wenn ich mit einem letzten Sprung den gehörnten Schatten unter mir erdrücke, den Zwillingsdämon, der sich bebend wehrt, den Schatten, der wachsen könnte wie eine Wolke, um mit erschrecklichen Flügeln die Terrasse, die Wiese, die Ebene, euer zerbrechliches Haus zu bedecken...

Heute abend riecht der besprengte Garten nach Vanille und frischem Salat, und ihr wandelt aneinandergeschmiegt umher, glücklich, daß ihr schweigen dürft, allein seid, auf dem Sand, über den ihr schreitet, nur das Geräusch eines einzigen Schrittes hört...

Einer von euch hebt den Arm gegen Westen und weist auf einen langen graurosa Streifen über dem Meere, ein wenig Asche der verloschenen Sonne...

Der andere hebt die Hand und weist auf die Sterne, auf die Bäume, auf die bleichen Blumen, die den Gartenweg säumen... Dürftige menschliche Gebärden des Besitzes und der Umarmung!... Dann steht ihr unbeweglich und haltet euch an den Händen gefaßt, um das Entzücken des Alleinseins noch besser auszukosten.

Allein? Mit welchem Recht? Diese Stunde gehört mir. Ins Haus mit euch! Die Lampe wartet, gebt mir mein Reich zurück, denn hier gehört euch nichts, sobald die Nacht herabgesunken ist. Ins Haus mit euch, oder ich springe – ‹Poum!› – aus der Hecke wie ein fliegender Funke, wie ein unsichtbarer pfeifender Pfeil.

Muß ich erst eure Füße umstreichen, weich, haarig, feucht, kriechend, unerkennbar, und euch stolpern machen?... Ins Haus mit euch! Das grüne Doppelfeuer meiner Augensterne geleitet euch, es hängt zwischen Himmel und Erde, verlischt hier und blitzt dort wieder auf. Geht ins Haus und sagt euch: ‹Es wird kühl›, um euch den Schauder zu erklären, der eure Lippen und eure verschlungenen Hände trennt. Und schließt eure von Efeu und Osterluzei umrankten Fensterläden.

Ich bin der Teufel und will nun unter dem aufsteigenden Mond zwischen dem blauen Gras und den violetten Rosen meine Teufeleien beginnen. Ich verschwöre mich gegen euch mit der Schnecke, dem Igel, der Eule und dem schweren Nachtfalter, der eine Wange verletzen kann wie ein Kiesel.

Und hütet euch heute nacht, wenn ich zu laut singe, die Nase zum Fenster hinauszustecken: ihr könntet plötzlich sterben, wenn ihr mich auf dem Dachgiebel seht, pechschwarz inmitten des Mondes!...»

«Prrou»

Als ich sie kennenlernte, wohnte sie in einem düsteren alten Garten, einem vergessenen Garten zwischen zwei Neubauten, schmal und lang wie eine Schublade. Sie ging nur nachts aus, denn sie fürchtete die Hunde und die Menschen, und

dann wühlte sie in den Mülleimern. Wenn es regnete, schlüpfte sie hinter das Gitter eines Kellerfensters und drückte sich an die verstaubten Scheiben. Aber der Regen drang bald bis in ihre Zufluchtsstätte, und sie zog geduldig die Pfoten unter sich, die mageren Pfoten einer herrenlosen Katze, die fein und hart waren wie die eines Hasen.

So verharrte sie lange Stunden. Von Zeit zu Zeit hob sie die Augen gegen den Himmel oder gegen meinen hochgezogenen Fenstervorhang. Sie sah nicht bedauernswert und auch nicht verschreckt aus, denn ihr Elend war nicht die Folge eines unglücklichen Zufalls. Sie kannte mein Gesicht, aber sie bettelte nie. Aus ihrem Blick war nichts anderes zu lesen, als daß Hunger, Kälte und Nässe sie quälten und daß sie geduldig auf die Sonne wartete, die die verlassenen Tiere vorübergehend einschläfert und heilt.

Einige Male drang ich in den Garten ein, wobei ich mir zwischen den Brettern des alten Zaunes den Rock zerriß. Die Katze floh nicht vor mir, aber sie entschlüpfte wie ein Aal, wenn ich sie berühren wollte. Nach meinem Abgang wartete sie heldenmütig darauf, daß der Luftzug in dem alten Garten meinen Geruch und den Widerhall meiner Schritte verwehe. Dann fraß sie das Fleisch, das ich neben das Kellerfenster gelegt hatte. Sie verriet ihre Gier nur durch ein Zucken des Halses und ein Zittern des Rückgrats.

Sie gab dem Schlafbedürfnis gesättigter Tiere nicht gleich nach, sondern versuchte erst, ein wenig Toilette zu machen. Ihr graues Kleid mit schwarzen Streifen, ein ärmliches, borstiges Kleid, war schwer in Ordnung zu bringen, denn wenn Katzen nichts zu fressen haben, mangelt es ihnen an Speichel, und sie waschen sich auch nicht...

Es wurde Februar, und der umgitterte alte Garten sah aus wie ein Käfig voll kleiner Raubtiere. Kater aus den Kellern und von den Dachgiebeln, von den Müllhaufen, von wüsten Plätzen, Kater mit krummem Rücken und schäbigem Hals, verhungerte Kater ohne Ohren und Schwanz, fürchterliche Rivalen der Ratten, Kater der Krämer und Milchfrauen, fett und schwer und schnell außer Atem, schwarze Kater mit seidenem rotem Halsband und weiße Kater mit blauem Perlenkollier...

Nachts hörte ich ihre Liebes- und Kampfgesänge... Zarte, melodische Klagen zuerst, langgezogen, sanft und fern. Dann ein ironischer Ruf, die Herausforderung an den Rivalen. Und sofort darauf die Antwort in gleichem Ton. Dies, um ein endloses Zwiegespräch einzuleiten, begleitet von keiner anderen Mimik als dem Spiel der bald aufgestellten, bald zurückgelegten Ohren, der nun geschlossenen, nun wieder geöffneten Augen und des ausdrucksvoll drohenden Lächelns mit gefletschten Zähnen. Zwischen zwei Schreien immer wieder ein lautes Schnauben... Plötzlich ein unvorhergesehenes fürchterliches Crescendo, ein Röcheln, das Gemisch zweier rasender Stimmen in den Lüften, der Stimmen zweier Dämonen, die – von einem Wirbelsturm ergriffen – dahingerollt werden... Dann Stillschweigen. Der nächtliche Wind in dem kleinen Garten, das Geräusch von Krallen, die sich an einem Baumstamm festhaken, und nun der sanfte Gesang der Katze, der gleichgültigen, um derentwillen die Kater einander zerfleischt haben, die Stimme meiner mageren Katze, die ganz erschöpft ist von Liebe und Entkräftung...

Der tragische Sturm der Wollust ließ endlich nach. Ich sah die graue Katze wieder, ausgemergelt, glanzlos, scheuer denn je, beim leisesten Geräusch zusammenzuckend. In dem Sonnenstrahl, der mittags bis in den Grund des dunklen Gartens tauchte, schleppte sie sich dahin mit täglich schwerer werdenden Flanken, bis ich sie eines regnerischen Morgens entdeckte, wie sie erschöpft und fieberhaft fünf kräftige Kätzchen stillte, die gleich ihr auf nackter Erde geboren worden waren.

Ich hatte auf diese Stunde gewartet. Sie übrigens auch, denn ich brauchte die Kleinen nur in mein Kleid zu nehmen, und die Mutter folgte mir.

Sie heißt Prrou – beim Aussprechen des Namens rolle man die rr, bitte sehr. Sie hat uns nämlich ihren Namen gesagt. Sie schnurrt ihn den ganzen Tag rings um das schwarze Kätzchen, das wir ihr gelassen haben: «Prrou, prrou.»

Sie lebt in der Bretagne, auf der warmen Terrasse, am Rand der Wiese, die sich gegen den Strand hinzieht. Ihr Gebiet, das sie sich selbst abgegrenzt hat, reicht von der Terrasse bis zur blühenden Jasminhecke, hinter der sich eine Ziegelmauer verbirgt. Niemals geht sie weiter als bis zu den großen Linden, die mein Haus aus roten Backsteinen beschatten. Ob sie wohl weiß, daß unterhalb der Terrasse ein rastlos bewegtes Meer wogt, ein Meer von wechselnder Farbe, blau und grün im Sonnenschein, violett unter

dem Gewitter, grau in der Morgendämmerung?
Ich bezweifle es.

Unsere Prrou in ihrem bescheidenen Kleid,
von der keiner etwas verlangt, hat es sich in
den Kopf gesetzt, uns ein Vorbild der grauesten
Tugenden zu sein. Sie ist sauber, sanft, demütig
und erzieht ihren einzigen Sohn würdevoll. Sie
kann noch mehr: sie macht uns etwas vor. Mit
reizendem Takt und stets wacher Schlauheit
spielt sie immer noch die arme Katze, «die so
unglücklich gewesen ist». Fett und rund geworden, hat sie den Blick der hungrigen Katzen
beibehalten. Die Köchin nennt sie «armes Tier».

Sie schläft nun auf einem weichen Kissen,
doch stets in der fröstelnden Stellung einer, die
im Freien nächtigt. Sie macht uns Platz, wenn
wir an ihr vorüber wollen, doch auch wir weichen zurück, das Herz von Mitleid zerrissen, und
flehen sie an, sich um Gottes willen nicht stören zu lassen. Es geschieht manchmal, daß ihr
jemand ganz leicht auf die Pfoten oder auf das
Schwanzende tritt. Dann stößt sie einen kurzen,
rauhen Schrei aus, schnurrt aber gleich darauf
stoisch, mit dem Ausdruck einer Märtyrerin, so
daß wir zu klagen beginnen: «Armes Tier! Daß
dir auch das noch geschehen mußte, dir, die du so
unglücklich gewesen bist!»

Vom niedrigsten Zweig einer Linde hängt an
einem Bindfaden ein Kork herab und bewegt sich
im Wind. Prrou belauert ihn, und manchmal
stürzt sie verrückt, von Spiellust ergriffen, darauf
los. Erblickt sie uns aber, so drückt ihr dreieckiges Gesichtchen sofort Entsagung und Bitterkeit
aus: «Was tat ich? Zu welch leichtsinniger
Handlung habe ich mich hinreißen lassen, ich,

die ich so unglücklich gewesen bin? Solche Spiele passen nicht zu meiner gesellschaftlichen Stellung. Ach, fast hätte ich es vergessen!»

Ihren schlecht gekämmten und teuflisch schwarzen Sohn behütet sie mit leidenschaftlicher Zärtlichkeit, liebkost ihn und flüstert ihm unzählige Male das einzige Wort zu, das sie sagen kann: «Prrou, prrou...» Sind wir jedoch in der Nähe, setzt sie eine strenge Miene auf und verabfolgt ihm beim geringsten Anlaß ein Dutzend heftiger Ohrfeigen: «So muß ein armes Findelkind erzogen werden!»

Bewundert, bitte, gleich mir die durchtriebene Prrou. Seht nur, wie ihr kurzhaariges Kleid die Farbe einer grauen Schnecke oder eines Nachtfalters nachahmt. Ein dreireihiges schwarzes Kollier ziert ihre Brust, der schlichte Schmuck einer würdigen Gouvernante. Schwarz sind auch die Armbänder an ihren feinen Pfoten, ebenso die doppelte Reihe regelmäßig verteilter Flecken, durch die das strenge Kleid am Bauch zugeknöpft zu sein scheint. Prrou ist trefflich gekleidet, oder richtiger gesagt, sie ist verkleidet.

Ihre Haltung ist so bescheiden, ihr Fell so schlicht gefärbt, daß ihr vielleicht gar nicht bemerkt habt, wie hart und grausam ihr Schädel ist, wie bedrohlich ihre kräftigen Pfoten, in denen sich gebogene Krallen verbergen, wohlgepflegt und kampfbereit, wie breit ihre Brust, wie beweglich ihre Lenden, kurz, daß ihr nichts von der verborgenen Schönheit dieses kraftvollen Tieres ahnt, das für Liebe und Kampf geschaffen ist...

«Schah»

«Dieses Tier hier? Selbstverständlich ist es ein Kater. Ich verkaufe nicht zum erstenmal einen, wie Sie sich denken können. Sehen Sie nur den runden Schädel an und die abstehenden Ohren. Jetzt schon kann man das Löwenschnäuzchen erkennen. Und sehen Sie einmal die kräftigen Pfoten...»

Wir haben das alles gesehen. Wir haben wirklich alles gesehen – nur das nicht, worauf es ankommt. So gut hatten wir alles betrachtet, daß der kleine persische Kater, Schah genannt, sich nach vierzehn Tagen in eine Katze verwandelte. In eine Katze, zart graublau wie der aufsteigende Rauch einer Zigarette oder wie die silbrigen Blüten der Stranddistel.

«Und jetzt ist es eine Katze! Was sollen wir denn nur mit ihr anfangen?»

«Was wollten Sie denn mit einem Kater anfangen?»

«Das weiß ich eigentlich nicht recht... Nichts Besonderes... Wir wollten ihm ein grünes Halsband umbinden... und ihn sehr verwöhnen... Er sollte ein königliches Tier sein, müssen Sie wissen, und Schah heißen...»

«All das können Sie doch mit der Katze auch machen. Nennen Sie sie Schah, binden Sie ihr ein grünes Halsband um und geben Sie ihr gezuckerte Milch zu trinken, bis sie dick wie ein voller Schlauch auf ihr gelbes Seidenkissen kriecht und dort einschläft.»

Schließlich fügt man sich in alles. Der Kater ist eine Katze, behält aber trotzdem den Namen Schah. Wir rufen zärtlich: «Schah, süße kleine

Schah!», loben begeistert ihre Schönheit: «Wie ist Schah doch entzückend!» – und alle vernünftigen Leute – das will sagen, jene, die weder Bullterriers noch Collies noch persische Katzen besitzen – betrachten uns voll verächtlichen Mitleids.

Eine persische Katze ist das Tier wirklich. Das wenigstens stimmt. Jeder muß sehen, daß sie nicht von hier ist. Sie wächst sehr schnell, und zwar mehr in die Breite als in die Länge, hat geschickte, weiche Pfoten und einen buschigen Schwanz, der ebenso lang ist wie sie selbst, kurze Ohren und ein samtiges Stumpfnäschen.

Ihr Spiel ist ein wenig wild. Sie ist reizbar und scheint ihre Wut auszukosten wie ein Vergnügen. Die Augen geschlossen, die Zähne zusammengepreßt, umklammert sie heftig ihre Beute. Sie wählt sich gerne das Gesicht des Gegners zum Ziel und wendet unter unserem Blick die Augen nicht ab – sanfte, drohende Augen, die graugrün sind wie die Blätter einer jungen Weide...

Fröhlich wühlt sie im dichten Fell der großen Colliehündin, so wie man Brotteig knetet. Wolfshunde und Doggen, ja selbst lärmende Kinder mag sie gern. Aber manche musikalische Klänge, gewisse heimtückische, kaum hörbare Geräusche machen sie rasend. Da sträubt sich ihr ganzes Fell, die Haare schließen sich zu starren Büscheln zusammen... Sie gähnt heftig, wenn man eine Schere vor ihr öffnet und schließt. Sie ist von orientalischem Aberglauben erfüllt: streckt man zwei Finger wie Hörner vor ihr aus, so rennt sie schleunigst davon. Um sie von diesem Bann zu heilen, habe ich ein gabelförmiges

kleines Korallenamulett an ihrem Halsband befestigt...

Sie ist eine vornehme Katze. Eine Haremsprinzessin, die nicht im geringsten an Flucht denkt. Ein sehr weibliches Geschöpf, kokett, schamhaft und viel mit ihrer Schönheit beschäftigt, die von Tag zu Tag zunimmt. Hat es jemals eine prächtigere Katze gegeben? Am Morgen ist sie schiefergrau, mittags wird sie blau wie die Blüten des Immergrüns, und im Sonnenlicht schimmert sie wie eine Taube violett, perlgrau, silbern und stahlfarben. Abends wird sie zum Schatten, zu Rauch, zur Wolke. Als wäre sie körperlos, schwebt sie dahin, wirft sich wie eine durchsichtige Schärpe auf die Lehne eines Fauteuils. Sie huscht an der Mauer entlang wie der Reflex eines perlmutterfarbenen Fisches...

Das ist die Stunde, da wir hoffen, sie sei eine Fee, ein Kobold, ein Wicht, ein Geist... Im Stil literarisch überbildeter Leute bringen wir ihr kindische Huldigungen dar. Wir nennen sie Scheherazade. Aber die Zeit ist noch nicht erfüllt, noch wirft Schah ihr elektrisch knisterndes seidenes Gewand nicht ab, ebensowenig ihre reiherartigen Schnurrbarthaare, ihren blauen Eichhörnchenschwanz, noch ihre Krallen aus glatter Jade.

«Passen Sie gut auf! Öffnen Sie im Zug den Korb ja nicht!»

«Doch, doch, machen Sie den Korb auf, sowie der Zug fährt. Sonst bekommt Schah einen epileptischen Anfall.»

«Geben Sie ihr gleich ein bißchen Milch zu trinken.»

«Nein, nein, geben Sie ihr keine Milch unterwegs, sonst wird sie seekrank!»

«Und ins Freie dürfen Sie sie erst nach zwei Tagen lassen. Sonst läuft sie Ihnen davon, und Sie sehen sie niemals wieder.»

«Ach, Unsinn, glauben Sie das ja nicht. Sie können sie sofort ins Freie lassen, eine Katze findet immer wieder nach Hause zurück...»

Von Verantwortung beschwert, belastet mit so vielen einander widersprechenden Ratschlägen, nehmen wir unseren tyrannischen Hausdämon mit uns, dieses zerbrechliche Juwel, diese kostbare Katze, und führen sie dem graugrünen Meer entgegen, dem Frühling der Bretagne, der es so eilig hat, daß er zuweilen früher erscheint als der des Südens.

Der März hat kaum begonnen, und schon öffnet das Geißblatt, das oberhalb der weißen Wellenkämme an den Felsen emporklimmt, seine bräunlichgrünen Blätter wie lauschende kleine Ohren. Schon gibt es blaßgoldene Primeln und stacheligen Mäusedorn mit roten Beeren. Es gibt Veilchen und rosafarbene Grasnelken, die wie Pfirsichblüten duften. Es gibt...

Es gibt auch einen Trupp Dachdecker auf dem Dach unseres Hauses und im Schlafzimmer halbnackte Parkettleger. Im Badezimmer sind zwei spöttisch-vergnügte Maurer damit beschäftigt, aus Kacheln ein blau-weißes Puzzle zu legen. Und im Hof gibt es ein Schmiedefeuer, und teuflische Jünglinge rühren da einen dicken milchigen Brei aus Kalk, eine bröcklige Creme aus Zement...

«Mein Gott, und Schah! Wenn Schah all diese Leute sieht! Sie wird weder fressen noch trinken können, noch schlafen... Sie wird uns vor Angst sterben. Sie ist doch so empfindlich! Übrigens, wo ist die Katze? Wo ist Schah? Wo ist sie?»

Da haben wir es – jetzt ist sie verlorengegangen! Zunächst stimmen wir ein Klagelied an, dann laufen, fliegen, stürzen wir davon. Wir befragen den Brunnen, suchen im dunklen Wald, auf dem düsteren Dachboden, im schimmeligen Keller, im Stall, in der Garage, zwischen den Felsen am Meeresufer. Wir versprechen den Maurerjünglingen, die Mörtel mischen, eine hohe Belohnung. Wir beschuldigen den Wachhund und schicken den Bullterrier, der noch niemals eine Spur gefunden hat, auf Suche aus. Wir horchen auf den Wind, der unsere stummen Tränen trocknet. Wir machen unserem Kummer durch bittere Vorwürfe Luft:

«Habe ich es dir nicht gesagt? Man hätte sie eben nicht so bald ins Freie lassen dürfen!»

«Was nützt die Weisheit nun? Schah ist verloren. Übrigens hatte ich schon eine böse Ahnung, als wir hierherkamen... Sie hätte nicht von Paris weg sollen, diese edelrassige Katze, die so leicht Schaden nimmt, die kein grelles Licht vertragen kann, keinen Luftzug und keine laute Stimme... Dieses zarte Geschöpf, das aus einem feinen Porzellannapf fraß und aus einem venezianischen Kristall trank...»

«Genug der Worte. Gehen wir nach Hause zurück. Ich will Schah in aller Stille betrauern, meine schöne, schöne Schah!»

Wir gehen also nach Hause. Doch bei einer Biegung der Allee bleiben wir mit einem Male stehen und starren sprachlos auf das Bild, das sich uns bietet.

Inmitten eines Kreises von Arbeitern, die, auf der Erde lagernd, ihr Mittagsbrot verzehren – zwischen schmutzigen Stiefeln, kalkbespritzten Hosen und verblichenen blauen Arbeitskitteln – zwischen Most- und Weinflaschen, fettigem Papier und derben Taschenmessern –, sitzt sehr behaglich lächelnd, den Schwanz wie eine Kerze aufgestellt, den Schnurrbart halbmondförmig hochgezwirbelt, umschwirrt von Flüchen und von johlendem Gelächter – Schah, die göttliche Katze! Sie läßt sich mit Käserinden, ranzigem Speck und Wursthäuten füttern, schnurrt, hascht, sich im Kreise drehend, ihren Schwanz, spielt, um die Maurer zu bestricken.

Der Kater

«Ich hatte einen Namen, einen kurzen, klangvollen Namen, den Namen einer kostbaren Angorakatze. Aber ich habe ihn auf den Dächern gelassen, in den glucksenden Ecken der Dachrinnen, auf dem abbröckelnden Moos alter Mauern. Ich bin ‹der Kater›.

Was sollte ich mit einem anderen Namen? Dieser genügt meinem Stolz. Die Menschen, die mich seinerzeit Sidi nannten, rufen mich überhaupt nicht mehr, denn sie wissen, daß ich niemandem gehorche. Wenn sie unter sich von mir sprechen, sagen sie ‹der Kater›. Ich komme, wann es mir beliebt, und die Herren dieses Hauses sind nicht die meinen.

Ich bin so schön, daß ich fast niemals lächle. In meinem persischen Fell spielen die zartesten Farben: Silber, das Graulila von Glyzinen, die die

Sonne gebleicht hat, das wilde Violett neuer Schieferplatten. Ein breiter, niedriger Schädel, die Backen eines Löwen, und oh! diese schweren Brauen über herrlichen Augen, rötlichen, düster ernsten!... Nur eines ist leichtfertig in dieser strengen Schönheit: meine zarte Nase, meine zu kurze Angoranase, feucht und blau wie eine kleine Pflaume...

Ich lächle fast nie, selbst wenn ich spiele. Zuweilen lasse ich mich herab, einen Ziergegenstand mit königlicher Pfote zu zerbrechen. Es sieht aus, als wollte ich ihn züchtigen. Und wenn ich diese schwere Pfote gegen meinen Sohn erhebe, das unehrerbietige Kind, dann ist es, als ob ich ihn zermalmen wollte... Habt ihr vielleicht erwartet, daß ich mich auf dem Teppich ziere wie Schah, meine kleine Sultanin, die ich vernachlässige?

Ich bin der Kater. Ich führe das unruhige Leben derer, die die Liebe für ihren harten Dienst geschaffen hat. Ich bin einsam, bin dazu verdammt, ohne Unterlaß zu erobern. Blutgier ist mir angeboren. Ich kämpfe, wie ich fresse, mit regelmäßigem Appetit, und gleich einem trainierten Athleten besiege ich meinen Gegner ohne Hast und Wut.

Erst am Morgen kehre ich zu euch zurück. Wenn die Dämmerung beginnt, lasse ich mich, bläulich schimmernd wie sie, vom höchsten Wipfel eines kahlen Baumes herabfallen, wo ich eben noch einem Vogelnest im Nebel glich. Oder ich schlüpfe über das schiefe Dach bis zu eurem Holzbalkon und setze mich auf das Brett eures halb geöffneten Fensters, als wäre ich ein winterlicher Blumenstrauß. Der Duft der Dezembernacht, der Duft eines eiskalten Friedhofs entströmt mir. Nun werde ich sogleich schlafen, werde erhitzt und fiebrig nach bitterem Buchsbaum riechen, nach getrocknetem Blut und wildem Moschus...

Denn ich blute unter der seidigen Scharpie meines Fells. Eine Wunde brennt an meinem Hals, und ich nehme mir nicht einmal die Mühe, die zerrissene Haut meiner Pfote zu lecken. Ich will nur schlafen, schlafen! Will die Lider über meinen schönen Nachtvogelaugen zusammenpressen und, ganz gleich wo, schlafen. Auf die Flanke hingestreckt wie ein Landstreicher, will ich leblos daliegen, von Erdkrumen bedeckt und dürren, kleinen Zweigen und trockenen Blättern. Schlafen, schlafen wie ein gesättigter Faun...

Ich schlafe, schlafe. Zuweilen durchzuckt mich ein elektrischer Schlag – ich richte mich auf, grolle dumpf wie ferner Donner und falle dann wieder zurück... Selbst gegen das Ende des Tages, zur Stunde, da ich völlig erwache, bin ich abwesend und in Träume versunken. Den Blick auf das Fenster gerichtet, horche ich gegen die Tür hin...

Flüchtig gewaschen, von Gliederschmerzen erstarrt, überschreite ich die Schwelle. Alle Abende zur selben Stunde entferne ich mich mit gesenktem Kopf, weniger ein Auserwählter denn ein Verdammter... Schwankend wie eine schwere Raupe entferne ich mich zwischen gefrierenden Wasserlachen, die Ohren im Wind zurückgelegt. Den Schnee mißachtend, gehe ich dahin. Ich halte einen Augenblick inne, nicht weil ich zögere, sondern weil ich die geheimen Geräusche meines Reiches behorche. Ich schnuppere in die dunkle Luft hinaus. Feierlich und klagend lasse ich dann immer wieder den Ruf des kampfbereit umherwandernden Katers ertönen. Als ob der Klang meiner Stimme mich rasend gemacht hätte, springe ich plötzlich los... Man erblickt mich eine Sekunde lang auf einer Mauer, mit gesträubtem Fell, undeutlich verschwebend wie eine leichte Wolke. Und dann sieht man mich nicht mehr.

Es ist die wilde Jahreszeit der Liebe, die uns jeglicher anderer Freuden beraubt und die Scharen unserer abgemagerten Weibchen in den Gärten teuflisch vermehrt. Nicht nach der weißen Schlanken gelüstet es mich, auch nicht nach jener anderen dort, noch nach dieser hier, die orange und braun gestreift ist wie eine Tulpe, ebensowenig nach der Schwarzen, die glänzt wie ein feuchter Aal... Ach! diese und jene und noch andere auch... Wenn nicht ich sie niederwerfe, so werden meine Rivalen sie nehmen. Ich will sie alle, ohne eine zu bevorzugen, ohne sie voneinander zu unterscheiden. Das Schluchzen jener, die meiner grausamen Umarmung unterliegt, höre ich schon nicht mehr. Ich horche in den Wind hinaus auf die Stimme der Unbekannten, die mich jenseits der Dächer ruft.

Wie schön ist sie, die unsichtbare Geliebte, die in der Ferne klagt! Umgebt sie mit Mauern, verschließt sie lange vor mir, auf daß nur ihr Duft und ihre Stimme zu mir dringen!... Ach, es gibt für mich keine unerreichbare Geliebte! Auch diese wird über die Mauer springen, um zu mir zu gelangen. Vielleicht werden meine Zähne unter dem dichten Fell ihres Nackens die Narben meiner Bisse vom vorigen Jahr wiederfinden...

Die Nächte der Liebe währen lange... Ich bleibe auf meinem Posten, immer bereit, zuverlässig und verdrossen. Meine verlassene kleine Gattin schläft in ihrem Haus. Sie ist sanft und blau und gleicht mir zu sehr. Hört sie in ihrem parfümierten Bett die Schreie, die zu mir aufsteigen? Hört sie meinen Namen, den ein verletzter Gegner in wildestem Kampfe hinausbrüllt, meinen Tiernamen, den die Menschen nicht kennen?

Ja, diese Liebesnacht währt lange. Ich bin traurig und fühle mich einsamer denn ein Gott... Ein unschuldiger Wunsch beschleicht mich, indes ich beharrlich wache, der Wunsch nach Licht, Wärme und Ruhe... Wann will die Morgendämmerung endlich grauen, die das Gezwitscher der Vögel erwachen läßt und den Sabbat toller Katzen beendet? Seit vielen Jahren herrsche ich, liebe ich, töte ich. Lange Zeit schon bin ich schön... Zu einer Kugel zusammengerollt, träume ich auf der Mauer, die eisiger Tau bedeckt... Ich fürchte, ich könnte alt aussehen.»

Die Katzenmutter

«Eins, zwei, drei, vier... Nein, ich irre mich. Eins, zwei, drei, vier, fünf, sechs... Nein, fünf. Wo ist das sechste? Eins, zwei, drei... Mein Gott, ist das ermüdend! Jetzt sind es nur vier. Ich werde noch verrückt darüber. Kinder! Kinder! Wo sind meine Söhne und Töchter?

Wer von euch jammert dort zwischen der Mauer und der Geranienkiste? Er schreit schon gut, muß ich sagen, der Kleine. Wirklich, ich bilde mir das nicht nur ein, weil er mein Sohn ist. Außerdem schreit er nur zum Vergnügen, denn er kann sich da ganz leicht befreien, wenn er einige Schritte rückwärts macht. Die anderen?... Eins, zwei, drei... Ich falle um vor Schlaf. Die Kinder haben getrunken und dann geschlafen, und jetzt sind sie lebendiger als ein Wurf Ratten. Ich bin schon ganz heiser von all dem Rufen, aber sie gehorchen mir nicht. Bei dem fortwährenden Suchen sehe ich sie schließlich überhaupt nicht mehr, oder ich sehe vor Aufregung etliche doppelt. Gestern habe ich in meiner Verstörtheit ihrer neun gezählt. Dieser Garten ist ein Verhängnis.

Nimm dich in acht, du dort drüben! Man darf niemals unter dem Gitter der Hundehütte durchkriechen. Wie oft soll ich dir das noch sagen? Wann wirst du endlich einsehen, du Kind der Gosse, du instinktloser Bastard, wessen diese Hündin fähig ist? Sie lauert auf euch hinter den Stäben und würde dich wie eine Maus verschlucken, nur um nachher zu sagen: ‹Ach, war ein Kätzchen? Wie schade! Da habe ich mich geirrt!› Sie hat sanfte Augen, wie orangefarbener Samt sehen sie aus, aber merkt es euch: ihr dürft ihrem Lächeln nicht trauen!... Hingegen erlaube ich euch allen gern, daß ihr eure kindlichen Krallen, die noch biegsam und durchsichtig sind, an den zähen Lenden und der Schnauze der Bulldogge versucht. Obgleich sie häßlich ist – ich schäme mich für sie, wenn ich sie ansehe! –, würde sie doch keiner Fliege etwas zuleide tun. Das ist wörtlich zu verstehen, denn die Fliegen spielen um ihr stets offenstehendes Riesenmaul, das immer wieder ins Leere schnappt. Zu ihr könnt ihr ruhig hingehen, könnt euch unter ihren Beinen zusammenrollen, unter ihrem Bauch liegenbleiben, eure Krallen an ihrem Fell wie an einem Teppich schärfen. Wärmt euch nur an ihrem übelriechenden Körper. Sie ist eure Sklavin, ist die schwarze Kinderfrau meiner fürstlichen Babys.

Kinder! Kinder!... Eins, zwei, drei... Ich wünschte wahrhaftig, ich wäre zwei Monate älter oder drei Wochen jünger. Vor zwanzig Tagen hatte ich sie noch alle sechs in meinem Korb, blind und wollig. Sie konnten nur kriechen und sich wohlig winden wie Blutegel, während sie an meinen Zitzen hingen. Ein leichtes Fieber täuschte mich über meine Erschöpfung hinweg. Ich war eine sanfte, blöde Maschine, die unablässig schnurrte und mit borniertem Eifer leckte und stillte, fraß und trank. Wie war das so einfach! Jetzt sind sie fürchterlich. Sooft ich sie strafen sollte, bin ich entwaffnet, wenn ich sie nur ansehe. Nichts auf der Welt ist mit ihnen zu vergleichen. Trotz ihrer Jugend sieht man ihnen doch schon die Reinrassigkeit an, erkennt klar, daß sie keiner Mesalliance entsprossen sind. Schon stellen sie den kräftigen Schwanz, fleischig am Ansatz wie der eines jungen Lammes, kerzengerade in die Höhe. Sie schimmern bläulich, haben niedrige Beine und ein kurzes Kreuz, sind munter, wenn sie umherlaufen, und melancholisch, wenn sie sitzen – ganz wie ihr wunderbarer Vater. In vierzehn Tagen werden ihre vorläufig blauen Augensterne goldig zu schimmern beginnen, sich mit feinen Streifen von gelblichem Grün durchziehen. Sie werden einander nicht mehr gleichen; selbst das stumpfe

Auge der Menschen wird die breiten Schädel der jungen Kater und die schmaleren Nacken und feineren Backenknochen der Katzen unterscheiden können. Die naiven kleinen Weibchen werden bereits unausstehlich gegen mich sein, ebenso übrigens auch ich gegen sie... Von ihrem Fell will ich gar nicht reden, ich müßte mich sonst selbst loben. Vier dunklere Streifen sind in den graublauen Flaum ihrer Köpfe gezeichnet und glänzen wie die schimmernden Wellen eines dunklen Samtes je nach der Beleuchtung bald hell, bald matt...

Wo aber sind sie? Wo sind sie? Eins, zwei... Nur zwei! Und die vier anderen? Antwortet doch, ihr zwei kleinen Idioten! Da sitzt das eine und frißt einen Bindfaden! Und das andere will in eine Kiste schlüpfen, die keine Öffnung hat! Natürlich habt ihr nichts gesehen und nichts gehört, häßliche kleine Eulen, die ihr seid mit euren runden Augen!

... Weder in der Küche noch in der Holzkammer! Vielleicht im Keller? Ich laufe, ich stürze hinunter, ich schnüffle... Nichts... Eilig renne ich wieder nach oben, und nun blendet mich das Licht im Garten... Wo sind die beiden, mit denen ich eben gezankt habe? Sind die nun auch verlorengegangen? Meine Kinder! Oh, meine Kinder! Zu Hilfe, ihr Zweifüßler, kommt herbei, ich habe alle meine Kinder verloren! Eben spielten sie noch dort im Dickicht der Spindelbäume. Ich habe sie nicht allein gelassen, habe mich nur eine Minute lang dem Vergnügen hingegeben, eine Lobeshymne auf ihre Schönheit zu singen, eine Lobeshymne in der verliebten, bilderreichen Sprache, die mir infolge mei-

ner persischen Abstammung eigen ist... Gebt
sie mir wieder, oh, ihr mächtigen Zweifüßler, die
ihr gezuckerte Milch und Sardinenschwänze
auszuteilen vermögt! Sucht mit mir, spottet
nicht über meinen Jammer, sagt nicht, daß ich
mein geliebtes Sextett hundertmal am Tage
verliere und wiederfinde! Ich ahne ein Unglück,
das schlimmer ist als der Tod. Ihr wißt doch, daß
mein Mutter- und mein Katzeninstinkt mich
doppelt unfehlbar machen!...

Ei, wo kommst du denn her?... Meiner Treu,
das ist mein schwerfälliger Erstling, der rund-
liche Kerl. Und ihm folgt sein gutmütiger Bruder.
Und woher kommt dieses unverschämte kleine
Weibstier, das es jetzt schon wagt, mir zu
trotzen, das sich schon untersteht, zu fauchen
und zu fluchen?...

Eins, zwei, drei... Drei, vier, fünf... Komm,
mein Sechstes, Zartestes und Schwächstes! Du
bist auch zärtlicher als die anderen, und ich habe
dich mehr geleckt. Du kriegst immer die eine
von meinen beiden schwersten Zitzen, die uner-
schöpfliche, in dem weichen Nest aus blauem
Flaum, das meine Hinterbeine dir formen...
Vier, fünf, sechs... Genug! Genug! Ich will ihrer
nicht mehr! Kommt alle in den Korb im feinen
Schatten der Akazie. Wir wollen schlafen, oder
ihr dürft wieder trinken, damit ich eine Stunde
lang Ruhe habe – aber Ruhe habe ich ja nie, denn
selbst im Schlaf bleibe ich rettungslos wachsam.
Selbst im Traum suche ich euch noch und zähle
euch: eins, zwei, drei, vier...»

Theodor Storm

Von Katzen

Vergangnen Maitag brachte meine Katze
zur Welt sechs allerliebste kleine Kätzchen,
Maikätzchen, alle weiß mit schwarzen
                            Schwänzchen.
Fürwahr, es war ein zierlich Wochenbettchen!
Die Köchin aber – Köchinnen sind grausam,
und Menschlichkeit wächst nicht in einer
                            Küche –,
die wollte von den sechsen fünf ertränken,
fünf weiße, schwarzgeschwänzte Maienkätzchen
ermorden wollte dies verruchte Weib.
Ich half ihr heim! – der Himmel segne
mir meine Menschlichkeit! Die lieben Kätzchen,
sie wuchsen auf und schritten binnen kurzem
erhobnen Schwanzes über Hof und Herd;
ja, wie die Köchin auch ingrimmig dreinsah,
sie wuchsen auf, und nachts vor ihrem Fenster
probierten sie die allerliebsten Stimmchen.
Ich aber, wie ich sie so wachsen sahe,
ich pries mich selbst und meine Menschlichkeit. –
Ein Jahr ist um, und Katzen sind die Kätzchen,
und Maitag ist's! – Wie soll ich es beschreiben,
das Schauspiel, das sich jetzt vor mir entfaltet!
Mein ganzes Haus, vom Keller bis zum Giebel,
ein jeder Winkel ist ein Wochenbettchen!
Hier liegt das eine, dort das andre Kätzchen,
in Schränken, Körben, unterm Tisch und Treppen,
die Alte gar – nein, es ist unaussprechlich,
liegt in der Köchin jungfräulichem Bette!
Und jede, jede von den sieben Katzen

hat sieben, denkt euch! sieben junge Kätzchen,
Maikätzchen, alle weiß mit schwarzen
                              Schwänzchen!
Die Köchin rast, ich kann der blinden Wut
nicht Schranken setzen dieses Frauenzimmers;
ersäufen will sie alle neunundvierzig!
Mir selber, ach, mir läuft der Kopf davon –
o Menschlichkeit, wie soll ich dich bewahren!
Was fang ich an mit sechsundfünfzig Katzen!

Nachspiel

Ob ich nun mit jener Katze meine eigene
                              gemeint,
oder Nachbars alte Katze, was nicht gar un-
                              möglich scheint,
oder gar des Bürgermeisters, gar des Präsidenten
                              Vieh,
oder – was doch ganz unglaublich – Katzen
                              aus der Phantasie,
dieses zu erraten will ich allen Guten an-
                              empfehlen,
deren liebevolle Zähne sich mit solchen Nüssen
                              quälen.

Stefan Flukowski

Der Traum des Katers
Eine tierpsychologische Studie

Er kam heim, als sie gerade aus dem Bett stieg. Mit langen Schritten schlich er lässig um die Stuhl- und Tischbeine. Zu meiden versuchte er nur die Stellen, wo sie ging. Er hatte Angst, sie würde ihn gleich mit süßer Stimme rufen, und wenn er nicht sofort käme, ihn mit Gewalt am Fell fassen, ihn auf ihre Knie zwingen, seinen Schwanz zwischen die Zähne stecken oder um den Finger wickeln. Brrr!... Unmerklich schielend kroch er unter das Sofa und ließ sich an dessen Rand nieder, den Schwanz um die Vorderfüße gerollt. Von hier übersah er das ganze Zimmer und auch sie, die sich zwischen den Möbeln zu schaffen machte. Sie warf ihre Hutschachteln, Strümpfe, Kleider von einer Ecke in die andere. In leisen Hausschuhen auf nackten Füßen durchlief sie das Zimmer und kehrte um, weil sie etwas vergessen hatte. Durch das heruntergelassene Rouleau schien braun die Sonne. In zwei Lichtstreifen aus dem Spalt rotierten regenbogenfarbige Staubflocken. Wenn sie durch die Lichtstreifen oder in deren Nähe ging, wurde der Tanz der Flocken unruhig, rasend. Der Kater beleckte sich dann, schob die kleine rote Zungenspitze ein wenig heraus und schloß würdevoll die Augen. Als er sie nach einer Weile öffnete, wogte der Staubnebel flimmernd und verschwand. Stets von neuem. Die Bewegungen der Frau wurden immer nervöser, heftiger. Seit längerer Zeit schon pendelte sie durchs Zimmer, aber immer noch hatte sie das lange und zerknitterte Nachthemd an. Alle Augenblicke lief sie vor den Spiegel, betrachtete das noch ungewaschene Gesicht, mit Fältchen um die Augen, fahl, und ihre Zähne, ungleich, groß, hervorstehend. Die an den Schläfen ein wenig ergrauten Haare bedeckte sie mit den langen, steifen Strähnen von der Stirn. Endlich zog sie das Hemd aus, nachdem sie vorher in eine Badehose geschlüpft war. Der Kater schloß die Augen fest, denn plötzlich blies ihm der Staub vom Hausschuh, der neben ihm abgestellt wurde, in die Nase. Als er die Augenlider hob, erblickte er eine Wade mit gespanntem Muskel, die sogleich verschwand. Die Frau stand wieder vor dem Spiegel, sie streckte sich und betrachtete ihren Busen. Dann hob sie beide Arme und verbog sich noch mehr. Ihr Bauch war tief eingezogen, die Haut vom Druck der Rippen gestrafft. Auf den Zehenspitzen stehend, verharrte sie so reglos einige Zeit. Der üppige Busen hob sich etwas, nahm Festigkeit an. Sie drehte sich hin und her. Endlich ließ sie die Arme fallen und seufzte. Dann berührte sie mit den Händen leicht ihre Brustspitzen; und erzitterte. Plötzlich preßte sie die Brust leidenschaftlich zusammen, mit verkrampftem Gesicht, halb gebeugt, die Beine in den Knien geschlossen. Der Kater atmete immer regelmäßiger aus, war aber noch nicht ganz eingeschlafen. Ein neuer Lärm weckte ihn aus dem Schlummer. Eine Holzschachtel war heruntergefallen. Der Deckel rollte auf und ab. Bevor er mit ganzer Fläche auf den Boden fiel, schaukelte er noch ein paarmal und polterte dumpf. Er öffnete die Augen. Die entfesselten Stäubchen wirbelten im Sonnenspalt. Die Frau stand wieder vor dem Spiegel, völlig nackt, barfüßig. Sie war bereits glatt gekämmt, die an die Kopfhaut geklebten Haare glänzten, und nun puderte sie das Gesicht, den Hals, das Dekolleté zu Ende, schwärzte die Brauen, malte die Lippen an. Er sah sie von vorn. Er sah ihre Brust, den Bauch, die Schenkel. Er hob die Vorderfüße und begann sein weiches graues Fell zu waschen. Wohin seine Zunge nicht reichte, dorthin gelangte er mit der angefeuchteten Pfote. Er tat das alles ruhig und systematisch. Danach legte er sich auf den Rücken. Da er die Brustwäsche beendet hatte, streichelte er den Unterbauch, wobei er das eine Bein bis zur Sprungfeder des Sofas hob. Der Lichtstab hatte sich indessen unbemerkt bis zum Sofa vorgeschoben und fiel auf den Kater. Dieser placierte sich sofort so, daß möglichst viel Sonne auf ihn fiel. Er achtete nicht einmal mehr auf den Staub, der vor seiner Nase wirbelte. Er fühlte die Süße der Wärme, die anders war als die Wärme des Ofens oder des Kamins. Gewandt sträubte er sein Fell, damit die Strahlen leichter zwischen die Fellhaare drangen und die Haut berührten. Auf das Schurren und Klopfen der Absätze achtete er nicht mehr. Endlich war es ihr nämlich gelungen, Strümpfe und Lackschuhe anzuziehen. Im Zimmer herrschte noch größerer Wirrwarr als zuvor. Das Nachthemd lag völlig durchnäßt auf dem Waschtisch, ein Hausschuh stand gegen die Tür gerichtet, während der andere drei Schritte weiter zum Fenster zielte. Auf dem Toilettentisch vor dem Spiegel lagen umgestoßene Tiegel, die Kämme tauchten im

Parfüm, und der Geruch ihres Körpers drang in alle Ecken. Die Stille wurde vom Klopfen ihrer Absätze unterbrochen, das fortwährend durchs ganze Zimmer schallte. Sie hatte den Hut bereits aufgesetzt, doch etwa zehn Minuten lang klopfte sie immer noch mit den Absätzen, alle Augenblicke vor den Spiegel laufend. Vom Fenster her ertönte die Stimme einer Fabriksirene. Nach einer Weile die zweite. Die dritte. Die einen verstummten, die anderen setzten ein. Endlich beendete sie ihre Lauferei, sagte etwas zum Kater und ging hinaus. Der Schlüssel drehte sich um im Schloß. Das Klopfen ihrer hohen Absätze verschwand im Korridor. Von der Straße flog eine gemischte Welle von Stimmen herein. Die Menschen aus Fabriken und Werkstätten gingen zum Mittagessen. Tausende Sohlen wetzten die Betonplatten des Gehwegs. Nach einiger Zeit wurden die Schritte spärlicher. Die Sonne hatte den Kater verlassen. Das riß ihn aus dem Schlummer. Träge schob er sich etwas weiter und nahm wieder die Last der Wärme auf sich. Er wiederholte es ein paarmal, bis er endlich einschlief. Jetzt hörte er keine Fabriksirenen mehr, die zur Arbeit riefen. Keine Schritte nervös laufender Beine. Das Rouleau war immerfort braun, im Korridor des Sonnenlichts irrten die einsamen Stäubchen wie trunken umher. Sie fielen in den Lichtgürtel ein und verließen ihn mit jedem Punkt der Linie, die Grenze war zwischen dem Licht und dem Dunkel.

Der Kater fiel in einen tiefen traumschweren Schlaf.

Die Lichtstreifen begannen sich wie Schlangen zu winden. Sie rollten sich wellenförmig ein und aus, waren bald flach und glatt. Sie waren losgelöst von allem. Selbst in sich. Die Dunkelheit dauerte an. Nur diese Streifen schlängelten sich im Meer der flüssigen Kohle, mit der der Raum ausgefüllt war. Schließlich verbanden sie ihre Enden miteinander und schlossen sich zu Kreisen. Jetzt wirbelten sie, entfernten sich bald, waren bald ganz nah, breit, glatt, fleischig vom Metall der Sonne. Dann überschlugen sie sich. Der eine mit kleinerem Strahl ging senkrecht durch den andern, einmal in die Tiefe, einmal in die Höhe. Aus dieser Reibung entstand ein dritter Kreis, schmaler, schwächer leuchtend, und schob sich ebenfalls senkrecht durch die Dunkelheit. Dann blieben sie plötzlich stehen: der breite in der Mitte, der eine von den beiden kleineren höher, der andere tiefer. Nach einer Weile merkte der Kater, daß im Dunkeln ein Faß stand, das schwärzer war als der Raum ringsum, und daß die leuchtenden Bänder Faßreifen waren. Auf einmal saß er auf dem Faß. Es stand mit dem Boden nach oben und war sehr glatt und angenehm. Er nahm behaglich Platz und sah ins Schwarze. Er verharrte lange so. Von Zeit zu Zeit kuschelte er sich zusammen und schnurrte. Plötzlich hörte er ein Scharren unter dem Faß, zuerst leicht, dann immer heftiger. Er hörte Gepiepse und Kratzen. Er erstarrte, spürte immer mehr den Hunger, der an seinen Eingeweiden sog. Mit der Nase begann er leicht, vorsichtig zu schnuppern. Lange witterte er nichts. Was er eingeatmet hatte, warf er sofort ungeduldig heraus, es war überflüssig, ohne Bedeutung. Er spann diese Schwärze hin und zurück wie Bänderseide, er wollte nämlich den ihm vertrauten Faden aufspüren, der sich irgendwo in dem undurchdringlichen Keller ohne Boden verloren hatte. Fände er diesen Faden, wollte er ihn bis zum Magen einziehen, dort würde er sich schon selbst zwischen die Därme wickeln. Je tiefer er ihn durch die Nasenlöcher einatmen würde, desto dicker, fleischiger würde der Faden. Das Gequietsche wurde lauter, das Kratzen verwandelte sich in ein beharrliches Nagen am Faß. Aber den Geruch konnte er immer noch nicht wahrnehmen. Er sog stets größere Stücke Dunkel in sich ein und fühlte, daß er quoll. Um so schnell wie möglich auf diesen herrlichsten aller ihm bekannten Düfte zu stoßen, fing er an, die Luft durch die Nase abzulassen, ohne sich des lauten Zischens bewußt zu sein, das die scharrenden Mäuse hätte erschrecken können. Plötzlich bemerkte er, daß der Boden, auf dem er saß, ein mit Gold strahlender Mond war. Er füllte ihn ganz aus. Das Scharren und Nagen, verbissen, zudringlich, verstärkte sich, und noch immer gelang es ihm nicht, den irgendwo verborgenen Faden zu greifen. Immer mehr Schwärze sog er in sich ein, bis er selbst schwarz wie seine Umgebung wurde. Aus seinen Augen kamen zwei Lichtstreifen. Der Kopf ragte über den Rand des Mond-Bodens heraus, dessen Kreis seinen ganzen Körper nicht mehr fassen konnte. Plötzlich begriff er entsetzt, daß er jetzt Dunkelheit einsaugen müsse, selbst wenn er keine Geräusche von unten hören sollte. Er fühlte, wie seine Haut sich spannte, ohne jedoch zunächst zu platzen. Der Mond lag unter ihm gleich einer runden Schüssel und schaukelte leicht. Bald stieg er an, bald senkte er sich wie eine vom

Atmen bewegte Menschenbrust. Der Kater atmete jetzt kein bißchen von dem aus, was er einsog. Von Zeit zu Zeit überlief es ihn kalt: der blanke Teller schlüpfte unter ihm weg, mit seinem Wachstum hielt der Mond nicht Schritt. Nach einer Weile konnte er nur noch stehen, mit fest aneinandergeschmiegten Pfoten, eine neben der andern. Sie waren so dick, daß sie beinahe die ganze Scheibe verdeckten, und so schwarz, daß er wieder erschrak. Wie groß er sein mußte! Aus Angst schluckte er ein Stück Dunkelheit hinunter, und eine Pfote hing, hinabgestoßen von den drei übrigen, ins Leere. Er begann sich auf der Stelle zu drehen, indem er vorsichtig eine Pfote vor die andere setzte. Mir nichts, dir nichts miaute er, und ein neues Stück vom schwarzen Raum drang in sein Inneres. Jetzt hatten auf dem Kreis nur noch knapp zwei Pfoten Platz. Er erstarrte vor Entsetzen, der Teller unter ihm pulsierte leicht. Auf einmal schien ihm, er höre Scharren und Piepsen. Nach einer Weile wiederholte es sich. Ja – jetzt dröhnte das Scharren unter dem Faß ununterbrochen. Unwillkürlich witterte er mit der Nase, die Schwärze überschwemmte ihn. Die Pfoten, auf denen er noch stand, wurden plötzlich dicker, rutschten aus auf dem glatten, polierten Kreis. Er wollte schreien und konnte nicht. So fiel er, mit dem schweren Schwanz ins Leere schlagend, in die Tiefe. Der Mond, vordem groß, wurde immer kleiner, kleiner, kleiner – bis er normal war, eben so, wie er ihn zuletzt gesehen hatte. In diesem Augenblick fiel der Kater mit allen vier Beinen, lautlos, elastisch aufs Dach – das ganz grün war. Er glitt ein wenig in die Tiefe übers Gefälle, aber sofort fand er das Gleichgewicht wieder, indem er sich mit den Krallen an den Blechwellen festhielt. Behend kletterte er bis auf die Dachspitze und kauerte auf dem Laufbrett, das zum Kamin führte, nieder. Es fiel ihm ein, daß er sich gestern hier aufgehalten hatte. Er blickte auf seine Pfoten, sie waren so wie immer, gewiß war auch er jetzt nicht mehr schwarz und so riesig wie dort auf dem Mond. Er betrachtete sie also und miaute. Er beleckte sich, dann fing er an, seinen Pelz zu waschen. Lange, viele Male. Die Schornsteine waren rot. Er miaute einmal, zweimal, dreimal. Er wusch sich, indem er seine flinke Zunge herausstreckte. Er vergaß alles, was ihm gestern begegnet war, und sah nur noch das grüne, leere und sehr helle Dach. Er stand auf und ging leise über das Brett. Als das eine Dach zu Ende war, ging er auf das zweite, dann auf das dritte. Er huschte von einer Blechfläche zur andern, übersprang die Höhenunterschiede, umklammerte Rinnen und hing über den düsteren Abgründen der schwarzen Straßen. Alle Dächer waren grün und ihm gut bekannt. Irgendwo, an einer Rinnenkante, setzte er sich hin und putzte sein Bauchfell. Danach wanderte er wieder von Haus zu Haus. Endlich kam er auf ein Dach, das er bisher nie besucht hatte: das Dach war breit, ziemlich flach, ebenfalls grün und mit Laufbrettern zu den Schornsteinen versehen. Als er ein Stückchen darauf gegangen war, sich bereits in der Mitte befand, hörte er ein kurzes Miauen. Unwillkürlich antwortete er, konnte nur nicht herausfinden, woher es kam. Er duckte sich, lauschte. Das Miauen wurde immer lauter. Er erkannte den Ruf einer Katze. Er antwortete mit

Geschrei. Die Stimme der Katze wurde noch gellender. Nur sah er immer noch nicht, wo sie war. Er streckte sich wie eine Saite. Für einen Augenblick hockte er sich nieder und schrie. Und die Stimme antwortete ihm immerfort, sie kam sogar näher. Er sprang hinter einen Schornstein, woher, wie ihm schien, der Ruf kam, aber die Stelle war leer – nur das grüne Dach döste im leblosen silbernen Licht, flach. Der Kater schrie aus allen Kräften. Es antwortete ihm ganz nah hinter der Ecke. Er drehte sich ruckartig um und sah eine riesige Katze, die mit dem Rücken zu ihm stand. Sie schwenkte den Schwanz, der hoch über den Schornstein reichte. Sie rief ihn immer lauter, immer leidenschaftlicher, wilder. Er begann sich ihr langsam zu nähern, blieb stehen, stieß einen entsetzlichen Schrei aus; sein Schwanz, jetzt riesig und flaumig, umfegte das Dach und die Schornsteine. Die Katze atmete schwer, sie war wie aus Bronze im Mondlicht. Er miaute kurz, rollte sich zum Sprung zusammen. Plötzlich drehte sie ihm den Kopf zu, und er sah, daß sie ein menschliches Gesicht hatte – ihr Gesicht. Entsetzt sprang er zur Seite und erwachte. Das Rouleau war jetzt dunkel, die leuchtenden Streifen waren verschwunden. Es herrschte Stille – die Frau war noch nicht zurück.

Torquato Tasso

[A le gatte de lo spedale di S. Anna]

Come ne l'ocean, s'oscura e 'nfesta
procella il rende torbido e sonante,
a le stelle onde il polo è fiammeggiante
stanco nocchier di notte alza la testa,

così io mi volgo, o bella gatta, in questa
fortuna avversa a le tue luci sante,
e mi sembra due stelle aver davante
che tramontana sian ne la tempesta.

Veggio un'altra gattina, e veder parmi
l'Orsa maggior con la minore: o gatte,
lucerne del mio studio, o gatte amate,

se Dio vi guardi da le bastonate,
se 'l ciel voi pasca di carne e di latte,
fatemi luce a scriver questi carmi.

Torquato Tasso

[Auf die Katzen im Irrenhaus St. Anna]

So wie wenn finstrer Sturm den Ozean
erdröhnen läßt und aufwühlt ungeheuer,
den Blick hebt nachts der müde Mann am Steuer
zum sternumflammten Pol auf seiner Bahn,

schau ich, du schöne Katze, heilig nahn
die Augen dein, und in der Not ein Feuer
scheint von zwei Sternen mir gesandt als euer
Geleit zur Orientierung im Orkan.

Ich seh ein zweites Kätzchen, und ich meine,
ihr seid der Bär, der Große und der Kleine,
als Leuchten meiner Kammer, o ihr Katzen;

o mög euch Gott behüten stets vor Hieben,
mit Fleisch und Milch euch nähren, meine Lieben;
und gebt mir Licht, dies Lied aufs Blatt zu kratzen.

Honoré de Balzac

Die Herzensqualen einer englischen Katze

Als das Protokoll Eurer ersten Sitzung, o Tiere Frankreichs, in London eintraf, schlug darüber das Herz aller Anhänger der Tierreform höher. In meinem kleinen Lebensbereich besaß ich so viele Beweise der Überlegenheit der Tiere über die Menschen, daß ich, in meiner Eigenschaft als weibliche englische Katze, den so oft ersehnten Augenblick für gekommen hielt, den Roman meines Lebens zu veröffentlichen, um damit zu zeigen, wie mein armes Ich von den verlogenen Gesetzen Englands gequält worden ist. Schon zweimal haben mich Mäuse – die ich seit der «bill» des erlauchten Parlaments geschworen habe zu schonen – zu Colburn geführt. Und als ich sah, wie dort alte «misses», «ladies» mittleren Alters, ja selbst jungverheiratete Frauen die Probeabzüge ihrer Romane korrigierten, fragte ich mich, weshalb *ich*, ein mit Krallen bewehrtes Wesen, mich dieser nicht auch bedienen sollte. Was Frauen denken, nimmt man nie ernsthaft zur Kenntnis, am wenigsten, wenn sie zu den Schreibenden gehören, wogegen eine Katze, die unter der englischen Falschheit leidet, Interesse daran hat, mehr zu sagen, als sie denkt. Was sie dann zuviel schreibt, kann das aufwiegen, was jene berühmten «ladies» verschweigen. Ich habe vor, die Mrs. Inchbald der Katzen zu sein, und ich bitte Euch, o Ihr Katzen Frankreichs, mein edles Bemühen zu würdigen, Ihr, bei denen das höchste Geschlecht unserer Rasse geboren ist, das des

Gestiefelten Katers, dieses ewigen Urbilds des Verkünders, dem so viele Menschen nachgeeifert und doch noch immer kein Denkmal errichtet haben.

Ich bin im Hause eines Geistlichen im Catshire oder Katzengau, unweit des Städtchens Miauenburg geboren. Die Gebärfreudigkeit meiner Mutter verdammte fast all ihre Kinder zu einem grausamen Geschick, denn, wie Ihr wißt, kann man sich die Unenthaltsamkeit der englischen Katzen gegenüber der Mutterschaft noch nicht erklären, derweil diese Gattung allmählich die Welt zu übervölkern droht. Die Katzen selber schreiben diese Erscheinung, Männchen und Weibchen beide auf ihre Weise, der Liebenswürdigkeit und den Tugenden ihres Geschlechts zu. Boshafte Beobachter meinen allerdings, in England unterstünden die Katzen derart langweiligen Bräuchen, daß sie sich einzig bei diesen kleinen Familienobliegenheiten zu zerstreuen vermöchten. Andere wieder behaupten, dahinter steckten wichtige wirtschaftliche und politische Erwägungen, im Zusammenhang mit der englischen Herrschaft in Indien. Solche Fragen sind jedoch meiner Pfoten eher unwürdig, und somit überlasse ich sie der «Edinburgh Review». Dem rechtmäßigen Ersäuftwerden entging ich dank der fleckenlosen Weißheit meines Pelzes. Ihretwegen nannte man mich Beauty. Doch, o weh, die Armut des Pfarrers, der eine Frau und elf Töchter hatte, erlaubte es ihm nicht, mich zu behalten. Eine alte Jungfer hatte an mir eine Art Zuneigung zur Bibel des Geistlichen festgestellt. Tatsächlich setzte ich mich immer darauf, aber nicht aus religiösen Gründen, sondern weil ich

in dem Haushalt sonst keinen saubern Platz
fand. Vielleicht glaubte die Jungfer, ich werde
der Sekte der heiligen Tiere beitreten, aus der
schon die Eselin von Balaam hervorgegangen ist,
und so nahm sie mich mit sich. Ich war damals
erst zwei Monate alt. Diese Dame, die abends
Gäste zu sich einlud, mit Kärtchen, die «Tee
und Bibelkunde» versprachen, wollte mir das
verhängnisvolle Wissen der Töchter Evas beibringen. Dies gelang ihr durch ein protestantisches
Verfahren, das in so langen Erläuterungen der
Würde der Person und der Ansprüche der Umwelt bestand, daß man lieber das Martyrium erduldet hätte, als diese immer wieder anzuhören.

Eines Morgens stieß ich armes Naturkind,
verlockt durch die Creme in einem Napf mit
einem «muffin» darauf, dieses Gebäck hinunter
und leckte die Creme auf. Vor Freude, oder auch,
weil meine jugendlichen Organe noch schwach
waren, befriedigte ich dann auf dem Wachstuchteppich ein gebieterisches Verlangen, das alle
jungen Katzen kennen. Als die Jungfer diesen
Beweis von Unenthaltsamkeit und mangelnder
Erziehung, wie sie es nannte, sah, packte sie
mich und hieb mit Birkenruten kräftig auf mich
ein. Entweder, so schwor sie, werde sie aus mir
eine «lady» machen oder aber mich aufgeben.

«Na, das ist ja eine Bescherung!» schimpfte
sie. «Merken Sie sich, Miss Beauty, daß englische Katzen Naturtriebe, die der englischen Ehre
schaden könnten, unter dem dichtesten Schleier
verhüllen und alles, was ‹improper› ist, von sich
fernhalten. Dabei übertragen sie, wie Herr Pfarrer Doktor Simpson erklärt hat, lediglich die
göttlichen Gesetze von der Schöpfung auf das

einzelne Geschöpf. Haben Sie schon einmal gesehen, daß sich die Erde unanständig benahm? Übrigens, gehören Sie nicht zu jener frommen Sekte, in der am Sonntag alle ganz langsam gehen, damit ein jeder sieht, daß sie *spazieren*? Lernen Sie, daß man eher tausendmal sterben als seine Begierden verraten soll. Darin besteht die Tugend der Heiligen. Als Katze dagegen haben Sie das Recht, sich so unauffällig, wie es nur Ihre Gattung kann, fortzustehlen und Ihre kleine Notdurft weiß Gott wo zu verrichten. So sehen die Menschen nur das Schöne an Ihnen und werden Sie, vom äußern Schein geblendet, für einen Engel halten. Wenn Sie in Zukunft wieder ein solcher Drang befällt, dann schielen Sie zum Fenster. Tun Sie, als ob Sie ausgehen wollten, und verschwinden Sie in ein Wäldchen oder in eine Dachrinne. Wenn das Wasser, meine Liebste, der Nationalstolz Englands ist, dann eben, weil wir Engländer etwas damit anzufangen wissen und es nicht einfach geistlos fallen lassen wie die Franzosen. Wenn Frankreich nie eine Flotte haben wird, dann eben, weil es mit dem Wasser so gleichgültig umgeht.»

Mein schlichter gesunder Katzenverstand sagte mir, daß an dieser Theorie vieles verlogen sein mußte. Doch ich war ja noch so jung!

«Und wenn ich in der Dachrinne bin?» dachte ich und guckte die alte Jungfer fragend an.

«Bist du erst einmal allein und sicher, daß dich niemand sieht, ja dann, Beauty, darfst du alle Anstandsregeln über Bord werfen. Um so ungescheuter, je besser du dich in der Öffentlichkeit beherrschst. Darin erweist sich eben die Größe der englischen Sittlichkeit, daß sie sich einzig um die äußere Erscheinung kümmert. Denn leider ist ja auch diese Welt nur Schein und Trug.»

Mein ganzer gesunder Tierverstand sträubte sich, ehrlich gesagt, gegen ein solches Sich-Verstellen. Doch wiederholtes Ausgepeitschtwerden belehrte mich zuletzt, daß die ganze Sittsamkeit einer englischen Katze offenbar in solch äußerer Reinlichkeit bestand. Von da an machte ich es mir zur Gewohnheit, Leckerbissen, auf die ich erpicht war, unter Betten zu verbergen. Nie sah mich jemand beim Essen oder Trinken oder wenn ich mich putzte. Ich galt als eine Perle unter dem weiblichen Geschlecht der Katzen.

Damals wurde mir bewußt, wie dumm die sogenannten Gelehrten sind. Unter den Herren Doktoren und andern Leuten, die zum Kreis meiner Herrin gehörten, war jener Simpson, ein richtiger Strohkopf. Er war der Sohn eines Mannes mit einem riesigen Vermögen, hoffte auf eine Pfründe und deutete, um sie zu verdienen, alles, was Tiere taten, religiös. Eines Abends sah er, wie ich Milch aus einem Tellerchen trank, und gratulierte der alten Jungfer zu meiner vorzüglichen Erziehung. Er hatte nämlich bemerkt, daß ich zuerst dem Rande nach leckte und dann stets im Kreis um das Gefäß herumging und so den runden Spiegel der Milch darin verkleinerte.

«Sehen Sie nur», verkündete er, «wie sich in frommer Umgebung alles vervollkommnet. Beauty ahnt etwas von Ewigkeit, denn sie beschreibt beim Lecken ihrer Milch einen Kreis, der ein Sinnbild der Ewigkeit ist.»

Ehrlichkeitshalber muß ich beifügen, daß ich nur deshalb so aus jenem Tellerchen trank, weil ich, wie alle Katzen, einen Abscheu davor hatte, meine Haare zu benetzen. Doch jene Gelehrten, denen es mehr darum geht, ihren eigenen Geist zu zeigen, als nach dem unsern zu suchen, werden uns immer falsch beurteilen.

Wenn die Damen oder Herren mich auf den Schoß nahmen, um mir mit der Hand über meinen schneeweißen Rücken und Funken aus dem Fell zu streichen, versicherte die alte Jungfer voll Stolz: «Sie können sie auf sich behalten, ohne sich um Ihre Kleider zu ängstigen. Sie ist wunderbar erzogen!» Alle nannten mich in der Tat einen Engel. Man verwöhnte mich mit Naschwerk und den köstlichsten Speisen. Aber, ich betone es, ich langweilte mich zu Tode. Ich konnte mühelos nachfühlen, warum eine junge Katze aus der Nachbarschaft mit einem Kater davongelaufen war. Das Wort Kater machte mich in tiefster Seele krank, und nichts vermochte mich davon zu heilen, nicht einmal die Komplimente, die man mir spendete – oder richtiger: die die Meisterin für sich in Anspruch nahm. «Beauty ist wunderbar gesittet, ein wahrer kleiner Engel», sagte sie. «Sie ist zwar sehr schön, aber sie weiß es kaum. Sie schenkt niemandem Beachtung, was das Höchste an aristokratischer Erziehung ist. Gewiß, sie läßt sich gerne betrachten, aber sie verfügt über jene vollkommene Gefühllosigkeit, die wir von einer jungen ‹miss› fordern und die sich nur so schwer beibringen läßt. Sie kommt erst zu einem, wenn man sie begehrt, und sie springt einem nie zutraulich auf die Knie. Keiner sieht sie je beim Essen, und bestimmt hätte auch jener Unhold von einem Lord, Byron, seine Freude an ihr gehabt. Wie jede gute und echte Engländerin liebt sie Tee, hört ernst zu, wenn man Bibeltexte auslegt, und sinnt keinem andern Böses nach, wofür sie umgekehrt viel solches zu hören bekommt. Sie ist ein argloses Gemüt, ganz ohne affektierte Manieren. Aus Schmuck macht sie sich nichts: gebt ihr einen Ring, sie wird ihn nicht behalten. Und dann noch etwas: sie mag jenes derbe Gesindel nicht, das jagen geht. Sie liebt das ‹home› und kann so unbeweglich dasitzen, daß man sie manchmal für einen Automaten, eine aufziehbare Katze aus einer Fabrik in Birmingham oder Manchester halten könnte. Wirklich: das ‹nec plus ultra› der höheren Erziehung.»

Was Männer und alte Jungfern Erziehung nennen, ist das angelernte Verheimlichen der natürlichsten Triebe, und wenn sie uns damit ganz verdorben haben, erklären sie uns für wohlerzogen. Eines Abends bat meine Meisterin eine der jungen «misses», sie möge etwas singen. Als das Mädchen sich ans Klavier setzte und sang, erkannte ich sogleich die irischen Weisen wieder, die ich als Kind gehört hatte. Ich schloß daraus, daß ich ebenfalls musikalisch war, und stimmte in den Gesang des Mädchens ein. Das brachte mir zornige Schläge, dem Mädchen hingegen Lob. Dieses zum Himmel schreiende Unrecht empörte mich so, daß ich mich auf den Dachboden verzog. Heilige Vaterlandsliebe! Oh, welch herrliche Nacht! Damals ging mir auf, was Dachrinnen sind. Ich hörte, wie die Kater ihren Geliebten Hymnen vorsangen, und neben diesen reizenden Elegien kamen mir die mir aufgezwungenen Heucheleien jämmerlich vor. Da erblickten mich ein paar Katzenweibchen. Sie schienen über meine Anwesenheit besorgt, als ein Kater mit gesträubtem Haar, prächtigem Schnurrbart und von stattlicher Gestalt mich mustern kam und dann zu den übrigen bemerkte: «Sie ist ein Kind!» Nach diesen verächtlichen Worten machte ich etliche Luftsprünge auf den Ziegeln, drehte mich dazu mit der Flinkheit unserer Rasse um mich selbst und landete sanft und geschmeidig, wie keine andern Tiere es vermögen, wieder auf den Pfoten. Und dies alles, um zu zeigen, daß ich denn doch nicht so kindlich sei! Aber all diese «Kätzereien» waren vergeblich. «Wann wird man *mir* ein Ständchen bringen?» fragte ich mich. Die stolzen Kater, die ich gesehen hatte, und ihre Melodien, mit denen sich keine menschliche Stimme je messen kann, hatten mich aufgewühlt. Und später regten sie mich zu einigen Gedichten an, die ich im Treppenhaus vor mich hin trällerte.

Doch ein folgenschweres Ereignis riß mich jäh aus diesem unschuldigen Dasein. Die Nichte meiner Meisterin, eine reiche Erbin, nahm mich nach London mit. Sie war ganz in mich vernarrt, küßte und liebkoste mich wie rasend, und da sie auch mir gefiel, wurde ich ihr, ganz gegen meine Standesgewohnheiten, ebenfalls zugetan. Fortan waren wir unzertrennlich. In London aber konnte ich, während der Zeit der mondänen Anlässe, reichlich die noble Gesellschaft beobachten und die ganze Verderbtheit der englischen Sitten studieren, die auch schon auf die Tiere übergegriffen hat. Ferner lernte ich jenen «cant» kennen, den Byron verflucht hat, obwohl er ihm selber auch erlegen ist, genau wie ich, ohne daß ich freilich die Memoiren meiner Mußestunden veröffentlicht hätte.

Arabella, meine neue Meisterin, war ein junges Ding, wie es in England zahlreiche gibt: sie konnte sich nicht entschließen, wen sie zum Manne nehmen wollte. Die absolute Freiheit, die man hierzulande den Mädchen in der Wahl ihrer Gatten läßt, macht sie beinahe verrückt, vor allem beim Gedanken an die Härte der englischen Bräuche, die ihnen nach der Vermählung jegliches Privatgespräch verbieten. Hätte ich damals geahnt, daß die Katzen Londons sich ebenfalls dieser Strenge gefügt hatten und daß auch ich einst grausam von diesen Gesetzen erfaßt und im Gericht der schrecklichen «Doctors commons» verurteilt würde! – Arabella empfing all die Herren, die man ihr vorstellte, aufs freundlichste, so daß ein jeder von ihnen glauben mochte, *er* werde demnächst die Schöne ehelichen. Doch jedesmal, wenn die Sache einen Abschluß zu finden drohte, brach Arabella sie unter irgendeinem Vorwand ab. Dieses Vorgehen fand ich, offen gestanden, etwas unschicklich. «Einen Krummbeinigen heiraten? Nie!» bemängelte sie beim einen und: «Der Kleine dort hat eine Stumpfnase!» bei einem andern. Mir waren Männer so völlig gleichgültig, daß ich nicht verstand, wie man wegen bloßer Körperunterschiede so wählerisch sein konnte.

Da, eines Tages, sah mich ein alter Peer und sagte dann zu ihr: «Das ist ein wunderhübsches Weibchen, das Sie da haben. Es gleicht Ihnen selber: es ist weiß und jung und braucht einen Mann. Darf ich ihm einen herrlichen Angorakater vorstellen, den ich zu Hause habe?»

Drei Tage später führte mir der Adelige den schönsten Kater seines Stammsitzes vor, Puff:

schwarz gewandet, mit den prächtigsten grüngelben, aber kalten und hochmütigen Augen. Sein Schwanz, mit seltsamen gelblichen Streifen wie beringt, strich mit seinem langen Seidenhaar über den Teppich. Vielleicht entstammte Puff dem österreichischen Kaiserhaus, da er, wie Ihr seht, dessen Farben trug. Seine Manieren waren die einer Katze, die den Hof und die bessere Gesellschaft gesehen hat. In Sachen Haltung war er so streng, daß er sich nie in Gegenwart von Leuten mit der Pfote den Kopf gekratzt hätte. Puff hatte Reisen auf dem Kontinent gemacht und war so schön, daß ihn angeblich die englische Königin gestreichelt hatte. Sorglos und unerfahren, wie ich war, sprang ich ihm an den Hals, damit er mit mir spiele, was er ablehnte mit der Begründung, es könnten uns alle dabei sehen. Da wurde mir klar, daß die übertriebene, ja falsche Rechtschaffenheit dieser Aristokratenkatze, ihre sogenannte «respectability», einzig die Folge ihres hohen Alters und der Schlemmerei war. Der Wanst, den die Leute so sehr an Puff bewunderten, machte ihn ungelenk. Darum hatte er in Wirklichkeit meine freundliche Einladung abgewiesen. Ungerührt und abweisend blieb er statt dessen auf seinem «Schamhaften» sitzen, ließ seinen Schnurrbart spielen und blinzelte mir bloß zu. Sicher war Puff unter den feinsten englischen Katzen die reichste Partie, von der ein ehemaliges Pfarrerstier träumen konnte. Zwei Bediente standen ihm zur Verfügung, er aß aus chinesischem Porzellangeschirr, trank ausschließlich Schwarztee, ließ sich zum Hyde-Park kutschieren und hatte Zutritt zum Parlament. Meine Meisterin behielt ihn bei sich.

Ohne mein Wissen erfuhr das ganze Katzenvolk Londons, daß Miss Beauty aus dem Katzengau den berühmten Puff mit den Farben Österreichs heiraten werde. Während der Nacht hörte ich auf der Straße draußen ein Konzert. Ich ging hinunter, begleitet von Mylord, der eines Gichtleidens wegen nur langsam schreiten konnte. Wir fanden dort alle Katzendamen seines Stammhauses versammelt. Sie waren gekommen, um mir zu gratulieren und mich zum Beitritt zu ihrer ratophilen Gesellschaft einzuladen. Es gebe ja nichts Gemeineres, erklärten sie, als Ratten und Mäusen nachzujagen, wobei die Worte «shocking» und «vulgar» in aller Munde waren. Zur Ehre ihres Landes hätten sie darum einen Verein für Enthaltsamkeit gegründet. – Ein paar Nächte später stiegen Mylord und ich auf die Dächer Almacks, wo eine graue Katze über die gleiche Frage referieren sollte. In einer Mahnrede, die oft von beifälligen «Hört! Hört!»-Rufen unterbrochen wurde, wies diese nach, daß Paulus in seinen Ausführungen über die Wohltätigkeit sich auch an die Katzen Englands gewandt habe. Der englischen Rasse, die auf ihren eigenen Schiffen und ohne Scheu vor dem Wasser vom einen Ende der Welt zum andern fahren könne, obliege es mithin, die Grundsätze der ratophilen Ethik zu verbreiten. Und tatsächlich verkündeten englische Katzen ja schon überall auf Erden diese heilsamen Lehren, die im übrigen auf streng wissenschaftlichen Erkenntnissen beruhten. Anatomische Vergleiche hätten nämlich ergeben, daß zwischen Ratten, Mäusen und Katzen nur geringe Unterschiede bestünden. Daß die einen die andern unterdrückten, widerspreche folglich dem Tierrecht, das ein noch unerschütterlicheres Gesetz als das Völkerrecht sei. «Sie sind unsere Brüder», beteuerte der Sprecher. Dazu schilderte er die Leiden einer Ratte, die sich im Maul einer Katze wand, in so lebhaften Farben, daß ich darüber in Tränen ausbrach.

Als Puff mich von diesem «speech» so gerührt sah, flüsterte er mir im Vertrauen zu, England werde mit den Ratten und Mäusen einen blühenden Handel treiben, denn wenn hier die Katzen keine Ratten mehr fräßen, kämen diese billiger zu stehen. Hinter der englischen Moral stecke stets irgendein Geldmotiv, und diese Allianz von Moral und Merkantilismus sei das einzige Bündnis, auf das sich England unbedenklich verlasse.

Mir schien, Puff sei ein zu gewiegter Politiker, als daß er je ein guter Gatte werden konnte.

Ein Kater vom Lande, «a country gentleman», gab zu bedenken, daß auf dem Kontinent die Katholiken Tag für Tag Katzen opferten, insbesondere in Paris, vor den ehemaligen Stadttoren – worauf man ihm «Zur Sache!» zuschrie. Zu diesen grausamen Hinrichtungen, so fuhr aber der Sprecher unbeirrt fort, komme noch eine schändliche Verleumdung, da man jene tapferen Tiere als Kaninchen bezeichne! Diese barbarische Lüge schrieb der Kater der Unkenntnis der einzigen wahren Religion zu, des Anglikanismus, der Schwindel und Gaunereien allein in Regierungsbelangen zulasse, im Kabinett und in der Außenpolitik.

Darauf schalt man ihn einen Radikalen und einen Träumer. «Wir vertreten hier die Interessen der englischen Katzen und nicht die der kontinentalen!» fauchte ein hitziger «tory». Mylord war inzwischen eingenickt.

Als aber die Versammlung auseinanderging, schnurrte mir ein junger Kater aus der französischen Gesandtschaft, dessen Aussprache seine Herkunft verriet, die folgenden lieblichen Worte ins Ohr: «Dear Beauty! Noch lange Zeit wird die Natur keine so vollkommene Katze mehr schaffen können wie Sie. Persisches und indisches Kaschmirtuch sind Kamelhaar im Vergleich zu Ihrer feinen, glänzenden Seide. Sie verströmen einen Duft, der sogar Engel in Glückseligkeit versinken ließe. Ich habe ihn schon vom Salon des Prinzen Talleyrand aus gewittert, aus dem ich an diese Sintflut von Albernheiten hergeeilt bin, die man hier ein ‹meeting› nennt. Das Feuer Ihrer Augen erhellt die Nacht, und Ihre Ohren wären der Inbegriff der Vollendung, wenn meine Seufzer sie zu rühren vermöchten. Keine Rose in ganz England ist von einem schöneren Rosa als der Rosarand Ihres rosaroten Mundes. Vergeblich würde man in den Tiefen vor Ormuz nach Perlen fischen, die Ihre Zähne überstrahlten. Ihr anmutiges Gesicht ist das Entzückendste, was England hervorgebracht hat. Neben Ihrem himmlischen Pelz nähme der Schnee der Alpen sich rostrot aus. Ach, solches Haar wächst nur in Eurem Nebelklima! Weich und grazil wiegen die Pfoten Ihren Leib, dieses verkleinerte Abbild aller Wunder der Schöpfung, das einzig Ihr Schwanz, dieser zarte Anzeiger der Regungen des Herzens, noch übertrifft. Denn wahrhaftig: nie hat man an einer Katze etwas so elegant Geschweiftes, so untadelig Gerundetes und fein Bewegtes gesehen. Sagen Sie sich von diesem alten Kauz Puff los, der da döst wie ein Peer im Parlament, von diesem Verräter und heimlichen Verbündeten der ‹whigs›! Er hat ja alles verloren, was einem Weibchen gefällt, weil er zu lange in Bengalen geblieben ist.»

Ohne es mir anmerken zu lassen, beguckte ich nun diesen charmanten Franzosen ein bißchen näher. Struppig, klein und keck, glich er in nichts einem englischen Kater. Aus seiner Forschheit, sowie aus der Art, wie er mit den Ohren zuckte, sprach eine sorglose Wesensart. Ich muß gestehen, daß ich die feierliche Steifheit und rein äußerliche Sauberkeit der englischen Katzen nachgerade satt hatte. Ihr Streben nach «respectability» war lächerlich, mehr nicht. Das ungezwungene Gehaben dieses zerzausten Burschen dagegen überraschte mich durch seine gänzliche Verschiedenheit von allem, was ich sonst in London sah. Zudem war mein Leben so genau geregelt und bis ans Ende meiner Tage voraussehbar, daß ich sogleich auf das Unerwartete ansprach, das die Züge des Franzosen verhießen. Alles übrige erschien mir schal dagegen. Ich fühlte, daß ich hätte auf den Dächern leben können, zusammen mit einem so lustigen Gesellen aus dem Land, wo man sich über die Siege des größten englischen Generals mit einem Liedchen hinwegtröstete: «Malbrouk s'en va-t-en guerre, mironton, ton, ton, mirontaine!» Dennoch weckte ich Mylord auf und sagte ihm, es sei sehr spät und Zeit, nach Hause zu gehen. Ich tat, als hätte ich die Huldigung des Brisquet nicht gehört, und gab mich so gelassen, daß dieser erstarrte. So verharrte er eine ganze Weile, um so verdutzter, als er sich für sehr schön hielt. Ich erfuhr später, daß er alle Damen, die willens waren, verführte. Aus dem Augenwinkel spähte ich nochmals nach ihm: endlich hopste er davon, kam nochmals über die Straße zurück und machte dann abermals kehrt, ein richtig verzweifelter französischer Kater. Ein echter Engländer hätte seinen Gefühlen mehr Dezenz auferlegt und diese nicht so offen gezeigt.

Einige Tage darauf befanden Mylord und ich uns in dem Prachthaus des alten Peers. Ich fuhr nun im Wagen zum Hyde-Park, um dort zu spazieren. Unsere Mahlzeiten bestanden ausschließlich aus Hühnerknochen, Fischgräten, Creme, Milch und Schokolade. So aufpeitschend diese Nahrung an sich war, mein sogenannter Gemahl, Puff, blieb ernst und gesetzt. Seine «respectability» umfaßte auch mich. Gewöhnlich schlief er von abends sieben Uhr an auf den Knien Ihrer Gnaden, die am Whisttisch saßen. Also blieb ich innerlich unbefriedigt und lebte lustlos dahin. Eine kleine Darmentzündung, verursacht durch die scharfe Heringsauce – den Portwein der englischen Kater –, welcher Puff reichlich zusprach, während sie mich halb um den Verstand brachte, verschlimmerte meinen Seelenzustand noch. Da ließ meine Herrin einen Arzt kommen, der lange in Paris studiert, aber in Edinburgh ausgelernt hatte. Er versprach ihr, mich schon am nächsten Tag zu heilen, sobald er sich über die Natur meiner Krankheit im klaren sei. Dann kam er nochmals vorbei und zog ein Gerät pariserischer Machart aus der Tasche. Das Blechrohr mit seinem langen, dünnen Ende erschreckte mich ein wenig. Der Arzt ließ mit sichtlichem Gefallen seinen Mechanismus spie-

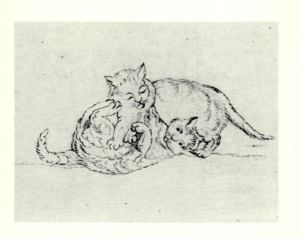

len, Ihre beiden Gnaden aber erröteten, erzürnten sich und sprachen feierlich von der Würde des englischen Volkes – was bewies, daß das Eigentümliche des früheren, katholischen Englands weniger in andern Auslegungen der Bibel als vielmehr in seinen Ansichten über so garstige Dinge wie dieses Gerät bestand. Der Herzog erwähnte noch, daß die Franzosen sich nicht entblödeten, ein solches auch in ihrem Nationaltheater zur Schau zu stellen, nämlich in der Komödie Molières. In London hingegen würde sich selbst ein «watchman» nicht getrauen, dessen Namen auch nur auszusprechen. «Kalomel sollten Sie ihr verschreiben», riet er.

«Damit würden Ihre Gnaden sie umbringen!» wehrte der Arzt ab. «Und was diesen harmlosen Apparat betrifft, so haben die Franzosen sogar einen ihrer wackersten Generäle zum Marschall gemacht, weil er ihn vor ihrer berühmten Kolonne verwendet hat.»

«Mögen die Franzosen ihre eigenen Meutereien begießen, wie es ihnen beliebt», erwiderte der Lord. «Weder Sie noch ich wissen, wohin der Gebrauch dieser obszönen Maschine noch führen kann. Hingegen weiß ich, daß ein rechter englischer Arzt seine Kranken allein mit den Arzneien des alten Englands heilen sollte.»

Drauf verlor jener Arzt, der schon einen beachtlichen Ruf genoß, all seine Patienten in der gehobenen Gesellschaft. Ein anderer wurde zu uns gerufen, und dieser stellte mir allerlei ungebührliche Fragen betreffend Puff. Ferner belehrte er mich, daß der eigentliche Wahlspruch Englands laute: «Gott ist mein... *Ehe*recht!»

Eines Nachts hörte ich die Stimme des französischen Katers auf der Straße draußen. Niemand konnte uns sehen. Ich stieg durch den Kamin hinauf, und droben auf dem Dach rief ich ihm zu: «In die Dachrinne!» Diese Antwort gab ihm Flügel. Im Handumdrehen war er neben mir. Ihr werdet es mir kaum glauben, aber ob diesem bloßen Zuruf erfrechte sich der Kerl, mir zu sagen: «Komm in meine Pfoten!» So ohne weiteres duzte er also eine vornehme Katze! Ich maß ihn mit kaltem Blick, und um ihm eine Lehre zu erteilen, sagte ich, ich gehöre zum Verein für Enthaltsamkeit.

«Wie ich Ihrem Ton und Ihren groben Redensarten entnehme, mein Lieber, glauben Sie, wie alle katholischen Kater, Sie könnten sich gegen ein bißchen nachträgliche Reue vergnügen und mich lächerlich machen. Aber hier in England sind wir moralischer. Wir unterstellen alles, sogar unsere Vergnügungen, der ‹respectability›.»

Überwältigt von diesem «cant», hörte mir der junge Kater so aufmerksam zu, daß ich hoffte, ihn zum Protestantismus bekehren zu können. Dann versicherte er in gewählten Worten, er werde alles tun, was ich wünsche, wenn er mich nur verehren dürfe. Ich betrachtete ihn stumm, denn seine Augen – «very beautiful, splendid» – leuchteten wie Sterne, sie erhellten die Nacht. Durch mein Schweigen erkühnt, rief er schließlich: «Meine liebste Mieze!»

«Schon wieder eine Anzüglichkeit!» tadelte ich, wobei ich wohl wußte, wie leichtfertig französische Katzen in den Tag hineinschwatzen.

Darauf erklärte mir Brisquet, daß auf dem Kontinent jedermann, selbst der König, seine Tochter aus Zärtlichkeit «meine kleine Mieze» nenne, ferner, daß viele Frauen, darunter hübscheste und sehr noble, ihren Mann mit «mein lieber Kater» anredeten, auch wenn sie ihn gar nicht liebten. Wenn ich ihm eine Freude machen wolle, so möge ich ihm sogar «mein Männchen» sagen. Dazu erhob er mit unwiderstehlicher Grazie die Pfoten. Ich aber begab mich fort, weil ich fürchtete, ich könnte schwach werden. Brisquet in seinem Glück sang «Rule, Britannia!», und noch am folgenden Tage klang mir diese geliebte Stimme in den Ohren.

«Ach, auch du bist verliebt, Beauty!» klagte meine Meisterin, als sie mich auf dem Teppich liegen sah, lässig alle viere von mir gestreckt, verloren in der Poesie meiner Erinnerungen.

Diese weibliche Klugheit überraschte mich. Ich machte einen Buckel, strich ihr um die Beine und schnurrte verliebt auf den tiefsten Saiten meiner tiefen Altstimme.

Derweil die Meisterin mich auf die Knie nahm und mir den Kopf kraute und ich ihr zärtlich in die Augen blickte, die voll Tränen standen, trug sich an der Bond Street eine Szene zu, die für mich verheerende Folgen haben sollte.

Puck, einer der Neffen und künftigen Erben Puffs, der vorläufig in der Kaserne der «Life-Guards» hauste, war «my dear» Brisquet begegnet. Der verschlagene Hauptmann Puck gratulierte dem Gesandtschaftsattaché zu dem Erfolg, den er bei mir hatte, einer Dame, die sonst den verführerischsten Herren Englands widerstand. Brisquet, der eitle Franzose, gab zur Antwort, er freue sich zwar über mein Interesse an ihm, doch verabscheue er Katzen, die von Enthaltsamkeit, der Bibel und ähnlichem flunkerten.

«Ei!» wunderte sich Puck. «Sie spricht also mit Ihnen?»

So fiel der brave Franzose der englischen Diplomatie zum Opfer. Allerdings beging auch er einen Fehler, der jede wohlerzogene Dame Englands empört hätte. Der wunderliche Geselle verstand es wirklich nicht, an sich zu halten, grüßte er mich doch im Park und wollte mit mir plaudern, als wären wir alte Bekannte. Dabei blieb ich immer kühl und streng. Als unser Kutscher den Franzosen entdeckte, versetzte er ihm einen Peitschenhieb, der ihn beinahe niedergestreckt hätte. Brisquet aber nahm diesen Schlag so unerschrocken hin, daß meine Gefühle sofort umschlugen: ich liebte ihn nun, weil er sich meinetwegen hauen ließ und über meiner Gegenwart sogar zu fliehen vergaß, was sonst jede Katze tat, sobald nur die geringste Gefahr drohte. Puck konnte nicht ahnen, daß ich diesmal trotz meiner noch immer gleichgültigen Miene fast gestorben wäre. Von da an stand mein Entschluß fest: ich wollte mich entführen lassen. Am Abend, in der Dachrinne, sank ich ihm bebend in die Pfoten.

«My dear», fragte ich, «haben Sie so viel Kapital, daß Sie Puff abfinden können?»

«An Kapital», lachte der Franzose, «besitze ich nichts außer den Haaren meines Schnurrbarts, den vier Pfoten und dem Schwanz.» Und mit diesem wischte er dabei stolz über die Dachrinne.

«Kein Kapital! My dear, dann sind Sie ja ein bloßer Abenteurer!»

«Ich liebe Abenteuer», schwärmte er. «In Frankreich geraten sich die Katzen bei jenen Gelegenheiten, die du meinst, in die Haare. Aber dazu gebrauchen sie nicht ihre Taler, sondern ihre Krallen.»

«Armes Land! Wie kann es nur so mittellose Tiere in seine Gesandtschaften im Ausland entsenden?»

«Tja, das ist der springende Punkt», erklärte Brisquet. «Unsere neue Regierung hält nicht viel auf Geld ... Geld in den Händen ihrer Beamten. Was sie sucht, sind einzig geistige Fähigkeiten.» Bei diesen Worten lächelte er so selbstzufrieden, daß mir der leise Verdacht kam, er sei am Ende ein Laffe.

«Liebe ohne Geld ist Unsinn», behauptete ich. «Während Sie später bald da, bald dort Nahrung suchen, werden Sie sich nicht um mich kümmern, mein Bester.»

Darauf antwortete der liebenswürdige Franzose nur, indem er mir vormachte, daß er großmütterlicherseits vom Gestiefelten Kater abstamme. Übrigens gebe es neunundneunzig Arten, Geld zu borgen, aber, was uns betreffe, nur eine, es auszugeben. Schließlich sei er noch musikalisch ausgebildet und könne somit Unterricht erteilen. Und tatsächlich sang er mir mit herzerweichender Stimme eine Ballade seines Landes vor: «Au clair de la lune ...»

Eben als ich, von so vielen Zusicherungen verlockt, dem lieben Brisquet versprach, ich werde mit ihm gehen, sobald er hinreichend für seine Frau sorgen könne, wurde ich von mehreren Katzen gesehen, die Puck herbeigeführt hatte.

«Ich bin verloren!» entfuhr es mir.

Schon am Tage darauf leitete Puff bei Gericht der «Doctors commons» einen Prozeß wegen verbrecherischen Plauderns ein. Puff war schwerhörig, und dieses Gebrechen machten sich seine Neffen zunutze. Auf ihre Fragen gab er an, ich habe ihm des Nachts mit den Worten «mein Männchen» geschmeichelt. Das war eine der schwerwiegendsten Anklagen gegen mich, weil ich um keinen Preis verraten durfte, woher ich diesen Kosenamen kannte. Mylord war – unwissentlich – grausam hart gegen mich, aber ich hatte schon früher bemerkt, daß er vor Alter kindisch wurde. Es ging Ihrer Gnaden gar nie auf, welch gemeinen Machenschaften ich mich ausgeliefert sah. Dabei verrieten mir mehrere kleine Katzen, die mich gegen die öffentliche Meinung in Schutz nahmen, er verlange oft nach seinem Engel, der Freude seiner Augen, seiner «darling», seiner «sweet Beauty»! Meine eigene Mutter, die nach London gekommen war, weigerte sich, mich zu sehen oder anzuhören, mit der Begründung, eine englische Katze müsse über jeden Verdacht erhaben sein; auch vergälle ich ihre alten Tage aufs ärgste. Meine Schwestern unterstützten meine Anklägerinnen aus Neid über meinen gesellschaftlichen Aufstieg. Sogar die Hausangestellten sagten gegen mich aus. Da wurde mir völlig klar, worüber in England alle Leute den Kopf verlieren: sobald von verbrecherischem Plaudern die Rede ist, ersterben alle Gefühle. Eine Mutter ist keine Mutter mehr, eine Amme nähme am liebsten ihre Milch zurück, und alle Katzenweibchen heulen auf den Straßen. Aber noch schändlicher als dies: mein alter Advokat, der einst an die Unschuld der englischen Königin geglaubt hatte und dem ich alles haarklein erzählte, worauf er mir versicherte, es liege keinerlei Grund zu Katzenjammer vor, und dem ich zum Beweis meiner Schuldlosigkeit gestand, ich verstünde den Ausdruck «verbrecherisches Plaudern» überhaupt nicht (das nenne man eben darum so, erklärte er, weil dabei so *wenig* geplaudert werde) – dieser Advokat, den Hauptmann Puck bestochen hatte, verteidigte mich so schlecht, daß meine Sache verloren schien. Da, in dieser Lage, fand ich den Mut, vor die «Doctors commons» zu treten.

«Mylords», beteuerte ich, «ich bin eine englische Katze, und ich bin unschuldig. Was würde man über die Justiz des alten Englands sagen, wenn...»

Ich hatte noch nicht ausgesprochen, als meine Stimme in einem schauerlichen Gemurmel unterging. So teuflisch hatten der «Cat-Chronicle» und die Helfershelfer Pucks die Zuhörer für sich gewonnen.

«Sie ficht die Justiz des alten Englands an», brüllte man, «die Schöpferin des Geschworenengerichts!»

«Mylords», donnerte der scheußliche Anwalt der gegnerischen Seite. «Sie will uns weismachen, sie sei mit einem französischen Kater in die Dachrinnen gestiegen, um diesen dort zum anglikanischen Glauben zu bekehren, während sie vielmehr dorthin ging, um ihrem Gatten in gutem Französisch ‹mein Männchen› zuzuraunen, die Irrlehren des Papismus zu hören und Brauch und Gesetz des alten Englands zu verlernen.»

Wenn einem englischen Publikum dergleichen Unsinn zu Ohren kommt, wird es toll. Darum lösten diese Worte tosenden Beifall aus.

Und so wurde ich, erst sechsundzwanzig Monate alt, verurteilt, obwohl ich nachwies, daß ich noch nicht einmal wußte, was ein Kater war. All dem aber verdankte ich die Einsicht, weshalb man Albion das alte England nennt.

Ich verfiel einem Haß gegen all meine Artgenossen, weniger infolge meiner Scheidung als des Todes meines lieben Brisquet halber, den Puck aus Furcht vor dessen Rache in einem Aufruhr umbringen ließ. Darum macht mich nichts so rasend, als wenn ich von der Treue der englischen Katzen reden höre.

Ihr seht, o Tiere Frankreichs, daß wir im Umgang mit den Menschen all ihre Laster und üblen Sitten übernommen haben. Laßt uns zum freien Leben zurückkehren, wo einzig der Instinkt befiehlt und wo es keine Bräuche wider den heiligen Willen der Natur gibt. Ich bin daran, ein politisches Traktat zuhanden der Arbeiterklassen unter den Tieren zu schreiben, damit sie inskünftig keine Bratspieße mehr drehen, sich nicht mehr vor Karren spannen lassen und wissen, wie sie sich der Unterdrückung durch die hohe Aristokratie entziehen können. Obwohl man schon weiterum weiß, wie mißlich wir schreiben, würde hoffentlich Miss Henriette Martineau meine Bemühungen nicht verachten. Wie Ihr auf dem Kontinent wißt, ist die Literatur der Zufluchtsort aller weiblichen Katzen geworden, die sich gegen den unmoralischen Alleinigkeitsanspruch der Ehe und gegen den tyrannischen Zwang der Sitten wehren und eine Rückkehr zu den natürlichen Gesetzen verlangen. Ich habe vergessen beizufügen, daß der «Coroner» die unverschämte Lüge verbreitet hat, Brisquet, der von hinten erdolcht worden war, habe sich selber mit Arsen vergiftet. Als hätte je ein fröhliches, närrisches und wirbliges Geschöpf wie er so lange über das Leben nachgegrübelt, bis ihm ein so folgenschwerer Gedanke kam, und als hätte ein Kater, den ich liebte, aus dem Dasein scheiden wollen! Doch mit dem Apparat von March hat man schließlich auch Flecken auf einem Teller entdeckt.

T. S. Eliot

The Naming of Cats

The Naming of Cats is a difficult matter,
   It isn't just one of your holiday games;
You may think at first I'm as mad as hatter
   When I tell you, a cat must have *three different names.*
First of all, there's the name that the family use daily,
   Such as Peter, Augustus, Alonzo or James,
Such as Victor or Jonathan, George or Bill Bailey –
   All of them sensible everyday names.
There are fancier names if you think they sound sweeter,
   Some for the gentlemen, some for the dames:

Such as Plato, Admetus, Electra, Demeter –
   But all of them sensible everyday names.

But I tell you, a cat needs a name that's particular,
   A name that's peculiar, and more dignified,

Else how can he keep up his tail perpendicular,

   Or spread out his whiskers, or cherish his pride?

Of names of this kind, I can give you a quorum,
   Such as Munkustrap, Quaxo, or Coricopat,
Such as Bombalurina, or else Jellylorum –
   Names that never belong to more than one cat.

T. S. Eliot

Wie heißen die Katzen

Wie heißen die Katzen? gehört zu den kniffligsten Fragen
  Und nicht in die Rätselecke für jumperstrickende Damen.
Ich darf Ihnen, ganz im Vertrauen, sagen:
  Eine jede Katze hat *drei verschiedene Namen*.

Zunächst den Namen für Hausgebrauch und Familie,
  Wie Paul oder Moritz (in ungefähr diesem Rahmen),
Oder Max oder Peter oder auch Petersilie –
  Kurz, lauter vernünft'ge, alltägliche Namen.
Oder, hübscher noch, Murr oder Fangemaus

  Oder auch, nach den Mustern aus klassischen Dramen:
Iphigenie, Orest oder Menelaus –
  Also immer noch ziemlich vernünft'ge, alltägliche Namen.
Doch nun zu dem nächsten Namen, dem zweiten:
  Den muß man besonders und anders entwickeln.
Sonst könnten die Katzen nicht königlich schreiten,
  Noch gar mit erhobenem Schwanz perpendikeln.
Zu solchen Namen zählt beispielsweise
  Schnurroaster, Tatzitus, Katzastrophal,
Kralline, Nick Kater und Kratzeleise –
  Und jeden der Namen gibt's nur einmal.

But above and beyond there's still one name
>   left over,
  And that is the name that you never will guess;
The name that no human research can discover —
  But the cat himself knows, and will never confess.
When you notice a cat in profound meditation,
  The reason, I tell you, is always the same:

His mind is engaged in a rapt contemplation
  Of the thought, of the thought, of the thought
>   of his name:
    His ineffable effable
    Effanineffable
Deep and inscrutable singular Name.

The Song of the Jellicles

> *Jellicle Cats come out to-night*
> *Jellicle Cats come one come all:*
> *The Jellicle Moon is shining bright —*
> *Jellicles come to the Jellicle Ball.*

Jellicle Cats are black and white,
Jellicle Cats are rather small;
Jellicle Cats are merry and bright,
And pleasant to hear when they caterwaul.
Jellicle Cats have cheerful faces,
Jellicle Cats have bright black eyes;
They like to practise their airs and graces
And wait for the Jellicle Moon to rise.

Jellicle Cats develop slowly,
Jellicle Cats are not too big;
Jellicle Cats are roly-poly,
They know how to dance a gavotte and a jig.

Doch schließlich hat jede noch einen dritten!

Ihn kennt nur die Katze und gibt ihn nicht preis.
Da nützt kein Scharfsinn, da hilft kein Bitten.
  Sie bleibt die einzige, die ihn weiß.
Sooft sie versunken, versonnen und
  Verträumt vor sich hin starrt, ihr Herren und
                                              Damen,
Hat's immer und immer den gleichen Grund:
  Dann denkt sie und denkt sie an diesen Namen –

  Den unaussprechlichen, unausgesprochenen,
  Den ausgesprochenen unaussprechlichen,
Geheimnisvoll dritten Namen.

Jellicle-Lied

Jellicle-Katzen, kommt her heut nacht,
Jellicle-Katzen, kommt allzumal:
Jellicle-Katzen, der Vollmond lacht,
Jellicles kommen zum Jellicle-Ball.

Jellicle-Katzen sind schwarz und weiß,
Jellicle-Katzen sind ziemlich klein,
Jellicle-Katzen sind listig und leis,
Mienzen die süßesten Maunzmelodein.
Jellicle-Katzen mit zierem Gesicht,
Jellicle-Katzen mit Augen wie Jett,
Schwänzeln, scharwenzeln und dulden sich nicht,
Bis endlich der Jellicle-Mond aufgeht.

Jellicle-Katzen wachsen nicht flink,
Jellicle-Katzen sind niemals fett,
Jellicle-Katzen sind rank und ring,
Tanzen Gavott' oder Menuett.

Until the Jellicle Moon appears
They make their toilette and take their repose:
Jellicles wash behind their ears,
Jellicles dry between their toes.

Jellicle Cats are white and black,
Jellicle Cats are of moderate size;
Jellicles jump like a jumping-jack,
Jellicle Cats have moonlit eyes.
They're quiet enough in the morning hours,
They're quiet enough in the afternoon,
Reserving their terpsichorean powers
To dance by the light of the Jellicle Moon.

Jellicle Cats are black and white,
Jellicle Cats (as I said) are small;
If it happens to be a stormy nigth
They will practise a caper or two in the hall.
If it happens the sun is shining bright
You would say they had nothing to do at all:
They are resting and saving themselves to be right
For the Jellicle Moon and the Jellicle Ball.

Steht noch der Jellicle-Mond nicht im Tor,
Kannst sie sich schniegeln und strählen sehn;
Jellicles waschen sich hinter dem Ohr,
Jellicles trocknen sich zwischen den Zehn.

Jellicle-Katzen sind schwarz und weiß,
Jellicle-Katzen sind klein und fein,
Jellicles schießen wie Kreisel im Kreis,
Jellicles zwinkern im Mondenschein.
Morgens vor Tisch wird nur wenig geschafft,
Wenig, solange der Nachmittag sonnt,
All ihre terpsichoreische Kraft
Sparen sie auf für den Jellicle-Mond.

Jellicle-Katzen sind schwarz gescheckt,
Jellicle-Katzen – so sagt' ich – sind klein;
Wenn Sturm und Gewitter den Nachthimmel deckt,
Bleibt's bei nem Hopser oder bei zwein.
Prangt mittags die Sonne im vollen Ornat,
So dächtest du, Faulheit ist immer ihr Fall,
Das räkelt und reckt sich: dann sind sie parat
Für den Jellicle-Mond und den Jellicle-Ball.

Volkstümliche Überlieferung

Die Geisterkatze im Haus Nabeshima

In der Provinz Saga auf der Insel Kyūshū herrschte im 16. Jahrhundert das Geschlecht der Ryūzōji. Doch ging die Herrschaft nach dem Tod von Ryūzōji Takanobu im Jahr 1584 an die Nabeshima, eine Sippe ehemaliger Gefolgsleute der Ryūzōji, über. Man munkelte, die Nabeshima hätten die Macht arglistig und unrechtmäßig an sich gerissen, indem sie die Schwäche des jugendlichen Erben Ryūzōji Takafusa ausgenützt und diesen in den Tod getrieben hätten. Jedenfalls warf die Machtübernahme ihre Schatten auch auf die nachfolgenden Generationen, wie die berühmte Geschichte von der Geisterkatze zeigt.

Zur Zeit des zweiten Landesfürsten aus dem Haus Nabeshima, Mitsushige, lebte in der Burgstadt ein Blinder namens Mataichirō zusammen mit seiner betagten Mutter. Der Fürst war ein großer Liebhaber des Go-Spiels, und sooft sich Gelegenheit bot, ließ er den Mataichirō ins Schloß rufen, um sich mit ihm am Go-Brett zu vergnügen. Mataichirō besaß beträchtliches Geschick, obwohl er blind war, und auch Mitsushige stand ihm keineswegs nach, so daß man sie als ideale Spielpartner bezeichnen konnte.

Eines Abends saßen sie wieder ins Spiel vertieft beisammen. Doch diesmal mußte Mitsushige, aus welchen Gründen auch immer, eine Niederlage um die andere einstecken. Mitten in einer Partie rief der Fürst plötzlich sein «Halt! Halt!», was bei ihm nicht selten vorkam, obwohl

Mataichirō seinen Stein schon gesetzt hatte. Gewöhnlich drückte Mataichirō in solchen Fällen ein Auge zu, da sein Partner ja sein Herr und Landesfürst war. Doch an diesem Abend wehrte er sich.

«Das geht nicht an! Es sei denn, daß Ihr mir auch diesmal den Sieg zugesteht!»

Für einen Augenblick zog Mitsushige unwillig die Augenbrauen zusammen, doch dann glätteten sich seine Züge wieder.

«Ach was, Mataichirō», sagte er, «nimm es doch nicht allzu genau. Es ist ja nur einmal.»

Lachend schickte er sich an, den schon gesetzten Stein des Gegners auf seine frühere Position zurückzubringen. Da bemerkte Mataichirō mit ironischem Lächeln: «Wirklich, es heißt nicht umsonst, gerade beim Spiel trete die Wesensart eines Menschen deutlich zutage!»

Da wurde Mitsushige von jäher Wut gepackt. Noch bevor er zur Besinnung gekommen war, hatte er schon das in Reichweite liegende Kurzschwert an sich gerissen und seinen Partner durchbohrt.

«Hanza... was tun?» stammelte er mit leerem Gesicht, sobald Komori Hanzaemon, der Hauptmann seiner Leibwache, herbeigestürzt war.

Doch dieser erwiderte, ohne mit der Wimper zu zucken: «Mein Herr, Ihr habt nur seine dreiste Respektlosigkeit bestraft, nichts weiter.»

«Respektlosigkeit also...?»

«Jawohl. Im übrigen muß ich Euch auf etwas aufmerksam machen. Dieser Mensch war ein Nachfahre der Ryūzōji-Sippe. Es gab Anzeichen, daß er im geheimen danach trachtete, die Macht seiner Sippe wiederherzustellen.»

«Was, ein Ryūzōji...?»

Komori Hanzaemon nickte bestätigend.

«Hm, dann bin ich einer großen Gefahr mit knapper Not entgangen!» murmelte Mitsushige vor sich hin, und ein Frösteln durchfuhr ihn, als fühlte er eine unsichtbare blanke Klinge im Rücken. Noch am selben Abend schaffte Komori die Leiche weg, indem er sie in einen alten Sodbrunnen des Schloßhofs warf.

Zur selben Zeit wartete die alte Mutter Mataichirōs zu Hause sehnlichst auf die Rückkehr ihres Sohnes. Je länger es dauerte, desto mehr wurde sie von Unruhe und Herzensangst erfaßt. «Wie? Ist ihm etwa gar ein Unglück zugestoßen?» fragte sie sich bedrückt, und während die Zeit verstrich, setzte sie sich bald nieder, bald stand sie ruhelos wieder auf und ging umher. Einzig ihre Lieblingskatze Koma leistete ihr Gesellschaft.

Da seufzte die Mutter, indem sie der Katze über den Kopf streichelte: «Ach, wenn du ein Mensch wärst, dann könntest du schnell nachschauen gehn, was meinem Kind zugestoßen ist.»

Kaum hatte sie diese Worte über die Lippen gebracht, war die Katze nicht mehr zu sehen. Nach etwa einer Stunde kehrte sie mit dem blutüberströmten Haupt des Mataichirō zurück.

«Oh, was für eine Grausamkeit!» Die Mutter begann vor Trauer und ohnmächtigem Zorn zu zittern. «Mitsushige ist der Mörder! Das kann nur Mitsushige sein!» Dann nahm sie die Katze auf den Arm.

«Koma, höre gut zu, was ich dir jetzt sage. Lecke mein Blut auf und bringe Fluch und Unheil über den Todfeind Nabeshima! Ich bin zu alt und zu schwach. Aber du wirst den Rachedurst der Mutter stillen, nicht wahr!»

Nach diesen Worten zog sie ihren Dolch hervor und durchstach sich die Kehle.

Koma leckte das hervorschießende Blut auf. Ihre Tatzen wurden größer und größer, ihre Augen begannen unheimlich zu funkeln, und dann verschwand sie irgendwohin.

Von da an kam es im Schloß von Saga immer wieder zu unheimlichen Vorfällen. Mitsushige litt Nacht für Nacht unter hoher Temperatur und redete in Fieberträumen.

«Es ist, als ob ein Fluch auf uns lastete.»

«Vielleicht ist es der Fluch der Ryūzōji-Sippe.»

«Gestern nacht wurde der Lieblingskarpfen unseres Herrn totgebissen.»

«Jederzeit kann etwas Schreckliches...»

Furcht und Unsicherheit breiteten sich aus.

«Wenn man der Sache ihren Lauf läßt, ist nicht abzusehen, was für ein Unglück sich schließlich noch ereignet», dachte der Hauptmann der Leibwache, Komori Hanzaemon, bei sich. Wenn er die Umgebung seines Herrn genau beobachtete, so kam ihm das Benehmen der Konkubine Otoyo in letzter Zeit etwas verdächtig vor. Deshalb gab er dem berühmten Lanzenmeister Chifu Honemon den Befehl: «Bewache und schütze den Herrn, ohne daß Otoyo das geringste davon bemerkt! Verstanden?»

Als Chifu Honemon in der folgenden Nacht vor dem Schlafgemach Mitsushiges wachte, da spürte er plötzlich einen lauwarmen Windhauch daherwehen. Und merkwürdig, bald wurde er von unerträglicher Müdigkeit überfallen. «Nur nicht schlafen! Nur nicht schlafen!» sagte er zu sich. Aber als er wieder zu Bewußtsein kam, war die Nacht vorüber. Ähnlich erging es ihm auch in den folgenden Nächten.

Mitsushiges Krankheit verschlimmerte sich immer mehr. Komori Hanzaemon sah, daß etwas unternommen werden mußte, und so sagte er zum Lanzenmeister: «Wir dürfen keine Zeit mehr verlieren. Heute will ich mit dir zusammen wachen.»

Tief in der Nacht erhob sich wiederum ein lauwarmer Windhauch, und sie wurden schläfrig. Aber jedesmal stießen sie sich mit einer Ahle ins Knie, um durch den Schmerz den Schlaf zu verscheuchen. Während sie angestrengt aus ihrem Versteck hervorspähten, vernahmen sie plötzlich das Miauen einer Katze. Sie hielten den Atem an. Der Schatten der Konkubine Otoyo, der sich auf der Papierschiebetür abzeichnete, nahm die Umrisse einer Katze an. Ohne Zögern richtete Chifu Honemon seinen Speer auf den Schatten.

«Wer da? Heraus!»

Otoyos Augen funkelten grünlich. Im nächsten Augenblick wurde sie durch einen gezielten Speerstoß von der Seite her durchbohrt. Ein gellender Schrei hallte durch die Räume, und Otoyo setzte mit glühenden Augen zum Sprung an. Doch der unerschrockene Lanzenmeister stach sie vollends nieder.

Als endlich die Schreie sich gelegt hatten und der Morgen zu dämmern begann, zeigte es sich, daß eine riesenhafte Katze tot dalag, deren rotes Maul sich bis zu den Ohren hinauf öffnete.

Nach dieser Schreckensnacht ließ Mitsushige für Mataichirō und seine Mutter aufwendige Totenfeiern abhalten, um ihre Seelen zu besänftigen. Daraufhin genas der Fürst allmählich von seiner unerklärlichen Krankheit, und im Schloß kehrte wieder Ruhe ein.

I. A. Krylow

Der Kater und der Koch

Ein Koch von Bildung und von Schliff
verließ die Küche jüngst und lief
als frommer Bürger in die Klause
(lies: Wirtshaus) zu Gevatters Leichenschmause
und ließ, sein Fleisch zu sichern vor der Mäuse
                              Griff,
  die Katz zu Hause.
Jedoch, was sieht er bei der Heimkehr? Auf dem
                              Flur
sind Kuchenreste, und Freund Hinz hat eben nur
  in Deckung hinterm Essigfasse
geschickt ein Hähnchen sich herausstiebitzt
                              zum Fraße.
  «Du bist mir doch ein Bösewicht!»,
  so gibt er ihm erzürnt zu hören.
«Schämst du dich denn vor diesen weißen
                              Wänden nicht?»
(Doch Hinz läßt bei der Mahlzeit sich nicht
                              weiter stören.)
«Bis jetzt schienst du so redlich und so lieb
und warst geschätzt für dein manierliches
                              Betragen;
  und jetzt stiehlst du auf einen Hieb
  ein ganzes Huhn. Man wird jetzt sagen:
  Schaut Hinz den Schelm! Schaut Hinz den
                              Dieb!
Der Hinz, wird's heißen, darf sich nicht mehr
                              zeigen,
  auch nicht einmal im Hinterhof,
um von der Küche ganz zu schweigen,

weil er ein schlimmer Wolf, ein frecher
                              Räuber ist!»
(Und Hinz hört alles an und frißt.)
Der Koch, dess' Wortschatz längst noch nicht
                              erledigt,
fährt eifrig fort mit seiner Sittenpredigt,
  und Hinz hat, mittlerweil sie währt,
  das Fleisch aufs letzte Krümchen aufgezehrt.

  Ich möcht' es Köchen jeder Sorte
  am liebsten in die Ohren schrein:
sie sollten nicht verschwenden ihre Worte,
  wo nur die Tat hilft, ganz allein.

Emilio Cecchi

Katzenaugen

Warum hält man in unseren Häusern, mit soviel Liebe, Katzen, Fische, kleine Vögelchen? Niemand kann es genau begründen. Indem sie ihr Miezchen im Nacken krauen oder dem Distelfink frisches Wasser geben, beschränken sich die meisten darauf, im Ton der Nachsicht mit sich selbst zu antworten: «Sie sind nett. Sie gefallen uns. Sie machen Spaß.»

Leicht lassen sich die Ursprünge der Sitte, solche Tiere bei sich zu hegen, in dem Verlangen aufspüren, Abwechslung in die Gesellschaft des Menschen zu bringen; oder in nunmehr unwirksam gewordenen Motiven praktischer Nützlichkeit sowie in sagenhaften Überlieferungen von Prunk und Prachtentfaltung. Es läßt sich leicht behaupten, die Katze sei bei uns seßhaft geworden wegen ihrer militärischen Verdienste, nachdem die Mäuse von ihr bezwungen worden waren. Daß die Fische im Glasbehälter soviel an Setzteich oder an Brutstätte darstellen, als mit einer Wohnung im fünften Stockwerk vereinbar ist. Und daß der Distelfink oder der Kanarienvogel in unserem bürgerlichen Dasein weiterbestehen als ein Andenken an Sultansvolièren und wappengeschmückte mittelalterliche Falknereien.

Es muß wohl dabei eine unmittelbarere Beziehung, eine lebendigere Freude geben als in derlei wiederaufgeblühten blassen Atavismen. Versuchen wir doch, zusammen ein wenig klarer in der

Sache zu sehen; wenigstens was den liebsten unserer Gäste betrifft: die Katze.

In den vier Wänden des Hauses fühlt sich ein Hund, selbst ein Nippsachenhund wie der Pekinese, als Gefangener, als eine arme Seele im Fegefeuer. Und oft und gern rächt er sich grimmig dafür mit den Zähnen an Polstern und Vorhängen. Die Katze jedoch ist am häuslichen Herd in ihrem wahren Element. Und mit dem Hause schließt sie eine geheimnisvolle Freundschaft. Man muß sich nicht wundern, wenn man bei den Naturforschern liest, daß der Tiger, der Urgroßvater der Katze, in der ganzen Schöpfung zu den häuslichsten Tieren gehört.

Häuslich der Tiger? In diesem Sinne: daß man ihn äußerst selten umherstreifend durch Wald und Feld antrifft, nur so aus Freude am Spazierengehn. Der Tiger kennt keinen andern Wunsch, als an seinem Lagerplatz zu bleiben. Einsam wie der wirklich Starke, vergraben, vergessen. Er schläft, faucht, winselt, träumt hochrote und unentzifferbare Träume. Und unterdessen lädt er sich langsam mit Hunger, Kraft und einer maßlosen Wut auf: der Wut, die in einem zwei oder drei Zentner schweren Dynamitblock enthalten sein kann.

In einem bestimmten Augenblick geht er aus, mit Gespenstertritt. Er wird nicht lange fortbleiben. Wenn er zurückkommt, ist er über und über mit Blut bedeckt: er hat ein Strafgericht gehalten.

Aber die Katze, was braucht sie auszugehn? Sittlich genügt sie sich selbst, wie ein Einsiedler. Sie mit dem bißchen rohen Fleisch zu versorgen, daran denkt pünktlich der Metzger.

Ihre große, ihre beispielhafte Tugend eines Tigers fast im Taschenformat besteht in folgendem: daß sie, abgeschirmt gegen die materiellen Bedürfnisse, umgeben von Bequemlichkeiten und vielleicht von Genüssen, die Integrität ihres Wesens und ihr ursprüngliches Sein bewahrt, wie in einer Welt, in der es nur lauter Katzen gäbe.

Sie tauscht ihre Kultur nicht gegen eine fremde. Ohne Prahlerei und ohne schmollenden Griesgram widersteht sie der unwiderstehlichsten Verlockung und Korruption: derjenigen der sicheren Versorgung und des Zahltags auf Ende Monat. Sie lebt von unserer Rente, aber mit dem ungebändigten Sinn des Abenteurers. So stand sie denn auch stets in höchster Gunst bei den phantasievollen, mutigen, vorurteilsfreien Geistern, bei den Dichtern und bei den Künstlern.

(Zwar ist die Katze auch dafür berühmt, daß sie sich von den alten Damen verhätscheln läßt. Hier die Annonce, die man mir einmal in einer Londoner Zeitung zeigte: «Alte Dame sucht wohlerzogenen und gutgekleideten Knaben, der einer Katze mit zarter Gesundheit einige Stunden täglich Gesellschaft leisten könnte.»)

Ein Gewohnheitstier, aber den eigenen Gewohnheiten ergeben, die sie sich wie im Spiel erschuf, nicht irgendwelchen entlehnten; die sie genauestens einhält, aber auf einmal durcheinanderwirft, bevor wir eine Regel ableiten können, um sie dabei zu ertappen und ihr zuvorzukommen. Leichter erbost als bereit, um eines unmittelbaren Nutzens willen einzulenken. Und in dieser Hinsicht vergleiche man sie mit dem Hund; der ein herzensguter Kerl ist, aber für ein Häppchen im Staub kriecht.

Bei aller Gier nimmt die Katze die Nahrung nur mit ruhiger Überlegung entgegen. Sie beschnuppert sie, geht sie behutsam an. Und es kann vorkommen, daß sie ihr bald den Rücken kehrt. Nicht daß sie sie nicht mag. Aber sie wartet ab, bis wir nicht mehr dastehen und ihr zuschauen. Oder bis man jenen Stuhl dort weggeschoben hat, oder was auch immer, das sie stört. Der Hund, mit einem Wort, frißt immer ein wenig mit den Händen. Die Katze, in ihrem eigenen Stil, ißt nur mit Messer und Gabel und vorgeknüpfter Serviette.

Duldsam, brutalen Entschlüssen widerstrebend, macht sie es sich zur Pflicht, wenn ihr etwas nicht paßt, es langmütig und eindringlich durch das Zucken des Schwanzes zu bemerken zu geben. Doch wenn sie zur Tat schnellt, ist sie ein elektrischer Funke. Und hinterläßt ihre Spur.

Aristokratisch, voller Rücksichten, Skrupel und peinlich genauer Unterscheidungen; wie umgekehrt der Hund zu einer demagogischen, haltlosen, konfusen Herzlichkeit neigt. Ich habe gesehen, wie der Kater, in der Liebe unerfahren, die ganze Nacht zwei Schritt vor seiner Schönen unbeweglich verbrachte: beide verzaubert, magnetisiert einander betrachtend, ohne mit dem Schnurrbart zu zucken. Ein Brautpaar, das anderntags dann auf dem Dach es gar zu toll treiben sollte, überwachten sie sich gegenseitig wie feindliche Schildwachen hüben und drüben an einer Grenze. Und es war mehr Liebeswahrheit (die immer eine harte Wahrheit ist) in dieser unerbittlichen Musterung als in vielen Opernduetten zum Steinerweichen.

Was die Katze tun oder unterlassen wird, unter

diesen oder jenen Umständen: man kann es unmöglich voraussagen. Um zu wissen, was der Hund tun wird, braucht man sich nur vorzustellen, was unter ähnlichen Bedingungen der Mensch tun würde. Der Hund ist ein überaus virtuoser Filmschauspieler. Die Katze (wie die Chinesen) verabscheut die Kamera. Eifersüchtig auf das eigene Wesen bedacht bis zur Manie. Während der Hund, nachahmungssüchtig bis zur Verworfenheit, den Blick nicht von uns wendet und sich alle Mühe gibt, es uns gleichzutun wie ein Diener, der seinen Herrn nachäfft. Er macht sogar das Männchen. Und manchmal trägt er einen Einkaufskorb im Maul.

Aus diesen Gründen ist der Hund an und für sich so viel weniger lehrreich und wirkungsvoll. Menschlich, allzu menschlich. Fast ein Duplikat. Man verwendet ihn ausgiebig in den Fabeln, eben weil er sich als äußerst gefügiges Symbol unserer Tugenden und Laster eignet. Mindestens dreißig Fabeln Äsops handeln von Hunden, und nur eine einzige von der Katze. Und nicht von ungefähr ist es eine Katze, die von Venus aus Liebe die Gnade erlangt, in eine Frau verwandelt zu werden. Aber sie kann nicht auf ihr Wesen verzichten, und in den Armen und unter den Küssen des Geliebten wird sie wieder eine Katze.

Um diesen Katzenmangel in den alten Fabeln zu erklären, meinen wir nicht, es hätte die Katzen nicht schon eine Weile auf der Welt gegeben oder sie wären nicht volkstümlich gewesen. In Ägypten, der Wiege der Kultur, wimmelt es von Katzen, lebend, in Bronze oder mumifiziert. Und auf der minoischen Freske von Hagia Triada, zwanzig Jahrhunderte vor Christus, lauert ein Prachtskater, schwarz mit weißer Schnauze, hinter einem Busch Farnkraut einem Truthahn auf. Wendig treten sie ein in die klassische Malerei und Skulptur, die guten Katzen. Aber sie sträuben gleich das Fell, fauchen und kratzen, sobald es sich darum handelt, in eine Fabel einzuziehen. Den Predigern erlauben sie keine Vertraulichkeiten. Sie geben sich nicht her zu Sentenzen und Denksprüchen. Sie weigern sich, durch die mit Seidenpapier bespannten Springreifen einer vorgeschriebenen Moral zu jagen.

So sind wir, von einer andern Seite, vielleicht wieder in Sicht des Punktes gelangt, von dem wir ausgingen.

In unseren Häusern ist die Katze wie ein leiser Einwand; wie der verschwiegene und anspornende Zeuge jeglichen Gegenteils; und so steigert sie unser Lebensgefühl und erzieht und belustigt uns auf eine nicht pedantische Weise. Je fester an die Formen gebunden, mit Konventionen behaftet und auf die Uhrzeiger ausgerichtet: desto mehr bewundern wir die Katze und beneiden sie um ihre Unbeständigkeit, ihr unabhängiges, unbeugsames Wesen; wobei zu beachten ist, daß sie das alles mit ihrem feinfühligen Dilettantentum uns nicht als allzu schwere Last zu spüren gibt.

Wo das Leben besonders eingeengt, angespannt, willensbewußt ist, da liebt man am meisten die Katze. Im Arbeitszimmer des Literaten, zwischen all den Blättern, Wörterbüchern und Merkzetteln, ist die Katze eine notwendige Ergänzung von launigem Leichtsinn und Freiheit. Sie schlägt ihre gelassenen und mitleidlosen Augen über einer noch unveröffentlichten Ausgabe der Welt auf. In ihrer flüssigen Sonne glänzen, mit einiger Ironie, die Aufforderung und das Blendwerk des Unsagbaren, das mehr als alles andere diejenigen anzieht, die sich aus dem Sagen eine Berufung und eine Marter machten. Zu Füßen des Schreibpultes, an dem der heilige Hieronymus sitzt, ist der schnarchende Leu vielleicht nichts anderes als eine Katze von epischen, heroisierten Ausmaßen.

Baudelaire hat seine berühmten Katzen, ungern sei es bemerkt, etwas allzu sehr hergerichtet und parfümiert. Die von Poe miauen gar entsetzlich und verursachen Kopfschmerzen. Huxley kehrt deutlich heraus, daß er nur mit Siam- und mit Perserkatzen Umgang pflegt.

Lieber irgendein landesübliches Kätzchen, ohne Überspanntheiten, ohne metaphysische Dramen und ohne Symbole. Eine herumvagierende, eine Gammlerkatze, die niemand gehört, vom Lungotevere oder vom Trajansforum. Sie möge sich unser bestes Kissen wählen. Und sie behüte uns vor der Langeweile und den neunmalklugen und tückischen Mäusen.

Charles Baudelaire

Le Chat

I

Dans ma cervelle se promène,
Ainsi qu'en son appartement,
Un beau chat, fort, doux et charmant.
Quand il miaule, on l'entend à peine,

Tant son timbre est tendre et discret;
Mais que sa voix s'apaise ou gronde,
Elle est toujours riche et profonde.
C'est là son charme et son secret.

Cette voix, qui perle et qui filtre
Dans mon fonds le plus ténébreux,
Me remplit comme un vers nombreux
Et me réjouit comme un philtre.

Elle endort les plus cruels maux
Et contient toutes les extases;
Pour dire les plus longues phrases,
Elle n'a pas besoin de mots.

Non, il n'est pas d'archet qui morde
Sur mon cœur, parfait instrument,
Et fasse plus royalement
Chanter sa plus vibrante corde,

Que ta voix, chat mystérieux,
Chat séraphique, chat étrange,
En qui tout est, comme en un ange,
Aussi subtil qu'harmonieux!

Charles Baudelaire

Die Katze

I

In meinem Hirn geht, als wär' es ihre Wohnung, eine schöne Katze spazieren, kraftvoll, sanft und reizend. Wenn sie miaut, hört man es kaum,

So zärtlich und verstohlen ist der Klang; ob aber ihre Stimme sich sänftigt oder grollt, stets tönt sie reich und tief. Das ist ihr Zauber und ihr Geheimnis.

Diese Stimme, die in meine finsterste Tiefe perlt und sickert, erfüllt mich wie wohllautende Verse und erheitert mich wie ein Heiltrank.

Sie schläfert die ärgsten Leiden ein und enthält alle Wonnen; um die längsten Sätze zu sagen, bedarf sie keiner Worte.

Nein, es gibt keinen Bogen, der über das vollkommene Instrument meines Herzens streicht und königlicher seine bebende Saite singen macht,

Als deine Stimme, geheimnisvolle Katze, seraphische Katze, seltsame Katze, in der, wie in einem Engel, von Zartheit alles und von Harmonie durchwirkt ist!

II

De sa fourrure blonde et brune
Sort un parfum si doux, qu'un soir
J'en fus embaumé, pour l'avoir
Caressée une fois, rien qu'une.

C'est l'esprit familier du lieu;
Il juge, il préside, il inspire
Toutes choses dans son empire;
Peut-être est-il fée, est-il dieu?

Quand mes yeux, vers ce chat que j'aime
Tirés comme par un aimant,
Se retournent docilement
Et que je regarde en moi-même,

Je vois avec étonnement
Le feu de ses prunelles pâles,
Clairs fanaux, vivantes opales,
Qui me contemplent fixement.

Les Chats

Les amoureux fervents et les savants austères
Aiment également, dans leur mûre saison,
Les chats puissants et doux, orgueil de la maison,
Qui comme eux sont frileux et comme eux sédentaires.
Amis de la science et de la volupté,
Ils cherchent le silence et l'horreur des ténèbres;
L'Érèbe les eût pris pour ses coursiers funèbres,
S'ils pouvaient au servage incliner leur fierté.

II

Aus ihrem blond und braunen Fell steigt ein so süßer Duft, daß eines Abends ich ganz davon durchhaucht war, weil ich einmal, ein einziges Mal nur, sie gestreichelt hatte.

Sie ist der Hausgeist hier; sie richtet, herrscht, begeistert alle Dinge in ihrem Reich; vielleicht ist sie eine Fee, ist sie ein Gott.

Wenn meine Augen, von dieser Katze, die ich liebe, magnetisch angezogen, gehorsam sich wenden und ich dann nach innen blicke,

So seh' ich mit Erstaunen das Feuer ihrer bleichen Augensterne – Leuchtzeichen, lebende Opale –, die mich anschaun unverwandt.

Die Katzen

Die glühenden Verliebten und die strengen Weisen, beide lieben in reifem Alter die mächtigen und sanften Katzen, die, des Hauses Stolz, fröstelnd wie sie das Zimmer hüten.

Der Wollust Freunde und der Wissenschaft, suchen sie gern das Schweigen auf und grause Finsternis; der Hades hätte als Rosse vor seinen düstren Wagen sie gespannt, wenn sie nicht unbeugsam jeder Knechtschaft widerstrebten.

Ils prennent en songeant les nobles attitudes
Des grands sphinx allongés au fond des solitudes,
Qui semblent s'endormir dans un rêve sans fin;

Leurs reins féconds sont pleins d'étincelles
                              magiques,
Et des parcelles d'or, ainsi qu'un sable fin,
Étoilent vaguement leurs prunelles mystiques.

Versonnen nehmen sie die edlen Haltungen der
großen Sphinxe ein, die ausgestreckt in tiefen
Einsamkeiten ruhen und zu entschlummern
scheinen in endlosem Traum;

Ihre fruchtbaren Lenden sprühn von Zauberfunken, und goldene Splitter, wie feiner Sand, besternen undeutlich ihre Rätselblicke.

Maxim Gorki

Sasubrina

... Das runde Fenster meiner Zelle ging auf den Gefängnishof. Es lag sehr hoch über dem Boden, doch wenn ich den Tisch zum Fenster rückte und daraufstand, konnte ich alles sehen, was im Hofe geschah. Über dem Fenster, unter dem Dachvorsprung, hatten die Tauben sich ein Nest gebaut, und wenn ich jeweils in den Hof hinunterschaute, gurrten sie über meinem Kopf.

Ich hatte genügend Zeit, mich mit den Gefängnisinsassen bekanntzumachen, und so wußte ich, daß der fröhlichste Mensch unter den finsteren Häftlingen Sasubrina hieß.

Er war ein stämmiger, beleibter Kerl mit einem roten Gesicht und einer hohen Stirn, unter welcher große helle Augen blitzten.

Die Mütze trug er stets im Nacken, und seine Ohren standen merkwürdig ab von seinem rasierten Schädel; die Litzen seines Hemdkragens band er nie zusammen, auch die Joppe knöpfte er nicht zu, und eine jede Bewegung seiner Muskeln verriet einen Charakter, der weder zu Verzagtheit noch zu Erbitterung fähig war.

Stets kichernd, behend und geräuschvoll, war er das Idol des Gefängnisses; es umgab ihn ständig ein Haufen von grauen Genossen, die er mit verschiedenen kuriosen Spitzbübereien unterhielt und belustigte, so daß das düstere, gleichförmige Gefängnisleben durch seinen aufrichtigen Frohsinn verschönert wurde.

Einmal erschien er zum Spaziergang mit drei

Ratten, die er durch Schnüre raffiniert zusammengespannt hatte. Er lief im Hof hinter ihnen her und schrie, er fahre auf einer Troika; die Ratten, von seinen Schreien verstört, stürzten nach allen Seiten, während die Häftlinge, die dem dicken Mann und seiner Troika zusahen, wie die Kinder lachten.

Sasubrina fand sich offensichtlich zur Belustigung der Menschen erschaffen, und es war ihm jedes Mittel recht, sein Ziel zu erreichen. Manchmal nahm seine Erfindungskunst auch grausame Formen an; etwa damals, als er die Haare eines jugendlichen Häftlings, der, sitzend an die Wand gelehnt, schlief, an ebendiese Wand leimte und den Jungen, nachdem der Leim getrocknet war, wachrüttelte. Der Junge sprang sogleich auf, griff sich mit seinen zarten, mageren Händen an den Kopf und fiel weinend zu Boden. Die Häftlinge grinsten, und Sasubrina war zufrieden. Später konnte ich durch das Fenster beobachten, wie er den Jungen streichelte, der eine zünftige Haarsträhne losgeworden war...

Außer Sasubrina gab es im Gefängnis noch einen andern Favoriten – ein rothaariges feistes Kätzchen, das ausgelassen war und von allen verwöhnt wurde. Gingen die Häftlinge spazieren, spürten sie es jedesmal auf und beschäftigten sich lange mit ihm, indem sie es von Hand zu Hand reichten, im Hof hinter ihm her rannten und ihre vom Spiel erregten Hände und Gesichter seinen Krallen aussetzten.

Wenn das Kätzchen erschien, lenkte es die Aufmerksamkeit der Häftlinge von Sasubrina ab, und dieser konnte über deren Vorliebe nicht erfreut sein. Sasubrina war in seinem Innersten ein Künstler und, wie jeder Künstler, weit mehr von sich eingenommen, als es seinem Talent entsprach. Amüsierte sich das Publikum mit dem Kätzchen, blieb er allein, setzte sich in irgendeine Ecke des Hofs und sah den Kameraden zu, die ihn in diesem Augenblick vergessen hatten. Ich aber beobachtete ihn aus dem Fenster und fühlte, was in seiner Seele vorging. Es erschien mir unausweichlich, daß Sasubrina das Kätzchen bei der erstbesten Gelegenheit töten würde, und der fröhliche Häftling tat mir leid. Das Bestreben des Menschen, aller Aufmerksamkeit auf sich zu lenken, ist verhängnisvoll, denn nichts richtet die Seele so rasch zugrunde wie der Drang, den Menschen zu gefallen.

Sitzt du im Gefängnis, kommt dir selbst das Leben der Schimmelpilze an den Wänden interessant vor; so erklärt sich, weshalb ich aus meinem Fenster das Drama im Hof mit solcher Aufmerksamkeit verfolgte – das Drama der Eifersucht eines Menschen gegenüber einem Kätzchen –, erklärt sich auch die Ungeduld, mit der ich der Lösung des Dramas entgegensah. Endlich war es soweit.

An einem strahlenden Sonnentag, als die Häftlinge sich aus ihren Zellen über den Hof ergossen, entdeckte Sasubrina in einer Ecke desselben einen Eimer mit grüner Farbe, der von den Malern, die das Gefängnisdach gestrichen hatten, zurückgelassen worden war. Er ging zum Eimer, überlegte, tauchte den Zeigefinger in die Farbe und färbte sich damit den Schnurrbart grün. Der grüne Schnurrbart mitten in seinem roten Gesicht erweckte allgemeines Gelächter.

Ein junger Bursche wollte von Sasubrinas Einfall profitieren und begann sich die Oberlippe anzustreichen, als Sasubrina seine Hand in den Eimer steckte und ihm flink die ganze Visage verschmierte. Der Bursche wurde böse und schüttelte den Kopf; Sasubrina aber tanzte um ihn herum, während die Zuschauer grinsten und ihren Spaßvogel durch zustimmende Rufe anspornten.

In diesem Augenblick erschien auf dem Hof das rothaarige Kätzchen. Es durchquerte den Hof ohne Eile, indem es graziös seine Pfötchen hob und mit dem erhobenen Schwanz wedelte; anscheinend fürchtete es nicht, unter die Füße der Menge zu geraten, die sich um Sasubrina und den bemalten Burschen, der mit den Händen angestrengt die klebrige Mischung von Farbe und Grünspan in seinem Gesicht verrieb, wie besessen gebärdete.

«Freunde», rief einer, «Mischka ist gekommen!»

«Ach der, unser Schelm Mischka!»

«Der Rothaarige! Das Katzenjunge!»

Da ergriffen sie das Kätzchen, und dieses ging von Hand zu Hand, wurde von allen liebkost.

«Hat sich ganz schön vollgefressen! Seht mal seinen dicken Bauch!»

«Wie schnell es wächst!»

«Und kratzen tut's auch, das Teufelskerlchen!»

«Laß es los! Es soll selber springen...»

«Da, ich halt' dir den Rücken hin... Spring, Mischka!»

Um Sasubrina herum war niemand. Er stand allein, rieb sich mit den Fingern die Farbe aus dem Schnurrbart und betrachtete das Kätzchen, das auf den Schultern und Rücken der Häftlinge turnte. Diese waren sehr belustigt, man hörte sie ununterbrochen lachen.

«Freunde! Laßt uns mal den Kater mit Farbe anstreichen!» ertönte Sasubrinas Stimme. Sie klang so, als ob Sasubrina, indem er diesen Streich vorschlug, auch um das Einverständnis dazu bäte.

Die Menge der Häftlinge wurde laut.

«Der krepiert noch!» sagte einer.

«Wegen der Farbe? Sieh mal einer an!»

«Vorwärts, Sasubrina! Tunk ihn nur kräftig in die Farbe!»

Ein breitschultriger Mann mit feuerrotem Bart rief empört: «Einen schönen Scherz hat sich dieser Satan ausgedacht!»

Sasubrina aber hielt das Kätzchen bereits in den Händen und trug es zum Farbeimer.

«Schaut mal, Brüder, den Spaß...»

sang Sasubrina:

«Angestrichen wird die rote Katz
mit grüner Farbe ganz:
auf zum fröhlichen Tanz!»

Die Häftlinge brachen in schallendes Gelächter aus und traten, sich die Hüften haltend, auseinander. Ich sah, wie Sasubrina das Kätzchen am Schwanz hielt und kopfvoran in den Eimer tauchte; dabei tanzte er und sang:

«Hör auf zu miauen, Kater,
quäl nicht deinen Taufvater!»

Das Gelächter nahm zu. Jemand kreischte mit hoher Stimme: «Oj-oj-oj! Dieser falsche Judas!»

«Ach du lieber Himmel!» stöhnte ein anderer.

Die Häftlinge verschluckten sich beinahe vor Lachen, erstickten fast; das Lachen krümmte ihre Leiber, beugte und erschütterte sie und dröhnte in der Luft – ein mächtiges, sorgloses Gelächter, das immer mehr anschwoll und schon in Hysterie ausartete. Aus den Fenstern des Frauentrakts schauten lächelnde Gesichter unter weißen Kopftüchern. Der Aufseher, den Rücken an die Wand gelehnt, den vorgewölbten Wanst mit den Händen stützend, ließ tiefe, volltönende Lachsalven fahren.

Das Lachen zerstreute die Menschen rund um den Eimer. Sasubrina tanzte in der Hocke, wobei er mit seinen Beinen unglaubliche Kunststückchen vollführte, und sang:

> «Ach, das Leben ist Klasse!
> Es lebte mal eine graue Katze,
> doch ihr Sohn, der rote Kater,
> ist auf einmal grün geraten!»

«Basta, der Teufel soll dich holen!» rief stöhnend der Rotbart.

Sasubrina aber war nicht mehr zu halten. Um ihn herum dröhnte das Wahnsinnsgelächter der grauen Menge, und Sasubrina wußte, daß er es war, der sie zum Lachen brachte. In jeder Geste, in jeder Grimasse seines lebhaften Spaßvogelgesichts widerspiegelte sich dieses Bewußtsein, und sein ganzer Körper zuckte vor Genugtuung über den Triumph. Er hielt das Kätzchen am Kopf, und während er ihm die überflüssige Farbe vom Fell abschlug, tanzte er unermüdlich in der Ekstase des Künstlers, der seinen Sieg über die Masse erkannt hat, tanzte und sang:

> «Brüderchen und Freunde,
> schaut in den Kirchenkalender;
> der Kater braucht einen Namen,
> aber welchen soll er denn haben?»

Unbändige Ausgelassenheit hatte die Menge der Häftlinge ergriffen, und nun lachte alles ringsum: es lachte die Sonne auf den Scheiben der vergitterten Fenster, es lächelte der blaue Himmel über dem Gefängnishof, und selbst die alten, schmutzigen Gefängnismauern schienen zu lächeln wie Geschöpfe, die gewohnt sind, ihren Übermut zu unterdrücken, mag er noch so toben in ihnen. Alles war neu: verschwunden die fade Gräue, die Schwermut erzeugt. Alles belebte sich, genährt von jenem reinigenden Gelächter, das, wie die Sonne, selbst den Schmutz noch verschönt.

Sasubrina legte das grüne Kätzchen ins Gras, welches büschelweise, gleichsam zur Zierde des Gefängnishofs, zwischen den Steinen hervorsproß, und setzte seinen tollen Tanz fort – atemlos und mit Schweiß bedeckt.

Das Gelächter ließ nach. Seine Maßlosigkeit hatte die Menge ermüdet. Jemand kreischte hysterisch, einige kicherten, doch die Pausen wurden größer... Es gab Augenblicke, da alle schwiegen – außer Sasubrina, der ein Tanzlied sang, und dem Kätzchen, das leise und klagend miaute, während es durchs Gras kroch. Man konnte es vom Gras kaum unterscheiden. Die grüne Farbe schien es zu blenden und seine Bewegungen zu hemmen; mit seinem großen Kopf kroch es unsicher herum, hilflos und auf zitternden Pfoten, hielt inne, als klebte es am Gras fest, und miaute...

«Schaut, ihr lieben Christenleute,
dem grünen Kater ist's nicht geheuer,
der rote Mischka war er einst,
nun weiß er weder aus noch ein!»

kommentierte Sasubrina die Bewegungen des Kätzchens.

«Bist du mal geschickt, Hund!» sagte ein stämmiger rothaariger Bursche. Die Augen des Publikums drückten Sättigung aus.

«Es miaut!» ließ sich ein junger Häftling vernehmen, indem er mit dem Kopf auf das Kätzchen wies und seine Genossen ansah. Diese beobachteten das Kätzchen und schwiegen.

«Wird es vielleicht sein Leben lang grün bleiben?» fragte ein Junge.

«Was heißt hier sein Leben lang?» bemerkte ein grauhaariger, hochgewachsener Arrestant, der sich neben Mischka hinkauerte. «Trocknet es an der Sonne, wird sein Fell verkleben, und es krepiert...»

Das Kätzchen miaute herzzerreißend, und eine neue Stimmung kam unter den Häftlingen auf.

«Krepiert?» fragte der Junge. «Und wenn wir es waschen?»

Niemand gab Antwort. Das kleine grüne Klümpchen tat sich schwer zu Füßen der groben Menschen, kläglich in seiner Hilflosigkeit.

«Pfui, bin ich aber ins Schwitzen gekommen!» rief Sasubrina und warf sich zu Boden. Niemand beachtete ihn.

Der Junge trat auf das Kätzchen zu, nahm es in die Arme, legte es jedoch gleich wieder ins Gras. «Es ist ja ganz heiß...»

Dann blickte er prüfend zu seinen Kameraden und sprach traurig: «Seht mal den Mischka an! Lange bleibt der nicht mehr bei uns! Wozu hat man das Tier umgebracht?»

«Wart mal ab, der kommt schon wieder zu sich», sagte der Rothaarige.

Das häßliche grüne Geschöpf kroch noch immer durchs Gras, und zwanzig Augenpaare folgten ihm. Auf keinem einzigen Gesicht lag mehr der Schatten eines Lächelns. Alle waren finster und schwiegen, allen war kläglich zumut wie dem Kätzchen – als hätte ihnen dieses sein Leid mitgeteilt, als hätten sie seinen Schmerz an sich selber erfahren.

«Kommt schon wieder zu sich!» sagte der Junge mit erhobener Stimme und lächelte. «Da gab es den Mischka... alle liebten ihn... Was quält ihr ihn dann? Man sollte ihn umbringen...»

«Alle?» rief der rothaarige Häftling voll Zorn. «Da, seht nur den Teufel, den Anstifter!»

«Nanu», sagte Sasubrina beschwichtigend. «Wir haben's doch alle zusammen entschieden!» Und er krümmte sich wie vor Kälte.

«Alle zusammen!» spottete der Junge. «Und ob! Du allein bist schuldig... jawohl!»

«Laß mal das Brüllen, du Kalb», riet ihm Sasubrina friedfertig.

Der grauhaarige Alte nahm das Kätzchen auf

den Arm; er musterte es sorgfältig und sagte: «Wenn wir es mit Kerosin waschen, löst sich die Farbe!»

«Von mir aus könnt ihr es am Schwanz packen und über die Mauer schleudern», sagte Sasubrina und fügte lachend hinzu: «Einfacher geht's nicht!»

«Wa-a-s?» heulte der Rothaarige. «Soll ich das vielleicht an dir ausprobieren? Willst du?»

«Dieser Satan!» schrie der Junge, riß das Kätzchen aus den Armen des Alten und verschwand. Der Alte und einige andere folgten ihm.

Sasubrina aber stand plötzlich allein da, umgeben von Menschen, die ihn mit bösen und finsteren Blicken betrachteten, als erwarteten sie etwas von ihm.

«Ich bin doch nicht allein schuldig, Freunde!» sagte Sasubrina traurig.

«Schweig!» schrie der Rothaarige und sah in die Runde. «Nicht allein! Ja, wer ist's denn noch?»

«Alle!» entrang es sich laut der Kehle des Spaßmachers.

«Gemeiner Hund!»

Der Rothaarige schlug ihm die Faust ins Gesicht. Der Unterhaltungskünstler fiel rücklings und erhielt auch schon einen Schlag ins Genick.

«Freunde!» flehte er bange.

Als die Genossen sahen, daß die beiden Aufseher weit entfernt waren, umringten sie ihren Günstling und warfen ihn mit wenigen Schlägen nieder. Von weitem konnte man glauben, die dicht beieinanderstehende Gruppe sei in ein

lebhaftes Gespräch verwickelt. In Wirklichkeit umringte und verbarg sie Sasubrina, der zu ihren Füßen lag. Manchmal ertönten dumpfe Laute: jemand trat Sasubrina in die Rippen, ohne Eile, ohne Zorn, bis dieser – schmeichelnd – dem Fuß eine besonders günstige Angriffsfläche bot.

Das dauerte etwa drei Minuten. Plötzlich vernahm man die Stimme des Aufsehers: «He, ihr Teufelskerle! Maß halten, nicht in Versuchung fallen!»

Die Häftlinge gaben das Folterspiel nicht sofort auf. Einer nach dem andern entfernte sich von Sasubrina, und jeder, der wegging, gab ihm zum Abschied einen Fußtritt.

Als sie gegangen waren, blieb Sasubrina auf dem Boden liegen. Er lag mit dem Bauch zur Erde, seine Schultern bebten – vermutlich weinte er –, und er hustete fortzu und spuckte aus. Dann begann er sich vorsichtig zu erheben, als fürchte er, in tausend Stücke zu zerfallen. Zuerst stützte er die linke Hand auf, dann zog er das eine Bein nach, und nachdem er wie ein kranker Hund losgeheult hatte, brachte er sich in Sitzstellung.

«Heuchler!» rief drohend der Rothaarige. Sasubrina wälzte sich am Boden und sprang dann rasch auf die Beine.

Schwankend ging er zu einer der Gefängnismauern. Die eine Hand preßte er an die Brust, die andere hielt er ausgestreckt. Er stemmte sie gegen die Mauer, so daß er sicheren Stand hatte, und senkte den Kopf. Er hustete...

Ich sah, wie dunkle Tropfen auf die Erde fielen; man sah sie vor dem grauen Hintergrund der Gefängnismauer auftauchen und wieder verschwinden.

Um das staatliche Gebäude nicht mit seinem Blut zu beflecken, gab Sasubrina acht, daß kein einziger Tropfen an die Mauer fiel.

Man lachte ihn aus...

Das Kätzchen aber blieb seither verschwunden. Und Sasubrina brauchte die Aufmerksamkeit der Gefängnisinsassen nun mit niemandem mehr zu teilen.

Louis Pergaud

Falschheit der Katze?

Es waren einmal drei Freunde: Miraut, der Hund, Mitou, die Katze, und Lulu, der Junge. Sie waren zusammen gerade sechs Jahre alt, denn die ersten beiden zählten je etwa zwölf Monate, während der dritte frohgemut, bald auf zwei, bald auf vier Füßen, seinem vierten Geburtstag entgegenging. Mit ihren Stimmen und Spielen erfüllten die drei Wohnung, Hof und Garten, und es herrschte im Haus ständig Freude und Fröhlichkeit.

Doch dann machte jemand diesem Glück ein Ende.

Eines Tages wurde Lulu, der Junge, von seinen beiden Spielkameraden getrennt und in einen großen Raum geführt, wo andere Kinder brav in graden Bankreihen saßen und einer langen, dürren Person zuhörten, deren spitze Nase ein goldener Zwicker zierte.

Die Frau sagte: «Der Hund ist treu, gehorsam und seinem Meister ergeben; die Katze ist falsch, verschleckt und diebisch.» Und die Kleinen wiederholten diese Worte gelehrig, und alle schauten so überzeugt drein, daß diese Überzeugung den kleinen Lulu verwirrte. Die Lehrerin ging noch weiter: «Nehmt euch vor den Katzen in acht, Kinder, und spielt nie mit ihnen!»

Als Lulu nach Hause kam und seine beiden treuen Spielkameraden, die sich während seiner Abwesenheit sehr gelangweilt hatten, ihm ihre Wiedersehensfreude bekunden wollten, wurde der Hund Miraut, welcher bellte und mit dem

Schwanze wedelte, wie immer freudig begrüßt. Die Katze Mitou aber erhielt für ihren Katzenbuckel und ihr Schnurren nur diese nicht gerade liebenswürdigen Worte: «Geh weg, elende Heuchlerin!»

Ich werde das Ende der Geschichte ein andermal erzählen. Für den Augenblick möchte ich nicht mehr sagen, als daß die meisten Urteile, die man über Tiere fällt, keine festere Grundlage haben als diejenige dieses kleinen Kindes und daß die braven Kätzchen seit langem unschuldige Opfer eines verleumderischen Rufes sind.

«All unser Übel entspringt der Albernheit», sagte Montaigne; und alles Übel, an dem unsere angeblich minderen Brüder leiden, ebenfalls.

Wer wagte es, über unsere liebenswürdigen Hausgenossen so grobe und dumme Urteile abzugeben? Welcher boshafte Trottel, der die Krallen seiner zur Rache getriebenen Katze zu spüren bekam; welcher Geizhals, dessen hungriger kleiner Gefährte sich über die zu knausrig bemessene Kost hermachte; welcher Philosoph am Schreibtisch, gewohnt, das Mienenspiel seiner feinen Zeitgenossen besser zu begreifen als das bebende Mäulchen einer unschuldigen Katze? Ich weiß es wahrhaftig nicht, und ich will es auch lieber gar nicht wissen; festhalten hingegen möchte ich, daß die Verstellung nicht dem Tier, sondern dem Menschen eigen ist.

Es wäre gut, sie zunächst zu definieren, aber das würde uns etwas weit führen. Deshalb beschränken wir uns darauf zu sagen, daß die Katze – und es handelt sich hier ausschließlich um sie – nur zu diesem schlechten Ruf gekommen ist wegen ihrer heftigen Abwehrbewegungen, die im kritischen Augenblick ihre Rettung sind, auf die ihre Quäler aber in ihrer boshaften Einfalt nicht gefaßt waren.

Weil sie mit der Pfote schlägt und beißt, gilt sie als heuchlerisch und charakterlos. Der menschliche Egoismus will nicht sehen, was diese Bewegungen hervorgerufen hat, und nur aus träger Gewohnheit sind wir nicht fähig, auf das andere einzugehen und im Fell eines Gesichtes das ausgeprägte und unendlich vielfältige, uns fremde und schwer zugängliche Mienenspiel zu entdecken.

Der Mensch bezieht, wenn man so will, alles auf seine eigene Art von Schönheit, und deshalb findet er den Affen so vollkommen häßlich. Vermutlich kommt der Affe uns gegenüber zum gleichen Urteil!

Wer jemals einen Kater Mäuse oder Spatzen jagen sah, und da vor allem müßte das Tier Schläue oder Verlogenheit an den Tag legen, kann diesem Wesen nie mehr solche Fehler nachsagen. Nur Voreingenommenheit und Verblendung dessen, der zugleich Richter und Betroffener in einer Sache ist, können ein Urteil so beeinträchtigen, daß es unlogisch, ja absurd und bei weitem nicht immer ausgewogen und erleuchtet ist – wofür unsere Gerichte häufig den schlagenden Beweis liefern.

Alles in allem kann man sagen, daß unser schwerfälliger Verstand auf grobe und heftige Äußerungen angewiesen ist und, was die Katze anbelangt, die meisten Menschen eben die vielfältigen Warnsignale nicht wahrnehmen, welche eine erschöpfte Geduld verraten.

Hochgezogene Augenbrauen, zurückgelegte

Ohren, zitternde Schnauzhaare, das Beben der Nase, eine unscheinbare Falte im Winkel des Mäulchens, gedehnte oder zusammengezogene Lider, ein Funkeln des Auges, ein nervöses Zucken mit dem Schwanz, eine bestimmte Art, sich zusammenzuziehen und das Gewicht des ganzen Körpers auf eine einzige Pfote zu legen, dies alles sind Vorzeichen eines Ausbruchs, welche diejenigen nicht verkennen, die sich die Mühe genommen haben, unsere reizenden kleinen Hausgenossen genauer zu beobachten.

Heftiger, lärmiger, lauter – kurz: dem Menschen näher –, wurde der gute Hund, der kläfft, wenn man ihn belästigt, und erst dann beißt, wenn er seine Gefühle mit kräftiger und gut verständlicher Stimme geäußert hat, nie der Falschheit bezichtigt; so hat er aber der stilleren, zurückhaltenderen Katze wirklich übel mitgespielt.

Denn die brave Katze kann lange auf ihre Weise zeigen, daß sie erregt und aufgebracht ist, und ihre Warnsignale vervielfachen: weil er für ihre Äußerungen blind ist und in ihrer Geduld nur ein Versteckspiel sieht, wird dem Menschen, der von ihr einen Kratzer erwischt hat, nichts Besseres einfallen, als sie falsch zu nennen, um so seine eigene Unkenntnis und Bosheit zu verdecken.

Unsere schwächeren Gefährten sind physiognomisch begabter als wir in bezug auf sie: sie können aus unserer Haltung, unserer Redeweise, aus der Bewegung unseres Gesichts alle Gefühle, die wir ihnen entgegenbringen, herauslesen. Würden sie die Falschheit, die wir ihnen andichten, kennen, könnten wir sie nicht betrügen, wie es gewisse Rohlinge tun, die, um die Tiere zu fangen, sich in schmeichlerische Gebärden hüllen und den Mund voll von honigsüßen Worten haben. Niemals wird eine Katze einen krummen Buckel machen, bevor sie beißt oder kratzt. Sie ist wie alle andern Tiere ehrlich, und wir sollten ihr gegenüber auch offen sein.

Ich habe vor dem Herzen meiner Katze Toto keine Gefühle zu verbergen, und sie nicht vor mir. Ich könnte nicht sagen, sie habe mich jemals betrogen; und was den Rest, das heißt meine wirtschaftlichen, politischen oder künstlerischen Beschäftigungen betrifft, so weiß sie, daß sie nicht in ihr Fach schlagen; und so kann sie sie heiter übergehen.

Pu Songling

Die List der Katze

Während der Regierung des Kaisers Wanli hauste im Palast eine Ratte von der Größe einer Katze. Sie richtete schweren Schaden an. Überall im Land wurden die vorzüglichsten Katzen eingefangen, doch die Ratte fraß sie alle auf.

Zufällig befand sich gerade zu jener Zeit unter den Tributgeschenken, die von einem fremden Land geleistet wurden, eine Löwenkatze, weiß wie Schnee. Auch sie brachte man an den Ort, wo die Ratte gewöhnlich auftauchte, verriegelte die Tür und beobachtete sie durch einen Spalt. Die Katze saß eine geraume Weile einfach da. Gemächlich kroch die Ratte schließlich aus ihrem Loch heraus. Wie sie die Katze gewahrte, schnellte sie auf sie zu. Die Katze entwich mit einem Satz auf den Tisch. Die Ratte jagte ihr nach, worauf die Katze flink wieder auf den Boden sprang. So ging es hinauf und hinunter, mehr als hundert Mal. Die Zuschauer wähnten die Katze feige und zu nichts nütze.

Allmählich erlahmten die Bewegungen der Ratte, bis sie schließlich keuchend auf dem Boden hockte. In diesem Moment stürzte die Katze herab, krallte sich im Kopfpelz der Ratte fest und schlug ihr die Zähne in den Nacken. Kämpfend wälzten sie sich hin und her, die Katze miaute, die Ratte fiepste. Da rissen die Zuschauer die Türe auf und sahen mit einem Blick die totgebissene Ratte. Nun begriffen sie, daß die Katze nicht aus Feigheit ausgewichen war, sondern gewartet hatte, bis die Ratte erschöpft war. Dem Angreifer entwich sie, den Entweichenden griff sie an. Das war ihre List. Die Ratte aber, gleicht sie nicht dem, der in der Not kopflos zum Schwert greift?

Walter de la Mare

Besenstiele

Miss Chaunceys Kater, Sam, war schon viele Jahre bei ihr, ehe ihr in seinem Benehmen etwas Ungewöhnliches, etwas *Störendes* auffiel. Wie die meisten Katzen, die nur mit einem Menschen oder zweien unter dem gleichen Dach leben, war er klüger als Katzen eines gewöhnlichen Haushalts. Er hatte etwas von Miss Chaunceys Lebensart angenommen, das heißt, er benahm sich so menschenähnlich, wie man das von einem in ein Haarfell verpackten sterblichen Wesen, das eine Katze war, nur erwarten konnte. Er war, was man eine «intelligente» Katze nennt.

Aber obwohl Sam viel von Miss Chauncey gelernt hatte, muß ich sagen, daß Miss Chauncey von Sam sehr wenig gelernt hatte. Sie war zwar eine gütige, nachsichtige Herrin; sie konnte nähen, kochen, häkeln und betten, lesen und schreiben und auch ein bißchen rechnen. Und als Kind sang sie oft «Kathleen Mavourneen» mit Klavierbegleitung. Das alles konnte Sam selbstverständlich nicht.

Dafür hätte es Miss Chauncey ebensowenig vermocht, mit bloßer Hand eine Maus oder Amsel zu fangen und zu töten, wie sie in Rom hätte Papst werden können. Sie wäre auch nicht eine nahezu zwei Meter hohe Backsteinmauer hinaufgekommen und hätte nicht, ohne einen Ziergegenstand umzuwerfen oder auch nur die Kristallgarnitur zum Klingen gebracht zu haben, in einem Satz von der Kaminvorlage im Wohnzimmer aufs Kaminsims springen können. Anders als Sam fand sie sich im Dunkeln nicht zurecht, auf ihren Geruchssinn konnte sie sich nicht verlassen, und ihre Verdauung ließ sich nicht einfach regeln, indem sie im Garten ein bißchen Gras knabberte. Hätte man sie gar als kleines Mädchen einen Meter über dem Boden an Händen und Füßen gehalten und dann losgelassen, so wäre sie einfach auf den Rücken geplumpst, wogegen sich schon der drei Monate alte Sam in der Luft hätte zusammenrollen und sicher, wie ein Tisch auf seinen vier Beinen, hätte landen können.

Während Sam also sehr viel von Miss Chauncey gelernt hatte, lernte sie von ihm rein nichts. Und selbst wenn sie das gewollt hätte, bleibt es fraglich, ob sie eine gelehrige Schülerin abgegeben hätte. Denn man darf nicht vergessen, daß sie weit weniger über Sam wußte als er über seine Herrin – mindestens bis zu dem Nachmittag, da sie sich vor dem Spiegel frisierte. Und auch da wollte sie ihren Augen nicht trauen. Es war der Augenblick, da sich ihr Bild von Sam mit einem Schlag änderte – nach diesem Vorfall war nichts mehr ganz beim alten.

Sam war immer eine schöne, beeindruckende Erscheinung gewesen mit seinem kohlschwarzen seidigen Fell, den Augen, die auch im Sonnenschein grün funkelten und nachts wie grüne Topase glühten. Er war nun volle sieben Jahre alt und besaß ein besonders kräftiges, volles Miau. Da er allein mit Miss Chauncey in Post Houses wohnte, ergab es sich von selbst, daß er zu ihrem ständigen Begleiter wurde. Denn Post Houses war ein außergewöhnlich einsames

Haus, fast genau in der Mitte vom Haggurdsdon-Moor, gerade an der Gabelung zweier abgeschiedener Wege, die wie die halboffenen Messer einer Schere daliegen.

Bis zum nächsten Nachbar, dem Fuhrmann Cullings, waren es anderthalb Meilen und nochmals eine Meile bis zum Dorf Haggurdsdon. Die Straßen waren uralt. Lange bevor die Römer nach England kamen und von Küste zu Küste *ihre* Straßen anlegten, hatte es dort schon Schafpfade gegeben. Aber seit vielen Jahren kamen nur noch wenig Reisende, Fuhrwerke oder Schäfer mit ihren Herden bei Miss Chauncey vorbei. Selbst an einem Sommertag hätte man bei ihr stundenlang aus dem Fenster schauen können, ohne auch nur einen Kesselflickerkarren oder Zigeunerwagen zu sehen.

Post Houses war überhaupt ein denkbar häßliches Haus. Es war mit seinen vier Ecken wie ein Bauklötzchenhaus ins Moor gestellt worden. An klaren Tagen schweifte der Blick von seinem Dach aus meilenweit über das Moor in die Runde; sogar das Haus von Mr. Cullings lag verborgen in einer Mulde. Schon seit Generationen war es in Miss Chaunceys Familie, ja bei vielen Leuten in Haggurdsdon hieß es einfach Chaunceys Haus. Und obwohl es in ihm bei starkem Wind fast wie in einer Orgel brauste, obwohl es im Winter ein kalter Schuppen war und obwohl ein Zweig der Familie schon in den siebziger Jahren nach der Isle of Wight gezogen war, blieb Miss Chauncey seinen vier Wänden treu. Ja, ihr Herz hing an dem abscheulichen Haus, denn sie hatte darin gewohnt, seit sie das kleine Mädchen mit blaßblauen Schulterschleifen gewesen war, bei dem die Pumphosen unter den Röcken hervorlugten.

Allein schon dieser Umstand machte Sams Benehmen um so tadelnswerter, denn eine gütigere Herrin ließ sich für eine Katze nicht denken. Miss Chauncey war jetzt sechzig Jahre alt, also dreiundfünfzig Jahre älter als Sam. Sie war ein Meter neunundsiebzig groß. Werktags trug sie schwarze Alpaka-Wolle und am Sonntag Moiré-Seide. Auf ihrer starken Nase balancierte eine große runde Stahlbrille, was den Eindruck von Scharfsinnigkeit und Kälte erweckte. Aber in Wirklichkeit war sie ganz anders. Selbst ein so dummer Mann wie Mr. Cullings konnte sie beim Fuhrmannslohn für ein Paket übers Ohr hauen; er mußte nur recht müde dreinblicken oder seufzend einen Blick auf seinen struppigen Klappergaul werfen. Und unter ihrem steifen Mieder schlug das wärmste aller Herzen.

Da sie so weit draußen wohnte, war es natürlich mit Milch und Rahm etwas schwierig. Aber Miss Chauncey konnte Sam nichts Fügliches abschlagen. Sie zahlte einem kleinen Mädchen namens Susan Ard ganze Sixpence jede Woche, damit sie diese Leckereien vom nächsten Bauernhof herbeischaffte. Leckereien waren das gewiß, denn obwohl das Gras im Haggurdsdon-Moor dunkelgrün und sauer war, gaben die dort weidenden Kühe eine ganz besonders reichhaltige Milch, und Sam gedieh prächtig. Einmal in der Woche kam Mr. Cullings vorbei mit einer regelmäßigen Lieferung einiger Sprotten oder frischer Heringe oder anderer schmackhafter Fische, für die gerade Fangzeit war. Und wenn nichts Billigeres zu bekommen war, scheute Miss Chauncey selbst die Auslage für teuren Weißfisch nicht. Wenn Mr. Cullings dann Sam um seinen Wagen streichen und begehrlich zu seinen Leckerbissen hinaufäugen sah, sagte er: «Bist ein wunderliches Tier; bist wirklich ein ganz wunderliches Tier, du!»

Was Miss Chauncey selber angeht, so war sie sparsam im Essen; nur an ihrem Tee lag ihr viel. An Samstagen fuhr ein Metzgerbursche in seiner gestreiften Schürze vor. Im übrigen verstand sie sich wunderbar aufs Haushalten. Ihre Schränke waren gefüllt mit selbstgemachten Konfitüren, eingekochten Früchten und getrockneten Kräutern aller Art, denn hinter dem Haus, im Schutze einer hohen, alten gelben Backsteinmauer, erstreckte sich ein hübscher langer Garten.

Schon ganz früh im Leben hatte Sam natürlich auch gelernt, sich an bestimmte Essenszeiten zu halten – wie er sich allerdings mit der Uhr zurecht fand, wußte nur er, denn die große Standuhr im Treppenhaus würdigte er nie eines Blickes. Er war pünktlich, besonders auch mit seiner Toilette, und ein ausgiebiger Schläfer. Er hatte gelernt, den Riegel an der Hintertüre hinunterzuziehen, wenn er in den Monaten, da kein Fenster offenstand, ins Freie wollte. Ja, zuletzt war ihm der Riegel sogar lieber. Er schlief nie auf Miss Chaunceys Flickenbettdecke, bevor seine eigene nicht darübergelegt worden wäre. In seinen Gewohnheiten war er pedantisch bis zum Zimperlichen, und er hätte nie etwas gestohlen. Ein Miau einer bestimmten Tonhöhe zeigte an, daß er etwas zu essen wollte; war das Miau ein oder zwei Halbtöne höher, wollte er trinken (nämlich kaltes Wasser, für das er eine große

Vorliebe hatte); und mit einem weiteren Miau
– sanft und langgezogen – tat er seiner Herrin
sozusagen seine Gesprächsbereitschaft kund.

Nicht daß das Tier etwa Englisch gesprochen
hätte, aber er saß doch gern auf einem Stuhl beim
Feuer, besonders in der Küche – denn er war
nicht die geborene Wohnstubenkatze –, blickte
zu Miss Chaunceys spiegelnden Brillengläsern
hinauf und dann wieder eine Weile in die
Feuerflammen hinunter (wobei er die Krallen
hervorstellte und wieder einzog und schnurrte),
fast wie wenn er eine Predigt halten oder ein
Gedicht aufsagen wollte.

Aber das war in der glücklichen Zeit, als alles
noch in Ordnung war. Das war zur Zeit, als Miss
Chaunceys argloses Herz noch keinen Zweifel
und Verdacht kannte. Wie auch andere seiner Artgenossen tat Sam nichts lieber als am Fenster
liegen und in Ruhe den Vögeln auf dem Apfel-
baum zuschauen, den Meisen, den Buchfinken
und dem Wendehals, oder stundenlang vor einem
Mausloch lauern. So vergnügte er sich (denn nie
hätte er seine Maus gefressen), während Miss
Chauncey, das Haar unter der Haube, mit Besen,
Staubwedel und Scheuerlappen ihren Haushalt
besorgte. Aber er achtete auch auf Dinge, für die
Katzen sonst keine Augen haben. So gab er Miss
Chauncey eines Nachmittags klipp und klar zu
verstehen, daß es da im Wohnstubenteppich bald
ein Loch gäbe. Denn er spazierte mit hocherho-
benem Schwanz darum herum, bis sie auf ihn
aufmerksam wurde. So warnte er sie auch ganz
eindeutig mit einem Schrei wie ein Amazonas-
Affe, als eine glühende Kohle ihre Küchenmatte
in Brand gesetzt hatte.

Vor der Mittagszeit saß oder lag er mit nach Norden gestelltem Schnurrbart da, nachher richtete er ihn gen Süden. Im allgemeinen waren seine Manieren tadellos. Aber manchmal, wenn sie ihn rief, verzog er seine Miene zu einem Stirnrunzeln, mindestens wirkte sie sehr ungehalten, wie wenn er Miss Chauncey zurechtweisen wollte: «Warum müssen Sie mich auch immer unterbrechen, wenn meine Gedanken anderweitig beschäftigt sind?» Ja, sie bildete sich manchmal ein, er könnte heimlich seine eigenen Wege gehen und sich unbemerkt im Haus ein- und ausstehlen.

So ertappte ihn Miss Chauncey manchmal auch dabei, wie er von Zimmer zu Zimmer schlich, als ob es ein Kontrollgang wäre. An seinem fünften Geburtstag hatte er eine Riesenmaus heimgebracht und ihr, als sie am Feuer strickte, neben die Lackederkappe ihres Stiefels gelegt. Sie nickte ihm wie immer lächelnd und aufmunternd zu, aber diesmal schaute er sie nur scharf an und schüttelte den Kopf mit Bedacht. Seither ließen ihn Maus und Mausloch, die ganze Mauserei überhaupt völlig kalt, und Miss Chauncey mußte sich eine Käsemausefalle anschaffen, wenn sie nicht von Mäusen überrannt werden wollte.

Das alles ist bei einer Hauskatze noch nichts Ungewöhnliches, und es betraf ja auch allein Sams häusliche Seite ... Schließlich teilte er das Haus mit Miss Chauncey und fühlte sich verpflichtet, wie immer, wenn zwei zusammenleben, den Schein zu wahren. Er kam ihr halbwegs entgegen, wie man so schön sagt. Wenn er aber «für sich» war, dann war er nicht mehr Miss

Chaunceys Sam, er war auch nicht einfach die Katze in Post Houses, sondern nur noch er selber. Das heißt, er fand zu seinem freien, unabhängigen Eigenleben zurück, zu seinen privaten Liebhabereien.

Dann wurde das Moor, das er durchstreunte, zu seinem Reich, und die Menschen und ihre Behausungen darin bedeuteten ihm in seiner heimlichen Ungebundenheit nicht mehr als uns Maulwurfshügel, Dachsbaue oder Kaninchenlöcher. Über diese Seite seines Lebens wußte Miss Chauncey so gut wie nichts. Sie zog es gar nicht in Betracht. Sie glaubte, Sam benehme sich wie andere Katzen, obwohl es sich zeitweilig nicht übersehen ließ, daß sich Sam recht weit fort wagte, denn manchmal brachte er ein Kotschinchina-Küken nach Hause, und der nächste Hühnerhof mit dieser Rasse lag vier Meilen weit im Pfarrhaus. Gelegentlich, wenn Miss Chauncey am Abend selbst noch ein wenig spazieren ging, sah sie ihn weit draußen auf der Straße – nur als vorbeiflitzenden schwarzen Fleck – nach Hause rennen. Und dabei lag in seinem Lauf und in seiner ganzen Erscheinung mehr Zielstrebigkeit, als sie je bei Mr. Cullings zu finden gewesen wäre.

Es war übrigens hübsch zu sehen, wie sich sein Benehmen änderte, sobald er in Miauweite war. Schlagartig verwandelte sich die Wildkatze in eine Hauskatze. Er war mit einem Mal nicht mehr der kätzische Abenteurer, der nächtliche Plünderer und Jäger im Haggurdsdon-Moor (Miss Chauncey selbst hätte das natürlich nie so ausgedrückt), sondern nur noch Miss Chaunceys verhätscheltes Haustier Sam. Sie liebte ihn heiß.

Aber wie das auch bei Menschen so geht, wenn sie ans Zusammenleben gewöhnt sind, machte sie sich nicht viele *Gedanken* über ihn. Drum mußte es für sie dann an jenem Spätnachmittag ein Schlag aus heiterm Himmel sein, als sie entdeckte, daß Sam sie geflissentlich herterging.

Sie bürstete eben vor dem Spiegel ihr schütteres braunes Stirnhaar. Es hing ihr in dem Moment wie ein feiner, loser Schleier über die Stirn. Und da sie beim Haarbürsten ihre Gedanken stets anderswo hatte, war sie gleichsam geistesabwesend. Als sie dann plötzlich hinter dieser Haarsträhne aufblickte, bemerkte sie nicht nur Sams Spiegelbild, sondern etwas Unerklärliches, das vor sich ging. Sam machte das Männchen, als ob er betteln wollte. Das war nichts Besonderes. Er konnte dieses Kunststück, seit er sechs Monate alt war. Aber worum mochte er betteln, wenn niemand da war?

Nun stand allerdings das obere Fenster rechts von ihrem chintzbehangenen Frisiertisch offen. Draußen war es am Eindunkeln. Das ganze Moor dämmerte der Nacht entgegen. Und abgesehen davon, daß Sam bettelte, wo es nichts zu betteln gab, er schien auch mit den Pfoten sozusagen zu gestikulieren. Es war nämlich, als ob er Zeichen gäbe, gerade wie wenn jemand oder etwas beim Fenster aus der Luft auf ihn schaue – was ganz ausgeschlossen war. Zudem war auf seinem Gesicht ein Ausdruck, den Miss Chauncey nun bestimmt noch nie gesehen hatte.

Einen Augenblick hielt sie mit hochgehaltener Haarbürste inne, ihren langen, dünnen Arm vom Kopf abgewinkelt. Als Sam das sah, ließ er sofort von seinen Faxen ab. Er stand wieder auf allen vieren und schickte sich offensichtlich zu einem Nickerchen an. Nein, auch das war ein Täuschungsmanöver, denn sie sah, daß er sich gleich unruhig umdrehte, bis sein Schnurrbart wieder nach Süden zeigte. Mit dem Rücken zum Fenster starrte er nun vor sich hin, und sein Gesicht war alles andere als freundlich. Alles andere als freundlich für ein Wesen, das – man bedenke – bei einem gewohnt hat, seit es in frühesten Kätzchentagen die Augen aufschlug.

Als hätte er ihre Gedanken lesen können, hob Sam in dem Moment den Kopf, um seine Herrin anzuschauen; sie konnte sich gerade noch ihrem eigenen Abbild im Spiegel zuwenden, und als sie mit ihrer Toilette fertig war, saß er da – so gelassen im Gehaben, so kätzchenhaft, so normal wiederum, daß Miss Chauncey kaum zu glauben vermochte, etwas hätte nicht in Ordnung sein können. Hatten ihre Augen sie getäuscht – war es der Spiegel? Rührten die merkwürdigen Bewegungen, die Sam mit den Vorderpfoten vollführt hatte (fast als ob er stricke), und sein weit aufgerissener, wilder Blick daher, daß er eine für sie unsichtbare Fliege fangen wollte?

Nachdem Miss Chauncey nun ihre eigenen «Vorhänge», nämlich die beiden glatten Haarteile, mit denen sie ihre hohe Stirn umrahmte, ordentlich aufgesteckt hatte, warf sie noch einen Blick durchs Fenster. Dort war nichts als die Stille des Moors; nichts als das schwache Gefunkel eines Sterns im herabsinkenden Abend.

Sams Rahm erwartete ihn wie gewöhnlich um fünf Uhr auf dem Kaminvorleger im Wohnzimmer. Die Lampe brannte. Die roten Vorhänge waren gezogen. Das Feuer knisterte im Kamin. Da saßen sie nun, die beiden; über ihnen türmten sich die Mauern des Hauses am Kreuzweg, das sich im weiten dunklen Moor unter dem unermeßlichen Sternenhimmel wie eine rechteckige Riesenschachtel ausnahm.

Und während sie so dasaß – bei Sam, der anscheinend tief schlief –, geriet Miss Chauncey ins Denken. Der Vorfall im Schlafzimmer am heutigen Abend erinnerte sie an andere merkwürdige Vorkommnisse von früher. Kleinigkeiten, die sie damals kaum bemerkt hatte, kamen ihr nun deutlich wieder in den Sinn. Wie oft schon in der Vergangenheit war Sam zum Beispiel dagesessen, anscheinend in tiefem Schlaf (wie jetzt), die Pfoten manierlich untergeschlagen, fast wie ein fetter Ratsherr nach einem üppigen Mahl. Und dann war er ganz unerwartet plötzlich aufgesprungen, als ob ihn aus der Ferne eine Stimme gerufen hätte, und stracks aus dem Zimmer gerannt. Irgendwo im Haus, bei einer angelehnten Tür oder einem Fensterspalt hatte er einen Ausschlupf gefunden und war auf und davon, in die Nacht. Das war schon öfter vorgekommen.

Einmal hatte ihn Miss Chauncey auch in einer kleinen Kammer überrascht, die überhaupt nie mehr benutzt wurde, seit ihr hübsches Bäschen Milly in Post Houses zu Besuch weilte; Miss Chauncey war damals acht Jahre alt. Dort saß er, aufs Fenstersims hingeduckt, und bei seinem Anblick rief sie: «Dummer Sam, du! Willst du gefälligst hereinkommen! Purzelst ja am Ende noch aus dem Fenster.» Und sie erinnerte sich, als ob es gestern gewesen wäre, daß er sofort behutsam von seinem luftigen Ausguck herunterturnte, sie aber dabei nicht anschaute. Ohne sie eines Blickes zu würdigen, ging er an ihr vorbei.

Ja, eigentlich wußte man auch in Mondnächten nie recht, wo er war. Man wußte nie recht, von welchen Streifzügen er *zurück*kam. Wußte sie überhaupt von *irgend*einer Nacht, wo er war? Je länger sie darüber nachdachte, desto stärker wurden ihre Zweifel und Bedenken. Auf alle Fälle wollte Miss Chauncey heute nacht Wache halten. Aber ihr war dabei nicht wohl. Alle Spioniererei war ihr zuwider. Sie waren doch alte Kameraden, Sam und sie; und ohne ihn würde sie sich hier in der Einöde traurig verlassen vorkommen. Sie liebte Sam heiß. Trotzdem ließ ihr das Erlebnis des heutigen Nachmittags keine Ruhe; es wäre wohl besser, der Sache auf den Grund zu gehen, schon allein um Sams willen.

Nun schlief Miss Chauncey stets bei angelehnter Schlafzimmertüre. So hatte sie seit frühester Kindheit geschlafen. Als eher ängstliches Kind war sie in jenen längst entschwundenen Zeiten froh, wenn sie unten die Stimmen der Erwachsenen und das Klirren der Löffel und Gabeln hören konnte. Was Sam betrifft, so schlief er immer in seinem Korb neben dem Kamin. Dort fand sie ihn jeden Morgen, doch kam es auch vor, daß sich Miss Chaunceys erster Blick, wenn sie die Augen aufschlug, tief in seine blaßgrünen senkten, weil er schon mit den Vorderpfoten auf ihr Bett gestützt auf den Hinterbeinen stand und zu ihr aufblickte. «Ist es schon Zeit für deine Milch, Sam?» flüsterte dann seine Herrin, und Sams Miauen kam ihr wie aus weiter

Ferne, fast wie ein Möwenschrei aus der Höhe vor.

Heute jedoch tat Miss Chauncey nur, als ob sie schliefe. Zwar war es gar nicht leicht, wach zu bleiben, und sie wäre fast eingeschlummert, als sie die Türangel knarren hörte und merkte, daß Sam hinausgegangen war. Sie wartete einen Augenblick und zündete dann ein Streichholz an. Ja, sein Korb stand leer im dunkeln, stillen Zimmer, und gleich schlug es in der Ferne – vom Kirchturm im Dorf Haggurdsdon – Mitternacht.

Miss Chauncey legte das abgebrannte Streichholz in den Ständer ihrer Kerze. Im gleichen Augenblick glaubte sie am Fenster ein leises Whssch zu hören, wie von einem plötzlichen Windstoß oder dem Flügelschlag eines hinschießenden Vogels – von einer Wildgans vielleicht. Es erinnerte Miss Chauncey sogar an das Feuerwerk längst verflossener Guy-Fawkes-Tage[1], an den Ton des Raketenstabs, wenn er durch die Luft herunterschwirrt, während die grünen und rubinroten Lichter oben in der Weite des Himmels verglimmen. Miss Chauncey schälte ihre langen Beine aus den Bettüchern, zog sich den Morgenrock über, der immer am Bettpfosten hing, hob den Vorhang einen Spalt weit und spähte durchs Fenster.

Die Nacht war sternenklar, und ein hellerer Himmelsglanz über dem Dach zeigte an, daß der Mond über dem rückwärtigen Teil des Hauses stehen mußte. Während sie so schaute, flitzte eben von einem sichelförmigen Haufen größerer Sterne ein blasser Silberstreif vom Himmelsraum herab. Es war ein Meteorit, und im gleichen Augenblick glaubte Miss Chauncey ein immer schwächer werdendes Whssch in der Luft zu vernehmen. War das auch ein Meteorit? Hatte sie sich wohl getäuscht? Täuschte sie sich denn in allem? Sie zog sich zurück.

Da ertönte von weitem, gleichsam als trotzige Herausforderung, wohl vom äußersten Ende ihres langen Gartens her, wo die Schlehen ineinander wuchsen, ein langgezogenes, unterdrücktes Miauen; ganz leise nur – in Altlage sozusagen – Mirau-rau-rau-rau-rau.

Gott bewahre! War das Sams Stimme? Das Miauen hörte auf. Dennoch überlief es Miss Chauncey kalt. Sams Stimme war ihr wohl vertraut. Aber das denn doch nicht! Nein, so etwas!

Obwohl sie es selbst als befremdlich und ungehörig empfand, zu hören, wie sie da in ihrer Abgeschlossenheit in die Stille der Nacht hinausschrie, öffnete sie unverzüglich das Fenster und rief Sam beim Namen. Keine Antwort. Kein Baum und kein Busch regten sich im Garten; ihre schwachen Schatten am Boden zeigten, wie jung der Mond am Himmel noch war und wie nahe schon am Untergehen. Die unbestimmten Wellen des Moors verloren sich in der Ferne. Nirgends ein Licht, außer am Firmament. Nochmals und wiederum rief Miss Chauncey: «Sam, Sam! Komm schnurstracks zurück! Willst du wohl kommen, du Schlimmer, du!» Kein Ton. Kein Blatt noch Grashalm rührte sich.

Als auf eine so gestörte Nacht hin Miss Chauncey ein bißchen später als sonst erwachte und sich im Bett aufsetzte, gewahrte sie zuerst Sam – wie gewöhnlich zusammengerollt in seinem Korb. Es war ein Rätsel, aber kein erfreuliches. Nachdem er seine morgendliche Schüssel ausgeleckt hatte, schlief er ohne Unterbruch bis zum Mittag. Zufällig war es gerade der Wochentag, an dem Miss Chauncey Brot buk. Während sie mit knochigen Händen den Teig knetete, blickte sie immer wieder zu dem regungslosen Tier hinüber. Mit Fingern, an denen noch Teigreste aus der irdenen Schüssel klebten, stellte sie sich endlich über ihn, um sich ihn genau anzusehen.

Zusammengerollt lag er da, das Gesicht mit dem Schnurrbart zur Seite dem Feuer zugewandt. Da glaubte Miss Chauncey zum erstenmal im Leben den Anflug eines eigentümlichen Grinsens in seinem Gesicht zu entdecken. «Sam!» rief sie scharf. Er öffnete sofort ein Auge, stechend grün, als ob eine Maus gequietscht hätte. Einen Moment lang starrte er sie an, dann verengte sich der Lidspalt. Sein Blick schweifte ein wenig zur Seite, aber Sam begann zu schnurren.

In Tat und Wahrheit war Miss Chauncey über all das tief unglücklich.

Am Nachmittag kam Mr. Cullings mit einem Korb hübscher junger Sprotten vorbei. «Die werden Ihrer Königlichen Hoheit schon Beine machen», sagte er. «Sind ja frisch wie Morgentau. Mein Gott, Fräulein, das Tier ist ein richtiger Nero!»

«Katzen sind eigene Wesen, Mr. Cullings», erwiderte Miss Chauncey bedeutsam, aber durchaus zustimmend, denn sie konnte sich unter dem Namen nichts vorstellen, und sie glaubte, Mr. Cullings habe etwas Schmeichelhaftes sagen wollen. Und Sam rieb sich freundlich, wie zur

Bekräftigung, hocherhobenen Schwanzes den Kopf an ihrem Stiefel.

Mr. Cullings musterte sie genau. «Ja, das möcht' ich meinen», sagte er. «Wenn Sie mich fragen, bei denen gilt: Aus den Augen, aus dem Sinn. Nicht mehr Dank und Anhänglichkeit in einer Katze als in einer Pumpe. Nur ist es bei der Pumpe so, daß wir *ihr* dankbar sein müssen. Hab' einmal eine Katzenfamilie gekannt, die ihre Herrin glatt von Haus und Hof vertrieb.»

«Aber man möchte eine Katze auch nicht nur als Schoßtier», bemerkte Miss Chauncey verzagend und wollte sich lieber nicht nach weiteren Einzelheiten des eigenartigen Vorfalls erkundigen.

«Gewiß nicht», sagte der Fuhrmann, «sie müssen sein, wie der Herr sie geschaffen hat. Aber glauben Sie mir, die könnten kuriose Geschichten erzählen, wenn sie Menschenzungen hätten.»

Sam strich seiner Herrin nicht länger um die Beine, sondern blickte unverwandt auf Mr. Cullings, wobei sich sein Fell an Nacken und Schultern ein wenig sträubte. Der Fuhrmann schaute ihn auch an.

«Nein, Fräulein. Wir würden sie nicht behalten», sagte er endlich. «Auch wenn sie viermal so groß wären nicht. Mindestens nicht lange.»

Erst als der rumpelnde Fuhrmannswagen in der Ferne verschwand, kehrte Miss Chauncey ins Haus zurück; sie war mehr denn je im Innersten aufgewühlt. Das besserte sich auch nicht, als Sam an seinen Sprotten nicht einmal schnupperte. Statt dessen verkroch er sich unter einen niederen Tisch hinter einer alten Seemannskiste in der Küche, in der Miss Chauncey ihr Reisig aufbewahrte. Dort glaubte sie ihn zu hören, wie er seine Krallen am Holze wetzte; einmal schien er auch seinen Gefühlen durch das Luft zu machen, was unfeine Leute ohne Verständnis für Tiere «Fauchen» nennen.

Auf alle Fälle waren alle ihre schmeichelnden Sam-Rufe vergeblich. Seine einzige Antwort war eine Art Niesen, das fast einem Ausspeien gleichkam. Miss Chauncey war heute schon einmal gekränkt worden. Jetzt aber litt sie innerlich. Was der Fuhrmann gesagt hatte, die Art, wie er es sagte, der merkwüdige Ausdruck, den sie auf seinem Gesicht bemerkt hatte, als er Sams Blick unter der Haustür erwiderte, verfolgten sie. Sie war nicht mehr jung; wurde sie am Ende wunderlich? Oder mußte sie wirklich schließen, daß Sam sie seit Wochen hinterging oder doch mindestens seine Streifzüge und Liebhabereien vor ihr verheimlichte? Ach, Unsinn! Schlimmer noch: war sie nun so leichtgläubig, zu meinen, Sam habe tatsächlich – und erst noch geheim und hinter ihrem Rücken – einem Verbündeten Zeichen gegeben, der entweder am Himmel oder auf dem Mond sein mußte?

Wie dem auch sei, Miss Chauncey beschloß, ein wachsames Auge auf ihn zu haben, schon nur um seinetwillen. Mindestens wollte sie sicher sein, daß er heute nacht nicht aus dem Hause ging. Aber warum eigentlich nicht, begann sie sich zu fragen. Warum sollte sich das Tier nicht je nach der Jahreszeit an seine eigenen Zeiten halten dürfen? Katzen sehen wie Eulen am besten im Dunkeln, gehen am liebsten im

Dunkeln auf Mäusefang und erledigen so ihre privaten, gesellschaftlichen und öffentlichen Angelegenheiten wohl auch am liebsten in der Dunkelheit. Schließlich war Post Houses nur etwas über zwei Meilen vom Dorf Haggurdsdon entfernt, und dort gab es viele Katzen. Der arme Bursche, es mußte ihm doch oft langweilig werden mit ihr als einzigem menschlichen Umgang!

So gingen ihre Gedanken hin und her, als Sam, wie wenn er sie beruhigen wollte, jetzt vergnügt ins Zimmer kam und auf den leeren Stuhl neben ihrem Teetisch sprang. Als weiterer Beweis, daß sein Groll verflogen, und um ihr zu verstehen zu geben, daß zwischen ihm und Mr. Cullings weiter nichts Schlimmes vorgefallen sei, leckte er an seinem Schnurrbart, und der Fischgeruch, den er in die Stube brachte, konnte eindeutig nur von seinem Tellerchen stammen.

«Hast du dich also eines Besseren besonnen, kleiner Bursche», dachte Miss Chauncey, denn laut hätte sie es nicht gesagt. Als sie jedoch seinen unbeweglichen Katzenblick erwiderte, merkte sie, wie schwer man lesen konnte, was hinter diesen Augen vorging. Man könnte nun meinen, daß Sam schließlich nur eine Katze war und seine Augen gar nichts sagen wollten. Aber Miss Chauncey wußte, sie hätte das nie gesagt, wenn solche Augen sie aus einem *Menschen*gesicht angeschaut hätten. Sie wäre zutiefst erschrocken.

Unglücklicherweise, fast wie wenn Sam die Mutmaßungen seiner Herrin über mögliche Katzenbekanntschaften im Dorf mitangehört hätte, ertönte in dem Augenblick ein leise gurrendes

Miau unter dem offenen Fenster. Wie der Blitz sprang Sam vom Stuhl und übers Fensterbrett, und als Miss Chauncey aufstand, sah sie ihn nur noch in wilden Sätzen hinter einer zierlichen, schlanken gelbbraunen Schildpattkatze her rennen, die, offensichtlich in der Hoffnung auf einen freundlicheren Empfang, nach Post Houses herüber gekommen war und nun um ihr Leben rannte.

Hochgemut kam Sam von seiner Verfolgungsjagd zurück, und zu ihrem Entsetzen entdeckte Miss Chauncey zwischen den Krallen seiner rechten Pfote einen Büschel gelbbraunen Pelzes, das er, als er sich beim Feuer niedergelassen hatte, unverzüglich wegschleckte.

Als Miss Chauncey ihren gewohnten Abendspaziergang im Garten machte, waren ihre Gedanken immer noch mit diesen beunruhigenden Vorfällen beschäftigt. Schleifenblumen und Goldlack blühten dem Gartenweg entlang, der mit Muscheln eingefaßt war, und an der hohen Backsteinmauer, die ihren schmalen Landstreifen gegen das weite Moor abgrenzte, waren schon die Rosen am Aufgehen. Als sie zum Ende des Weges kam, stieß Miss Chauncey noch ein bißchen weiter vor, dahin, wo das Gras üppiger wucherte und wo das Unkraut ungehindert unter ihren paar wenigen flechtigen Apfelbäumen emporschoß. Noch weiter unten – denn sie hatte einen langen, wenn auch schmalen Garten – wuchsen verwilderte Schlehenbüsche und stachliger Weißdorn. Die hatten im Moor schon in frostigen Frühlingen geblüht, lange bevor Post Houses seine Schornsteine in den Himmel streckte. Hier stand auch die Taubnessel büschelweise und erfüllte die Luft mit ihrem säuerlichen Duft.

An dieser abgelegenen Stelle war es, daß Miss Chauncey – wie einstmals Robinson Crusoe – plötzlich stehenblieb. Was sie am Boden sah, konnte nichts anderes sein als eine fremde Fußstapfe. Neben dem Abdruck fand sich zudem noch eine Vertiefung wie von einem Spazierstock oder möglicherweise von etwas Dickerem, Schweren – von einer Krücke. Konnte sie sich wiederum täuschen? Zwar war der Fußabdruck anders als die meisten menschlichen Fußspuren, die Ferse tief eingesunken und der Zehenteil viereckig. War das ein Zufall? *War* es ein Fußabdruck?

Miss Chauncey blickte über die Büsche zum Haus hinüber. Finster und bedrohlich stand es im dämmrigen Moor. Und sie glaubte, obwohl sie das Abendlicht da täuschen mochte, am Küchenfenster Sams hingeduckten Schatten zu erspähen, wie er zu ihr hinüberäugte. Wurde sie beobachtet – wurde sie selber bespitzelt und beobachtet?

Aber im Grunde genommen beobachtete Sam sie ja immer. Was war schon daran? Woher sonst sollten denn seine Sprotten, sein Rahm, sein Tellerchen mit Milch, seine Schüssel frischen Brunnenwassers kommen? Und trotzdem kehrte Miss Chauncey höchst beunruhigt in ihre Wohnstube zurück.

Es war ein außergewöhnlich stiller Abend, und als sie von Zimmer zu Zimmer ging, um die Fenster zu schließen, sah sie, daß der Mond schon am Himmel stand. Sie sah es voll Argwohn und Unbehagen. Als es endlich Zeit wurde, zu Bett zu gehen, und Sam sich wie sonst immer nach einem bißchen Lecken in seinem Korb niedergelassen hatte, schloß Miss Chauncey ihre Schlafzimmertür mit Bedacht und so, daß es Sam sehen mußte, mit dem Schlüssel ab.

Als sie am nächsten Morgen erwachte, schlief Sam wie gewöhnlich in seinem Korb, und auch tagsüber hielt er sich hauptsächlich ans Haus. Am Mittwoch und am Donnerstag ebenfalls. Erst am Freitag, als Miss Chauncey in eines der oberen Schlafzimmer, das keinen Kamin hatte, gehen mußte und Sam ihr wie gewohnt folgte, merkte sie, daß es im Zimmer leicht beißend nach Ruß roch. Kein Kamin und Rußgeruch! Sie wandte sich scharf zu ihrem Begleiter um, aber der war schon verschwunden.

Als sie gar am gleichen Nachmittag auf ihrer eigenen Flickenbettdecke einen Rußfleck bemerkte, sah sie ein, daß ihr Verdacht nicht nur begründet gewesen war, sondern daß sich Sam auch zum erstenmal in seinem Leben vorsätzlich in ihrer Abwesenheit dort niedergelassen hatte. Über diese bare Trotzhandlung war Miss Chauncey nicht mehr nur gekränkt, sondern erbost. Es gab nun keinen Zweifel mehr. Sam leistete offenen Widerstand. Unter diesen Umständen war an ein Zusammenleben im gleichen Haus nicht mehr zu denken. Sie mußte ihn Mores lehren.

Als sie an dem Abend ihre Schlafzimmertür abgeschlossen hatte, stopfte sie, unübersehbar für das Biest, ein Stück Matratzendrillich in den Schornstein hinauf und zog die Klappe herunter. Sam verfolgte die ganze Prozedur aufmerksam, erhob sich von seinem Korb und sprang dann behende auf den Frisiertisch. Hinter dem Fenster lag das Moor fast hell wie am Tage. Das Biest saß da, ohne auf Miss Chauncey zu achten, und starrte regungslos in das leere Stück Himmel, das von seinem Sitzplatz aus sichtbar war.

Miss Chauncey schickte sich an, sich für die Nacht zu richten, und gab sich vergebens alle Mühe, so zu tun, als ob Sams Treiben sie gar nichts anginge. Leise Laute – nicht gerade ein Miauen oder Knurren, eher eine Art kaum hörbaren tief innern Miaunzens – drangen aus seiner Kehle. Aber was immer diese Töne bedeuten mochten, als Zuhörer kam nur Sam in Frage. Kein Laut, keine Regung am Fenster oder draußen. Miss Chauncey zog energisch den Vorhang. Da erhob Sam sofort die Pfote, wie wenn er Einspruch erheben wollte, dann überlegte er es sich aber anscheinend anders und tat, als ob die Bewegung nur der Auftakt zu seiner abendlichen Wäsche gewesen wäre.

Die Kerze war schon lange ausgeblasen, als Miss Chauncey immer noch dalag und horchte. In der Stille der Nacht konnte ihr nicht der leiseste Ton entgehen. Zuerst kam ein verstohlenes Schleichen, ein Tappen an der Luftklappe des Kamins – Miss Chauncey mußte gar nichts sehen, um zu wissen, daß Sam jetzt auf der Kaminplatte stand, sich auf die Hinterbeine stellte und vergeblich versuchte, das Hindernis wegzuschieben.

Weil ihm das nicht gelang, kam er offenbar wieder auf alle viere. Es gab eine Pause. Hatte er sein Vorhaben aufgegeben? Nein, jetzt war er bei der Tür, pfötelte und kratzte daran. Er versuchte

es mit einem Sprung gegen die Türfalle, aber nur
einmal – die Tür war abgeschlossen. Er ließ von
der Tür ab und sprang flugs wieder auf den
Frisiertisch. Was hatte er wohl jetzt vor? Wenn
Miss Chauncey behutsam den Kopf aus dem
Kissen hob, konnte sie sehen, wie er die Pfote
ausstreckte und behutsam den Vorhang von
der mondüberfluteten Fensterscheibe wegschob.
Und während sie horchte und ihn nicht aus den
Augen ließ, hörte sie wieder – und noch einmal
– das leise Whsssch, wie wenn ein wilder Schwan
die Luft durchschneiden würde; dann folgte, was
ein Vogelschrei hätte sein können, in ihren
Ohren aber eher einem schrillen Gelächter
gleichkam. Darauf wandte sich Sam hastig vom
Fenster ab und sprang mir nichts, dir nichts vom
Frisiertisch auf das Fußende ihres Bettes.

Ein derart unmanierliches Betragen war nicht
länger mehr zu dulden. Die arme Miss Chauncey
setzte sich im Bett auf, zog sich die Nachthaube
ein bißchen tiefer über die Ohren, langte nach
dem Stuhl, der neben dem Bett stand, rieb ein
Streichholz und zündete die Kerze wieder an. Sie
mußte sich richtig überwinden, jetzt den Kopf zu
drehen und ihrem nächtlichen Gefährten zu
begegnen. An seinem Körper sträubten sich die
Haare, als ob er einen elektrischen Schlag erhalten hätte. Sein Schnurrbart war in einem scharfen Winkel von seinen Kinnbacken abgespreizt.
Er sah mindestens doppelt so groß aus wie
normal, und die Augen glühten aus seinem Gesicht, als er ihrem Blick auswich und ein leises, langgezogenes Miauriau-rau-rau ausstieß.

«Und du wirst es bleibenlassen!» schrie Miss
Chauncey das Tier an. Auf diese Worte hin

drehte sich der Kater langsam um und stellte sich ihr. Ihr kam es vor, als hätte sie Sams Gesicht bisher noch nie so gesehen, wie es in Wirklichkeit war. Dabei schreckte sie weniger das tigerhafte Grinsen als der Ausdruck grimmiger Entschlossenheit, das zu bekommen, was er wollte.

An Schlafen war jetzt nicht mehr zu denken. Auch Miss Chauncey hatte einen Kopf, den sie durchsetzen konnte. Dem Einfluß, den das Tier offenbar auf seine ganze Umgebung ausübte, konnte auch sie sich nicht entziehen. Sie stieg aus dem Bett, schlüpfte in die Pantoffeln und ging zum Fenster. Nochmals ertönte vom Fußende des Bettes her dieser sonderbare innere Schrei. Sie hob den Vorhang, und das Mondlicht flutete vom Moor in die Kammer. Und als sie sich umwandte, ihren Sam wegen seiner Undankbarkeit, wegen dieser ganzen Unbotmäßigkeit und Verschlagenheit zu schelten, war etwas derart Drohendes, Erbarmungsloses in seiner Miene, daß Miss Chauncey nicht länger zögerte.

«Nun denn», rief sie mit zitternder Stimme, «durch die Tür kommst du mir nicht. Aber wenn du gern Ruß hast, bitte sehr!»

Dabei stieß sie mit dem Schürhaken die Luftklappe zurück und angelte das Drillichbündel mit der Feuerzange herunter. Ehe ihr Hustenanfall, als Folge der dicken Staubwolke, vorüber war, sprang der geschmeidige schwarze Schatten schon vom Bett, kletterte auf die Feuerstelle, über den Rost, den Schornstein hinauf, und weg war er.

Von Kopf bis Fuß zitternd, setzte sich Miss Chauncey in den Schaukelstuhl aus Peddigrohr in der Nähe und überlegte sich, was sie nun tun müsse. Whssch! Whssch! Wieder kam vom Fenster her dieses unheimliche Rauschen, aber jetzt war es eher ein Sausen, wie wenn eine Rakete mit ihrem feurigen Funkenregen in den Himmel schießt, als der Ton ihres herabfallenden Stabs. Und in der Stille, die folgte, ertönte wiederum, wie eine Stimme vom Ende des Gartens her – ein durch Mark und Bein gehendes Miauen, welches die schlafenden Hähne in Haggurdsdon und in den Hühnerhöfen meilenweit herum aufweckte. Schrill drang aus der Ferne ihr Kikeriki durch die Nacht, und einen Augenblick später hinkte der Mitternachtsschlag vom Kirchturm hinterher. Dann war wieder alles still, totenstill. Miss Chauncey kehrte ins Bett zurück, aber schlafen konnte sie diese Nacht nicht mehr.

In ihrem Kopf jagten sich unglückliche Gedanken. Ihr Vertrauen in Sam war zerstört. Schlimmer noch, sie traute nicht einmal mehr ihren eigenen Gefühlen für ihn. Welche Verschwendung! Alle Sprotten, aller Weißfisch im weiten Meer waren rein nichts dagegen. Daß Sam ihrer Gesellschaft überdrüssig war, stand endlich fest. Es beschämte sie, sich einzugestehen, was dies für sie bedeutete – nur ein Tier! Aber sie wußte, was sie verloren hatte; wußte, wie lustlos und öde ihr Tageslauf ihr in Zukunft vorkommen würde – das Aufstehen, die Hausarbeit, die Mahlzeiten, ein sauberer Leinenkragen – der träg sich dahinschleppende Nachmittag, verlassen und ohne Gefährten! Der einsame Tee, ihre Kerze, Abendgebet und zu Bett – und das immer so weiter. In welch wilder Gesellschaft sich ihr Sam jetzt wohl herumtrieb? Als sie sich weigerte, sich mit dieser gräßlichen Frage näher zu befassen, war ihr, als ob sie das dumpfe Zufallen eines gewaltigen Eisentors gehört hätte.

Am nächsten Morgen – sie sann immer noch den merkwürdigen Ereignissen nach und war zutiefst bekümmert über den Bruch zwischen sich und dem, der jahrelang ihr treuer Gefährte gewesen war; auch beschämte es sie, daß Sam seinen Kopf durchgesetzt hatte, wo sie doch entschlossen gewesen war, ihm das Ausgehen des Nachts nicht zu erlauben –, am nächsten Morgen also ging Miss Chauncey nochmals zum äußersten Ende ihres Gartens hinunter, schon nur um sich ein bißchen Bewegung zu verschaffen. Schließlich hatte ein schwacher, verwischter Abdruck, wie sie ihn am vorigen Abend in der schwarzen Erde gesehen hatte und der eine Fußstapfe sein *könnte*, noch nicht viel zu bedeuten.

Aber nun fanden sich – in dem abgelegenen Winkel hinter dem Weißdorn und dem Dornengestrüpp – eindeutig viele Spuren. Und von Katzenpfoten rührten diese sicher nicht her. Was sollte auch eine Katze mit einer Krücke oder einem Stock anfangen? Ein Stock oder eine Krücke, die – nach dem Abdruck zu schließen – mindestens so dick wie ein Besenstiel sein mußte.

Dieses neue Rätsel steigerte Miss Chaunceys Angst und Besorgnis noch. Sie drehte sich zum Haus um und blickte zu seinen Schornsteinen empor, die sich im Morgenlicht deutlich vom östlichen Himmel abhoben. Da merkte sie erst, in welch fürchterlicher Gefahr selbst ein so schwindelfreies Wesen wie Sam geschwebt hatte, als er in seinem wilden Drang nach

Nachtleben den Schornstein hinaufgeschossen war. Als er es erstaunlicherweise bis zum Rand des Schornsteinaufsatzes geschafft hatte – über sich den Sternenhimmel und unter sich ringsum das leere Moor –, galt es erst noch, von der Schornsteinspitze auf einen schmalen, keine zehn Zentimeter breiten Mauervorsprung hinüberzusetzen, von da zum Dachfirst und dann eine schlüpfrige Schieferschräge hinunter bis zur bleiernen Dachrinne.

Wie aber weiter? Das dichte Efeugeranke, das sich um die Mauern zog, reichte kaum bis zur halben Höhe. War Sam wirklich von der Dachrinne bis ins Efeugeflecht gesprungen? Der bare Gedanke einer solchen Gefahr erfüllte Miss Chauncey mit Angst und trieb sie ins Haus zurück; sie mußte sich sofort vergewissern, daß Sam noch unter den Lebenden weilte.

Doch was war das? Sie war erst halbwegs durch den Garten, da zerriß ein wütendes Schreien und Miauen vom Moor her die Luft. Schnell schob sie einen Blumentopf gegen die Mauer, stellte sich auf die Zehenspitzen und spähte hinüber. Und gerade an der gegenüberliegenden Halde im Moor war eindeutig Sam, aber diesmal jagte nicht er hinter einer blöden, vertrauensseligen Besucherin her, sondern offenbar war ihm der gesamte Pöbel der Katzen aus Haggurdsdon auf den Fersen. Obwohl er übel zugerichtet sein mußte, behielt er seinen Vorsprung. Nur ein paar magere Tigerkater und was wohl eine gelblich graue Manx-Katze[2] war (wenn es nicht einfach eine gewöhnliche Katze war, der man den Schwanz gestutzt hatte), rannten dicht hinter ihm her.

«Sam, Sam!» schrie Miss Chauncey und noch einmal: «Sam!», aber vor lauter Aufregung verlor sie auf dem Blumentopf den Halt und die Katzenjagd aus den Augen. Als sie sich wieder aufgerappelt hatte, ergriff sie einen langen Gartenbesen, der an der Mauer lehnte, und eilte zur Stelle hinunter, an der Sam am ehesten in den Garten gelangen würde. Sie hatte gut geraten und kam gerade noch rechtzeitig. Mit einem Satz war er über die Mauer, und in drei Sekunden war ihm der blindwütende Pöbel gefolgt.

An das, was nachher geschah, konnte sich Miss Chauncey nie richtig erinnern. Sie wußte nur so viel, daß sie wie wild mit ihrem Besen in dem Katzenhaufen herumfuchtelte, während sich Sam, nun nicht mehr auf der Flucht, gegen seine Feinde wandte und sich Katze um Katze einzeln vornahm. Es war trotzdem kein leichter Sieg. Und hätte nicht der verfettete Köter aus dem Metzgerladen in Haggurdsdon eingegriffen, der diese Versammlung seiner Erzfeinde längst verfolgt und endlich eingeholt hatte, wer weiß, ob der Kampf nicht tragisch ausgegangen wäre. Aber als sie sein Gebell hörten und sahen, wie er beim Versuch, die Gartenmauer zu überklettern, gegen sie die Zähne fletschte, kehrten Sams Feinde um und stoben in alle Richtungen auseinander. Erschöpft und keuchend konnte Miss Chauncey endlich ihren Besen loslassen und sich an einem Baumstamm ein bißchen ausruhen.

Endlich schlug sie die Augen wieder auf. «Ja, Sam», brachte sie schließlich heraus, «denen hätten wir es gezeigt!»

Aber zu ihrer Verwunderung sprach sie diese freundlichen Worte ins Leere. Das Tier war nirgends zu sehen. Sein Rahm verschwand zwar im Laufe des Tages, und ein gelegentliches Kratzgeräusch hinter der Brennholzkiste verriet Miss Chauncey, daß er in seinem dunklen Loch Zuflucht gesucht hatte. Und dort wollte sie ihn nicht stören.

Erst zur Teezeit am folgenden Tag machte Sam wieder seine Aufwartung. Und auch dann nur – nachdem er seine Wunden geleckt hatte –, um träge, mit dem Gesicht zum Feuer, stumm und verdrossen wie ein Hund dazusitzen. Es lag nicht an ihr, den Anfang zu suchen, fand Miss Chauncey. Außer daß sie ihm die wunden Stellen mit Wildschweinschmalz einrieb, schenkte sie dem Kerl keine Beachtung. Aber es freute sie, daß er sich die nächsten Tage streng ans Haus hielt, und war bestürzt, als sie in der dritten Nacht ein womöglich noch ärgeres Wimmern und Jaulen von den Schlehenbüschen her vernahm, während Sam regungslos am Feuer saß. Seine Ohren zuckten, sein Haar schien sich zu sträuben; er nieste und spuckte, sonst gab er kein Zeichen.

Als Mr. Cullings wieder vorbeikam, versteckte sich Sam sofort im Kohlenkeller, aber in seinem Benehmen Miss Chauncey gegenüber wurde er bald wieder so artig wie zuvor. Und in den zwei Wochen nach dem Vollmond hatten sie fast ganz zu ihrem gewohnten freundschaftlichen Verkehr zurückgefunden. Er war geheilt, seidig-glatt, zutraulich und pünktlich. Die aufdringlichen Artgenossen aus Haggurdsdon hatten sich nicht mehr gemeldet. Die Nächte blieben ruhig; von außen betrachtet wirkte Post Houses – abgesehen von seiner wunderlichen Häßlichkeit selbstverständlich – so friedlich und ruhig wie nur irgendein abgelegenes Haus im Vereinigten Königreich.

Aber ach! Beim ersten Anzeichen eines wachsenden Monds schlug bei Sam die Stimmung wieder um, und er änderte seine Gewohnheiten. Er schlich herum mit einem verschlagenen, heimtückischen Blick. Und wenn er ihr mit Schnurren und Pfötchen flatterte, sah man ihm seine Tücke schon von weitem an. Wenn Miss Chauncey zufällig leise ins Zimmer trat, sprang er sofort von seinem Fensterplatz herunter, wie wenn er beweisen wollte, daß er *nicht* hinausgeschaut habe. Einmal gegen Abend *mußte* Miss Chauncey einfach vor der Stubentür stehenbleiben; obwohl sie ungern spionierte, hatte sie durch den Spalt der angelehnten Tür geguckt. Und da auf der harten, eckigen Lehne eines alten Betstuhls, der ihrer frommen Großtante Jemima gehört hatte, saß Sam und machte das Männchen. Und mit den Vorderpfoten – das war nun sonnenklar – gab er einem Beobachter draußen deutliche Zeichen. Miss Chauncey wandte sich ab, ins Herz getroffen.

Von Stund an behandelte Sam seine Herrin mehr und mehr wie Luft; er brüskierte sie, wo er nur konnte, war ausgesprochen dreist und unverfroren. Mit Mr. Cullings' Rat konnte sie auch nicht viel anfangen. «Wenn ich eine Katze hätte, die sich so aufführt, Fräulein, nach allem, was Sie für Sam tun, mit so frischem Fisch und sonst was alle Wochen und Rahm und nicht etwa nur Abgeschäumtes, ich würde ihn weggeben.»

«Wem?» fragte Miss Chauncey schroff.

«Ja», sagte der Fuhrmann, «das wär' mir dann ziemlich gleich; einfach an einen Platz.»

«Er scheint im Dorf keine Freunde zu haben», sagte Miss Chauncey so obenhin, wie sie nur konnte.

«Bei diesen Schwarzen mit Augen wie Untertassen weiß man das nie», sagte Mr. Cullings. «Hat doch die alte Schlampe in Hogges Bottom eine Katze, die Sams Zwilling sein könnte.»

«Wie können Sie auch! Die ist ja räudig», sagte Miss Chauncey, denn sie hielt auch jetzt noch zu ihrem Sam. Der Fuhrmann zuckte die Achseln, stieg in seinen Wagen und rumpelte übers Moor davon. Und Miss Chauncey ging ins Haus zurück, stellte den Teller mit den silbernen Sprotten auf den Tisch und brach in Tränen aus.

Daher war es ein großes Glück, daß schon am nächsten Morgen – das heißt drei ganze Tage vor dem nächsten Vollmond – ein Brief von ihrer Schwägerin aus Shanklin auf der Isle of Wight eintraf, der sie zu einem längeren Besuch einlud.

«Meine liebe Emma, Du mußt Dich sicher oft sehr einsam fühlen» (lautete er), «so ganz allein in dem großen Haus ohne Nachbarn. Wir denken oft an Dich, besonders in den letzten Tagen. Es ist nett, daß Du diesen Sam als Gesellschaft hast, aber ein Tier ist eben nur ein Tier, wie George sagt. Wir alle finden, es wäre höchste Zeit, daß Du einmal ein bißchen zu uns in die Ferien kämst. Gerade schaue ich zum Fenster hinaus. Das Meer ist ruhig wie ein Mühleteich und herrlich blau. Die Fischerboote kehren heim mit ihren braunen Segeln. Bei uns ist das die günstigste Jahreszeit, denn da die Ferien noch nicht angefangen haben, trifft man erst wenige von diesen gräßlichen Touristen, noch nicht ganze Scharen. George findet, Du *müßtest* kommen. Er läßt herzlich grüßen, wie auch Maria, wenn sie nicht gerade einkaufen gegangen wäre, und er wird Dich bei Deiner Ankunft mit dem Einspänner abholen. Emmies Keuchhusten ist nun auch fast vorbei, sie hustet nur noch ganz selten und nie mit Erbrechen. Wir alle freuen uns darauf, Dich in ein paar Tagen zu sehen.»

Bei so viel Herzlichkeit und mit allen ihren Sorgen wurde Miss Chauncey schwach. Als nach einer Stunde der Metzger mit seinem Wagen vorbeifuhr, gab sie ihm ein Telegramm ins Dorf mit, und am Montag war ihre Kiste gepackt, und es galt nur noch, Sam in seinem Reisekorb zu verstauen. Dazu brauchte es allerdings mehr als die Überredungskünste seiner alten Herrin. Mr. Cullings konnte ihn wahrhaftig nur mit Handschuhen anfassen, und das nicht gerade sanft, während Miss Chauncey den Deckel zupreßte und die Verriegelung zuschob.

«So, das hätten wir!» sagte der Fuhrmann und rieb sich ein bißchen frische Erde in seine Kratzer. «Wenn wir ihn nur los wären, das will ich Ihnen gesagt haben!»

Miss Chauncey entnahm ihrem großen Lederbeutel einen Shilling, gab aber keine Antwort.

Die ganze Mühe sollte sich am Ende wirklich als vergeblich erwiesen haben. Drei Meilen nach Haggurdsdon mußte Miss Chauncey in Blackmoor Junction umsteigen. Sie stellte ihre Kiste samt Sams Korb auf dem Bahnsteig neben einem halben Dutzend leerer Milchkannen und einem Käfig mit Geflügel ab und ging zum Bahnhofsvorstand, um sich nach dem richtigen Bahnsteig zu erkundigen.

Auf das wilde, angstvolle Gegacker des Federviehs hin lief sie eiligst zu ihrem Gepäck zurück, nur um festzustellen, daß es Sam irgendwie gelungen war, den Schieber aus seiner Rohrschlinge zu entfernen. Der Weidendeckel stand sperrangelweit offen – der Korb war leer. Nur eine arme aufgeschlitzte Henne, die ihr flatterndes Leben aushauchte, zeugte nicht allein von Sams Husarenstück, sondern auch von seiner gemeinen Grausamkeit.

Ein paar Tage später, als Miss Chauncey in ebendem Zimmer saß, das ihre Schwägerin im Brief erwähnt hatte, mit Blick auf die ruhige Fläche des Ärmelkanals im milden Sonnenschein, kam ein Brief von Mr. Cullings. Er war mit Bleistift auf die Rückseite einer Bäckertüte geschrieben:

«Sehr verehrtes Fräulein, ich erlaube mir Ihnen zu schreiben in bezug auf das Tier das ich Ihnen geholfen habe in seinen Korb zu tun. Der ist leer mit der Bahn wieder zurückgekommen als ich gerade am Sonntag spät in der Nacht Hopfenstangen von Haggurdsdon fahren mußte. Ich hab' ihn am Wohnstubenfenster sitzen sehen und wie er grinste daß mir das Blut stockte und in den oberen Fenstern war Licht und ein Heulen und Kreischen wie ich es an einem christlichen Ort nicht mehr hören möchte. Die alte Frau aus Hogges Bottom ist unter der Tür gesessen wobei ich der Ansicht bin es ist an dem Ort nicht geheuer und das Tier ist verhext. Mr. Flint der Fischhändler findet auch daß man jetzt etwas unternehmen muß und wie ich schon vorher gesagt habe würde ich das Haus schon übernehmen wenn die Miete so niedrig und bescheiden ist in Anbetracht des schlechten Rufs den das

Haus in der Gegend von Haggurdsdon hat. Ich verbleibe, sehr verehrtes Fräulein, und erwarte Ihre Anweisungen mit vorzüglicher Hochachtung, William Cullings.»

Vom Aussehen her hätte man Miss Chauncey für eine Frau gehalten, die weiß, was sie will. Man hätte auch gedacht, daß diese taktlose Anspielung auf den schlechten Ruf, in dem das Haus ihrer Vorfahren stand, sie im Innersten hätte treffen müssen. Wie dem auch sei, weder zeigte sie vorerst den Brief ihrer Schwägerin, noch beantwortete sie ihn vorläufig überhaupt. Sie saß auf der Esplanade, schaute aufs Meer hinaus und sann in der warmen, salzigen und doch balsamischen Luft vor sich hin. Es war ein schmerzliches Problem. Aber: «Nein, er muß seine eigenen Wege gehen», sagte sie sich schließlich seufzend, «ich habe für ihn getan, was ich konnte.»

Und noch mehr: Miss Chauncey kehrte nie nach Post Houses zurück. Sie verkaufte es schließlich, Haus und Garten, für eine erbärmliche Summe an Mr. Cullings, den Fuhrmann. Sam war mittlerweile verschwunden und ward nie mehr gesehen.

Nicht daß ihm Miss Chauncey in ihrem Gedächtnis nicht die Treue gehalten hätte. Jedesmal, wenn sie über ihrem Kopf den leise rauschenden Flügelschlag einer Möwe in der Luft vernahm oder wenn bei den Lustbarkeiten für die Feriengäste das Zischen einer aufsteigenden Rakete die Stille des Meereshimmels unterbrach, ja sogar wenn sie auf das Rascheln ihres sonntäglichen Moiré-Kleids achtete, bevor sie in der netten kleinen Villa, die sie an der Shanklin

Esplanade gemietet hatte, zum Kirchgang aufbrach – alle diese Dinge versetzten sie im Geist sofort in ihr Schlafzimmer in Post Houses zurück, wo sie wieder dieses wunderliche, verblendete Tier sah, das einmal ihr Sam gewesen war, wie er auf ihrer Flickenbettdecke hockte und sich aufrichtete, wie wenn er mit den Vorderpfoten stricken wollte.

Tanka und Haiku

Wie beneidenswert!
Katze streunt herum und geizt
mit der Stimme nicht.
Ganz wie's ihr ums Herze ist,
stellt sie ihrem Buhlen nach.

Fujiwara Teika

Auch den biederen
Wachthund schlägt sie aus dem Feld,
die brünstige Katze.

Matsuo Bashō

Schrecklich! Den Steinwall
haben sie zu Fall gebracht,
Katzen in der Brunst.

Masaoka Shiki

Von der kleinen Katz,
die am Hals ein Glöcklein trägt,
hört man nur ganz leis
einen feinen Bimmelton
aus dem hohen Sommergras.

Ōkuma Kotomichi

Die jungen Kätzchen
balgen, tummeln sich. Dazu
tanzt ein Schmetterling.

Enomoto Kikaku

Kleines Katzenkind,
sitzend auf der Schwebewaag
spielt und tändelt es.

Kobayashi Issa

Schau, die Riesenkatz,
wie sie mit dem dicken Schwanz
foppt den Schmetterling.

Kobayashi Issa

Giovanni Raiberti

Geburt, Kindheit, Emanzipation der Katze

Die Katze hat den bestmöglichen Platz in der Naturgeschichte für sich zu wählen gewußt. Sie hat sich so geschickt mitten in die raffinierteste Zivilisation wie in die wildeste Unabhängigkeit gestellt, daß sie von beiden Zuständen alles Gute nehmen und alles Üble meiden kann. Wodurch sie, scheint mir, die große Theorie des «juste milieu», mit der die modernen Politiker sich zu brüsten wagen, in die Tat umgesetzt und seit Anbeginn aller Zeiten die Welt darauf hingewiesen hat: eine Theorie, die nirgends so vortrefflich zu gebrauchen ist wie in der überaus schwierigen und sublimen Kunst, das Leben zu genießen. Betrachten wir nun unsere Heldin in Aktion.

Kaum ist ein Kätzchen geboren, wird es gleich von jeglicher Konkurrenz seiner Brüder und Schwestern befreit; diese opfert man in der Regel, um alle Vorteile eines beneideten Daseins einzig auf dieses eine Wesen zu häufen. Es ist die etwas starre und absolute Anwendung des Majoratssystems; und das ist gut so. Die Weisheit und das Glück sind hienieden das Los von wenigen: wer tot ist, ist tot; selig, wer übrigbleibt, und selig vor allem, wer nur ganz wenige Verwandte hat, oder gar keine. Die Kinder hören verwundert, ein Kätzchen sei ins Haus *gebracht* worden, wie wenn man ein Brüderchen ins Haus bringt; und sie eilen herbei, um es anzuschauen, zu loben, zu berühren, unter fröhlichem Lärm willkommen zu heißen. Die Katzenmutter, die beim

Anblick eines fremden und verdächtigen Gesichts sich in eine Tigerin verwandeln würde, läßt diesen Tumult geduldig gewähren, sie hat daran fast ihr Wohlgefallen und gemahnt kaum durch einen leisen Klagelaut das ungebärdigste Kind an die Pflichten des Maßhaltens. Das rührt von dem hohen Grad von Umsicht und gesellschaftlichem Takt her, der die Katze von allen rohen, unvernünftigen Geschöpfen unterscheidet: sie tritt zuweilen freimütig, arglos und herzlich hervor, um die rauhen und ungeschickten Liebkosungen eines Unbekannten herauszufordern, der wie ein Ehrenmann aussieht, und ein andermal verzieht sie sich und bleibt auf der Hut, oder sie läßt, nicht durch Gaben noch durch Flattieren verlockt, denjenigen nicht in ihre Nähe kommen, der auch nur den leisesten Verdacht erweckt, daß er etwas im Schilde führt. Es hat den Anschein, sie könne in den Herzen lesen und die bösen Absichten erraten, und ihr genügt allein schon zu sehen, daß man ohne Grund sehr nach ihr begierig ist, damit sich ihr Mißtrauen auf das höchste steigert. Schade, daß derart eindeutige, tägliche, häusliche Lehren für die Menschheit verlorengehen. Welch schmerzliches Unheil und bittere Reue würde man sich ersparen, wenn viele von der Katze lernten, mit Unbekannten vorsichtig zu sein, nicht dem ersten besten Schmeichler sein Herz zu öffnen und in den eigenen Angelegenheiten nicht ein Bündnis zu schließen mit dem ersten besten Schwindler, der einem über den Weg läuft!

Unsere kleine Freundin wächst unter den Zärtlichkeiten und Liebesdiensten der Familie heran, kostet vorzügliche Brühen und läßt sich die appetitlichsten Bissen schmecken, sobald die Kräfte der Zähne und des Magens es ihr erlauben. Dieses körperliche und seelische Wohlbefinden entwickelt in ihr die Gefühle der Fröhlichkeit und Jovialität; sie werden dann im Erwachsenenalter in geruhsam-gemessene Heiterkeit des Geistes übergehen, die zur Muße und zum kontemplativen Leben führt. Schaut sie euch doch an: sie spielt auch ganz allein, denn die Katze ist im allgemeinen sich selbst genug. Ein Band, das von einem Sessel herabhängt, eine Franse am Bettüberwurf, ein nicht gut versorgtes Bindfadenknäuel, alles dient ihr als anständiger Zeitvertreib. In Ermangelung anderer Hilfsmittel vergnügt sie sich sogar mit dem eigenen Schwanz, und sie ist vielleicht, demselben nachrennend, der ihr in einem fort entwischt, die erste gewesen, die den Sophisten den Gedanken an den Circulus vitiosus, den Zirkelschluß, eingab. Sie stibitzt den Hut der Hausherrin und die Mütze des Herrn, dann macht sie es sich in den komischsten Stellungen darin bequem: nur sie allein lacht darüber nicht, denn die wahren und tüchtigen Spaßmacher lachen selber nie. [...] Hilft man ihr beim Spielen, so hält sie einem stundenlang stand. Ein kleiner Stecken, den man vor ihr hin und her bewegt, eine Papierkugel, die man ihr vor die Füße wirft, bringen sie so zum Laufen, zum Springen und zu schnellendem Wirbeln, daß es gar wundervoll aussieht. Am Abend wetteifern die Kinder, das Miezchen bei sich im Bett zu haben, das einem so freundlich bis unter die Decken folgt und uns mit der sanften Musik seines Schnurrens einschläfert.

Das alles könnte den Glauben aufkommen

lassen, die Katze sei ein fügsamer Freund, der
unseren Launen, wenigstens wenn sie mit dem
eigenen Behagen vereinbar sind, gleich gehorcht.
Aber wartet ein paar Wochen ab, und ihr werdet
mir ein Lied davon singen können. Eines schönen Tages findet sie die Tür offen, und die Freude
am Neuen verleitet sie dazu, daß sie die Treppe
hinaufgeht und sich auf den Dachboden begibt.
Von dort steigt sie durch eine Luke aufs Dach,
atmet freiere, reinere Luft und beherrscht mit
dem Blick einen Teil der Stadt. Nun, ihr könnt
darauf zählen, daß sie von diesem Moment an
mündig geworden ist und sich von jeglicher
Bindung an die Familie gelöst hat. Seid nicht
bestürzt darob, meine lieben Leser: sie wird noch
immer eure Katze sein, sie wird zum Mittag- und
zum Abendessen nach Hause zurückkehren,
sehr oft auch zum Schlafen; oft wird es vorkommen, daß sie den ganzen Tag nicht ausgeht: sie
wird den Frauen bei der Arbeit Gesellschaft
leisten, wird viele Stunden beim Feuer sitzen,
vor allem in der Küche; das alles aber nach
eigenem Belieben, ohne dazu verpflichtet zu sein
und ohne Regel, völlig unabhängig von eurem
Willen, ohne über sehr lange Abwesenheiten und
wichtige und häufige Änderungen in ihrer Lebensweise Rechenschaft zu geben. Merkt euch
nur gut und ein für allemal die Tatsache, daß die
Katze nicht wie die anderen Tiere zu eurem
Wohlbehagen, zu eurem Ergötzen lebt: sie lebt
einzig und allein für sich selbst, folgt nur ihren
Launen und kümmert sich überhaupt nur insofern um euch, als sie euch bereit findet, ihre
Wünsche zu erfüllen. Zum Beispiel: sie wird
dreißig Mal ungeheißen kommen und auf euren

Knien der Ruhe pflegen; das einunddreißigste, da ihr sie herbeiruft, will sie nicht, und wenn sie nicht will, ist nichts zu machen. Ergreift sie und haltet sie mit Gewalt fest; sie wird einen Augenblick dergleichen tun, als nehme sie Platz, dann aber, sobald ihr sie losläßt, entwischt sie euch. Je mehr ihr darauf drängt, desto stärker bäumt sich ihr Wille auf und wächst ihr Widerspruchsgeist. Kurz und gut, ihr könnt sie wohl umbringen: aber von ihr, wenn es ihr nicht paßt, auch nur den geringsten Akt der Unterwerfung und des Gehorsams zu erlangen, das wird euch nie und nimmer möglich sein, selbst wenn die Welt unterginge. Oh, was für ein Tier von Charakter! Welch erhabener Instinkt stolzer Unabhängigkeit – jener Unabhängigkeit, die ihren einzigen Grund und Sinn in sich selber hat!

Die Katze, ein Freiheitssymbol

Die Freiheit ist eine Idee, oder ein Wort, die oder das alle Generationen in schwärmerische Raserei versetzt und sich abmühen und kämpfen läßt. Ein Wort, wie gesagt: denn dieses ist für alle gleich. Die Idee wechselt je nach den Köpfen, ja, für die Köpfe ohne Ideen wird sie nie etwas anderes sein als die Folge einiger Buchstaben des Alphabets. Viele legen die Freiheit im Sinne des Endbegriffes aus: «sowenig wie möglich gehorchen; und soviel wie möglich befehlen». Viele andere wären eher geneigt, «niemandem zu befehlen und niemandem zu gehorchen». Wer gesunden Menschenverstand hat, merkt sofort, welches Chaos sowohl in der einen wie der andern Art und Weise die Gesellschaft wäre. Die Katze jedoch gehört der zweiten Partei an, und sie für ihr Teil verwandelt in eine wahre und praktische Tatsache, was für die Menschen ein ewiges Wahnbild bedeutet. Aber das Schlimmste ist, daß die Menschen der Freiheit nicht würdig sind, weil sie sie nicht zu genießen vermögen; und selbst wenn sie unter Kraftaufwand, mit Gold und Blut irgendeine öffentliche Freiheit erlangt haben, beeilen sie sich in viehischer Weise, ihre private Freiheit, die wahre und die beste Freiheit, auf dem Altar der Leidenschaften niederzulegen. Der eine macht sich zum Sklaven der Habsucht, der andere des Ehrgeizes, ein dritter der Weiber, ein vierter der Völlerei, des Spiels oder der Faulheit; alles weit grausamere und schrecklichere Tyrannen als die, welche in Alfieris Tragödien brüllen und mit den Füßen stampfen. Noch andere mühen sich emsig ab, um sich der Knechtschaft künstlicher, absonderlicher, widerwärtiger Bedürfnisse auszuliefern, und bringen es beispielsweise so weit, daß sie unfähig sind, es zwei Stunden auszuhalten, ohne Tabak zu rauchen, oder zwei Minuten, ohne ihn zu schnupfen. Andere haben das Talent, die eigenen Ketten selbst noch aus dem Meer des Aberglaubens zu fischen, und würden sich eher dazu verurteilen, Hunger zu leiden, als an einem mit dreizehn Personen besetzten Tisch Platz zu nehmen, und lieber darauf verzichten, ihren Vater ein letztes Mal zu sehen, anstatt die Reise an einem Freitag anzutreten. Alle zusammen sind sodann ein Herz und eine Seele, wenn es darum geht, sich nach und nach, je weiter sie auf dem Weg der sogenannten Zivilisierung voranschreiten, den Galgenstrick der Knechtschaft enger um den Hals zu schlingen, indem sie sich gegenseitig die Zeitvertreibe, die Meinungen, die Vorurteile, die Moden, die Schicklichkeiten, die Rücksichten, die Heucheleien aufzwingen sowie die Zeiten, um einander aufzusuchen oder zu meiden, oder beides in einem zu tun mit den Visitenkarten; die Art, sich zu kleiden, die Wohnung einzurichten, zu reden, zu tanzen; die Stunden, da man ausgeht, zu Hause bleibt, ißt und schläft. Und ist also für diese Leute die Freiheit erfunden worden? Glaubt es mir, liebe Freunde: die Menschen und die vernunftlosen Geschöpfe, die mit ihnen oder für sie leben, sind samt und sonders Sklaven; alle, mit Ausnahme der Katze. Diese weiß zwar sehr wohl die Vorzüge ruhig zu schätzen, die der echte materielle Fortschritt in die Häuser bringt, als da sind die milde und gleichmäßig verteilte Wärme der Öfen, die molligen federnden Kissen, die leckeren Gerichte des Kochs: aber sie weist die Zwänge und die immerzu steigenden sozialen Anforderungen zurück und läßt sich von keinem neuen System den Geist verderben noch von irgendwem irgendwelche Gesetze aufnötigen: immer sich selber gleich, denkt und handelt sie heute wie vor fünftausend Jahren; so daß auf sie, die im Schoße sogar der verdorbensten Menschenfamilien lebt, nicht einmal die furchtbare Seuche des schlechten Beispiels und der bösen Kameraden einen Einfluß ausübt.

Bulat Okudschawa

Der schwarze Kater

Nah der Tür zur Hintertreppe,
auch als Hintertür bekannt,
lebt im Haus ein schwarzer Kater,
der dort seine Wohnstatt fand.

Hämisch lacht er in den Schnurrbart,
Schild ist ihm die Dunkelheit.
Alle Kater singen, weinen,
nur der schwarze Kater schweigt.

Grinst in seines Schnurrbarts Haare,
fängt schon lang mehr keine Maus –
legt uns unsre eignen Worte,
ein Stück Wurst als Fallstrick aus.

Nur sein gelbes Auge funkelt,
bittet nicht um Speis und Trank.
Jeder kommt von selbst gegangen,
bringt sein Teil und sagt ihm Dank.

Ohne einen Laut zu geben
ißt und trinkt er ungerührt.
Kratzt die Kralle an der Treppe,
schaudernd es die Kehle spürt.

Und es ist wohl sicher darum,
daß dem Haus der Frohsinn fehlt...

So ein Lämpchen müßte brennen –
doch wann sammeln wir das Geld?

Man hat dieses Liedgedicht, das in der Sowjetunion nur im Samisdat kursierte, immer wieder als satirischen Versuch einer Bewältigung des Stalinismus gedeutet. Seine Popularität in der Sowjetunion scheint eine solche Deutung zu erhärten.

Theodor Storm

Bulemanns Haus

In einer norddeutschen Seestadt, in der sogenannten Düsternstraße, steht ein altes verfallenes Haus. Es ist nur schmal, aber drei Stockwerke hoch; in der Mitte desselben, vom Boden bis fast in die Spitze des Giebels, springt die Mauer in einem erkerartigen Ausbau vor, welcher für jedes Stockwerk nach vorne und an den Seiten mit Fenstern versehen ist, so daß in hellen Nächten der Mond hindurchscheinen kann.

Seit Menschengedenken ist niemand in dieses Haus hinein- und niemand herausgegangen; der schwere Messingklopfer an der Haustür ist fast schwarz von Grünspan, zwischen den Ritzen der Treppensteine wächst jahraus, jahrein das Gras. – Wenn ein Fremder fragt: «Was ist denn das für ein Haus?», so erhält er gewiß zur Antwort: «Es ist Bulemanns Haus»; wenn er aber weiter fragt: «Wer wohnt denn darin?», so antworten sie ebenso gewiß: «Es wohnt so niemand darin.» – Die Kinder auf den Straßen und die Ammen an der Wiege singen:

> «In Bulemanns Haus,
> In Bulemanns Haus,
> Da gucken die Mäuse
> Zum Fenster hinaus.»

Und wirklich wollen lustige Brüder, die von nächtlichen Schmäusen dort vorbeigekommen, ein Gequicke wie von unzähligen Mäusen hinter den dunkeln Fenstern gehört haben. Einer, der im Übermut den Türklopfer anschlug, um den Widerhall durch die öden Räume schollern zu hören, behauptet sogar, er habe drinnen auf den Treppen ganz deutlich das Springen großer Tiere gehört. «Fast», pflegt er, dies erzählend, hinzuzusetzen, «hört es sich an wie die Sprünge der großen Raubtiere, welche in der Menageriebude auf dem Rathausmarkte gezeigt wurden.»

Das gegenüberstehende Haus ist um ein Stockwerk niedriger, so daß nachts das Mondlicht ungehindert in die oberen Fenster des alten Hauses fallen kann. Aus einer solchen Nacht hat auch der Wächter etwas zu erzählen; aber es ist nur ein kleines altes Menschenantlitz mit einer bunten Zipfelmütze, das er droben hinter den runden Erkerfenstern gesehen haben will. Die Nachbarn dagegen meinen, der Wächter sei wieder einmal betrunken gewesen; sie hätten drüben an den Fenstern niemals etwas gesehen, das einer Menschenseele gleich gewesen.

Am meisten Auskunft scheint noch ein alter, in einem entfernten Stadtviertel lebender Mann geben zu können, der vor Jahren Organist an der St.-Magdalenen-Kirche gewesen ist. «Ich entsinne mich», äußerte er, als er einmal darüber befragt wurde, «noch sehr wohl des hagern Mannes, der während meiner Knabenzeit allein mit einer alten Weibsperson in jenem Hause wohnte. Mit meinem Vater, der ein Trödler gewesen ist, stand er ein paar Jahre lang in lebhaftem Verkehr, und ich bin derzeit manches Mal mit Bestellungen an ihn geschickt worden. Ich weiß auch noch, daß ich nicht gern diese Wege ging und oft allerlei Ausflucht suchte; denn selbst bei Tage fürchtete ich mich, dort die schmalen dunkeln Treppen zu Herrn Bulemanns Stube im dritten Stockwerk hinaufzusteigen. Man nannte ihn unter den Leuten den ‹Seelenverkäufer›; und schon dieser Name erregte mir Angst, zumal daneben allerlei unheimlich Gerede über ihn im Schwange ging. Er war, ehe er nach seines Vaters Tode das alte Haus bezogen, viele Jahre als Superkargo auf Westindien gefahren. Dort sollte er sich mit einer Schwarzen verheiratet haben; als er aber heimgekommen, hatte man vergebens darauf gewartet, eines Tages auch jene Frau mit einigen dunkeln Kindern anlangen zu sehen. Und bald hieß es, er habe auf der Rückfahrt ein Sklavenschiff getroffen und an den Kapitän desselben sein eigen Fleisch und Blut nebst ihrer Mutter um schnödes Gold verkauft. – Was Wahres an solchen Reden gewesen, vermag ich nicht zu sagen», pflegte der Greis hinzuzusetzen; «denn ich will auch einem Toten nicht zu nahe treten; aber so viel ist gewiß, ein geiziger und menschenscheuer Kauz war es; und seine Augen blickten auch, als hätten sie bösen Taten zugesehen. Kein Unglücklicher und Hilfesuchender durfte seine Schwelle betreten; und wann immer ich damals dort gewesen, stets war von innen die eiserne Kette vor die Tür gelegt. – Wenn ich dann den schweren Klopfer wiederholt hatte anschlagen müssen, so hörte ich wohl von der obersten Treppe herab die scheltende Stimme des Hausherrn: ‹Frau Anken! Frau Anken! Ist Sie taub? Hört Sie nicht, es hat geklopft!› Alsbald ließen sich aus dem Hinterhause über Pesel und Korridor die schlurfenden Schritte des alten Weibes vernehmen. Bevor sie aber öffnete, fragte sie hüstelnd: ‹Wer ist es denn?›, und erst, wenn ich geantwortet hatte: ‹Es ist der Leberecht!›, wurde die Kette drinnen abgehakt. Wenn ich dann hastig die siebenundsiebzig Treppenstufen – denn ich habe sie einmal gezählt – hinaufgestiegen war, pflegte Herr Bulemann auf dem kleinen dämmerigen Flur vor seinem Zimmer schon auf mich zu warten; in dieses selbst hat er mich nie hineingelassen. Ich sehe ihn noch, wie er in seinem gelbgeblümten Schlafrock mit der spitzen Zipfelmütze vor mir stand, mit der einen Hand rücklings die Klinke seiner Zimmertür haltend. Während ich mein Gewerbe bestellte, pflegte er mich mit seinen grellen runden Augen ungeduldig anzusehen und mich darauf hart und kurz abzufertigen. Am meisten erregten damals meine Aufmerksamkeit ein Paar ungeheure Katzen, eine gelbe und eine schwarze, die sich mitunter hinter ihm aus seiner Stube drängten und ihre dicken Köpfe an seinen Knien rieben. – Nach einigen Jahren hörte indessen der Verkehr mit meinem Vater auf, und ich bin nicht mehr dort gewesen. – Dies alles ist nun über siebzig Jahre her, und Herr Bulemann muß längst dahin getragen sein, von wannen niemand wiederkehrt.» – Der Mann irrte sich, als er so sprach. Herr Bulemann ist nicht aus seinem Hause getragen worden; er lebt darin noch jetzt.

Das aber ist so zugegangen.

Vor ihm, dem letzten Besitzer, noch um die Zopf- und Haarbeutelzeit, wohnte in jenem Hause ein Pfandverleiher, ein altes verkrümmtes Männchen. Da er sein Gewerbe mit Umsicht seit über fünf Jahrzehnten betrieben hatte und mit einem Weibe, das ihm seit dem Tode seiner Frau die Wirtschaft führte, aufs spärlichste lebte, so war er endlich ein reicher Mann geworden. Dieser Reichtum bestand aber zumeist in einer fast unübersehbaren Menge von Pretiosen, Geräten und seltsamstem Trödelkram, was er alles von Verschwendern oder Notleidenden im Laufe der Jahre als Pfand erhalten hatte und das dann, da die Rückzahlung des darauf gegebenen Darlehens nicht erfolgte, in seinem Besitz zurückgeblieben war. – Da er bei einem Verkauf dieser Pfänder, welcher gesetzlich durch die Gerichte geschehen mußte, den Überschuß des Erlöses an die Eigentümer hätte herausgeben müssen, so häufte er sie lieber in den großen Nußbaumschränken auf, mit denen zu diesem Zwecke nach und nach die Stuben des ersten und endlich auch des zweiten Stockwerks besetzt wurden. Nachts aber, wenn Frau Anken im Hinterhause in ihrem einsamen Kämmerchen schnarchte und die schwere Kette vor der Haustür lag, stieg er oft mit leisem Tritt die Treppen auf und ab. In seinen hechtgrauen Rockelor eingeknöpft, in der einen Hand die Lampe, in der andern den Schlüsselbund, öffnete er bald im ersten, bald im zweiten Stockwerk die Stuben- und die Schranktüren, nahm hier eine goldene Repetieruhr, dort eine emaillierte Schnupftabaksdose aus dem Versteck hervor und berechnete bei sich die Jahre ihres Besitzes und ob die ursprünglichen Eigentümer dieser Dinge wohl verkommen und verschollen seien oder ob sie noch einmal mit dem Gelde in der Hand wiederkehren und ihre Pfänder zurückfordern könnten. –

Der Pfandverleiher war endlich im äußersten Greisenalter von seinen Schätzen weggestorben und hatte das Haus nebst den vollen Schränken seinem einzigen Sohne hinterlassen müssen, den er während seines Lebens auf jede Weise daraus fernzuhalten gewußt hatte.

Dieser Sohn war der von dem kleinen Leberecht so gefürchtete Superkargo, welcher eben von einer überseeischen Fahrt in seine Vaterstadt zurückgekehrt war. Nach dem Begräbnis des Vaters gab er seine früheren Geschäfte auf und bezog dessen Zimmer im dritten Stock des alten Erkerhauses, wo nun statt des verkrümmten Männchens im hechtgrauen Rockelor eine lange hagere Gestalt im gelbgeblümten Schlafrock und bunter Zipfelmütze auf und ab wandelte oder rechnend an dem kleinen Pult des Verstorbenen stand. – Auf Herrn Bulemann hatte sich indessen das Behagen des alten Pfandverleihers an den aufgehäuften Kostbarkeiten nicht vererbt. Nachdem er bei verriegelten Türen den Inhalt der großen Nußbaumschränke untersucht hatte, ging er mit sich zu Rate, ob er den heimlichen Verkauf dieser Dinge wagen solle, die immer noch das Eigentum anderer waren und an deren Wert er nur auf Höhe der ererbten und, wie die Bücher ergaben, meist sehr geringen Darlehensforderungen einen Anspruch hatte. Aber Herr Bulemann war keiner von den Unentschlossenen. Schon in wenigen Tagen war die Verbindung mit einem in der äußersten Vorstadt wohnenden Trödler angeknüpft, und nachdem man einige Pfänder aus den letzten Jahren zurückgesetzt hatte, wurde heimlich und vorsichtig der bunte Inhalt der großen Nußbaumschränke in gediegene Silbermünzen umgewandelt. – Das war die Zeit, wo der Knabe Leberecht ins Haus gekommen war. – Das gelöste Geld tat Herr Bulemann in große eisenbeschlagene Kasten, welche er nebeneinander in seine Schlafkammer setzen ließ; denn bei der Rechtlosigkeit seines Besitzes wagte er nicht, es auf Hypotheken auszutun oder sonst öffentlich anzulegen.

Als alles verkauft war, machte er sich daran, sämtliche für die mögliche Zeit seines Lebens denkbare Ausgaben zu berechnen. Er nahm dabei ein Alter von neunzig Jahren in Ansatz und teilte dann das Geld in einzelne Päckchen je für eine Woche, indem er auf jedes Quartal noch ein Röllchen für unvorhergesehene Ausgaben dazulegte. Dieses Geld wurde für sich in einen Kasten gelegt, welcher nebenan in dem Wohnzimmer stand; und alle Sonnabendmorgen erschien Frau Anken, die alte Wirtschafterin, die er aus der Verlassenschaft seines Vaters mit übernommen hatte, um ein neues Päckchen in Empfang zu nehmen und über die Verausgabung des vorigen Rechenschaft zu geben.

Wie schon erzählt, hatte Herr Bulemann Frau und Kinder nicht mitgebracht; dagegen waren zwei Katzen von besonderer Größe, eine gelbe und eine schwarze, am Tage nach der Beerdigung des alten Pfandverleihers durch einen Matrosen in einem fest zugebundenen Sack vom Bord des Schiffes ins Haus getragen worden. Diese Tiere waren bald die einzige Gesellschaft ihres Herrn. Sie erhielten mittags ihre eigene Schüssel, die Frau Anken unter verbissenem Ingrimm tagaus und -ein für sie bereiten mußte; nach dem Essen, während Herr Bulemann sein kurzes Mittagsschläfchen abtat, saßen sie gesättigt neben ihm auf dem Kanapee, ließen ein Läppchen Zunge hervorhängen und blinzelten ihn schläfrig aus ihren grünen Augen an. Waren sie in den unteren Räumen des Hauses auf der Mausjagd gewesen, was ihnen indessen immer einen heimlichen Fußtritt von dem alten Weibe eintrug, so brachten sie gewiß die gefangenen Mäuse zuerst ihrem Herrn im Maule hergeschleppt und zeigten sie ihm, ehe sie unter das Kanapee krochen und sie verzehrten. War dann die Nacht gekommen und hatte Herr Bulemann die bunte Zipfelmütze mit einer weißen vertauscht, so begab er sich mit seinen beiden Katzen in das große Gardinenbett im Nebenkämmerchen, wo er sich durch das gleichmäßige Spinnen der zu seinen Füßen eingewühlten Tiere in den Schlaf bringen ließ.

Dieses friedliche Leben war indes nicht ohne Störung geblieben. Im Lauf der ersten Jahre waren dennoch einzelne Eigentümer der verkauften Pfänder gekommen und hatten gegen Rückzahlung des darauf erhaltenen Sümmchens die Auslieferung ihrer Pretiosen verlangt. Und Herr Bulemann, aus Furcht vor Prozessen, wodurch sein Verfahren in die Öffentlichkeit hätte kommen können, griff in seine großen Kasten und erkaufte sich durch größere oder kleinere Abfindungssummen das Schweigen der Beteiligten. Das machte ihn noch menschenfeindlicher und verbissener. Der Verkehr mit dem alten Trödler hatte längst aufgehört; einsam saß er auf seinem Erkerstübchen mit der Lösung eines schon oft gesuchten Problems, der Berechnung eines sichern Lotteriegewinnes, beschäftigt, wodurch er dermaleinst seine Schätze ins Unermeßliche zu vermehren dachte. Auch Graps und Schnores, die beiden großen Kater, hatten jetzt unter seiner Laune zu leiden. Hatte er sie in dem einen Augenblick mit seinen langen Fingern getätschelt, so konnten sie sich im andern, wenn etwa die Berechnung auf den Zahlentafeln nicht stimmen wollte, eines Wurfs mit dem Sandfaß oder der Papierschere versehen, so daß sie heulend in die Ecke hinkten.

Herr Bulemann hatte eine Verwandte, eine Tochter seiner Mutter aus erster Ehe, welche indessen schon bei dem Tode dieser wegen ihrer Erbansprüche abgefunden war und daher an die von ihm ererbten Schätze keine Ansprüche hatte. Er kümmerte sich jedoch nicht um diese Halbschwester, obgleich sie in einem Vorstadtviertel in den dürftigsten Verhältnissen lebte; denn noch weniger als mit andern Menschen liebte Herr Bulemann den Verkehr mit dürftigen Verwandten. Nur einmal, als sie kurz nach dem Tode ihres Mannes in schon vorgerücktem Alter ein kränkliches Kind geboren hatte, war sie hilfesuchend zu ihm gekommen. Frau Anken, die sie eingelassen, war horchend unten auf der Treppe sitzen geblieben, und bald hatte sie von oben die scharfe Stimme ihres Herrn gehört, bis endlich die Tür aufgerissen worden und die Frau weinend die Treppe herabgekommen war. Noch an demselben Abend hatte Frau Anken die strenge Weisung erhalten, die Kette fürderhin nicht von der Haustür zu ziehen, falls etwa die Christine noch einmal wiederkommen sollte.

Die Alte begann sich immer mehr vor der Hakennase und den grellen Eulenaugen ihres Herrn zu fürchten. Wenn er oben am Treppengeländer ihren Namen rief oder auch, wie er es vom Schiffe her gewohnt war, nur einen schrillen Pfiff auf seinen Fingern tat, so kam sie gewiß, in welchem Winkel sie auch sitzen mochte, eiligst hervorgekrochen und stieg stöhnend, Schimpf- und Klageworte vor sich her plappernd, die schmalen Treppen hinauf.

Wie aber in dem dritten Stockwerk Herr Bulemann, so hatte in den unteren Zimmern Frau Anken ihre ebenfalls nicht ganz rechtlich erworbenen Schätze aufgespeichert. – Schon in dem ersten Jahre ihres Zusammenlebens war sie von einer Art kindischer Angst befallen worden, ihr Herr könne einmal die Verausgabung des Wirtschaftsgeldes selbst übernehmen, und sie werde dann bei dem Geize desselben noch auf ihre alten Tage Not zu leiden haben. Um dieses abzuwenden, hatte sie ihm vorgelogen, der Weizen sei aufgeschlagen, und demnächst die entsprechende Mehrsumme für den Brotbedarf gefordert. Der Superkargo, der eben seine Lebensrechnung begonnen, hatte scheltend seine Papiere zerrissen und darauf seine Rechnung von vorn wieder aufgestellt und den Wochenrationen die verlangte Summe zugesetzt. – Frau Anken aber, nachdem sie ihren Zweck erreicht, hatte zur Schonung ihres Gewissens und des Sprichwortes gedenkend: «Geschleckt ist nicht gestohlen», nun nicht die überschüssig empfangenen Schillinge, sondern regelmäßig nur die dafür gekauften Weizenbrötchen unterschlagen, mit denen sie, da Herr Bulemann niemals die unteren Zimmer betrat, nach und nach die ihres kostbaren Inhaltes beraubten großen Nußbaumschränke anfüllte.

So mochten etwa zehn Jahre verflossen sein. Herr Bulemann wurde immer hagerer und

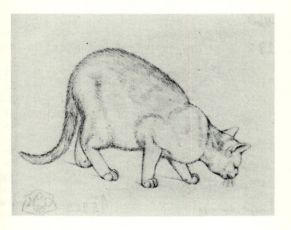

grauer, sein gelbgeblümter Schlafrock immer fadenscheiniger. Dabei vergingen oft Tage, ohne daß er den Mund zum Sprechen geöffnet hätte; denn er sah keine lebenden Wesen als die beiden Katzen und seine alte, halb kindische Haushälterin. Nur mitunter, wenn er hörte, daß unten die Nachbarskinder auf den Prellsteinen vor seinem Hause ritten, steckte er den Kopf ein wenig aus dem Fenster und schalt mit seiner scharfen Stimme in die Gasse hinab. – «Der Seelenverkäufer, der Seelenverkäufer!» schrien dann die Kinder und stoben auseinander. Herr Bulemann aber fluchte und schimpfte noch ingrimmiger, bis er endlich schmetternd das Fenster zuschlug und drinnen Graps und Schnores seinen Zorn entgelten ließ.

Um jede Verbindung mit der Nachbarschaft auszuschließen, mußte Frau Anken schon seit geraumer Zeit ihre Wirtschaftseinkäufe in entlegenen Straßen machen. Sie durfte jedoch erst mit dem Eintritt der Dunkelheit ausgehen und mußte dann die Haustür hinter sich verschließen.

Es mochte acht Tage vor Weihnachten sein, als die Alte wiederum eines Abends zu solchem Zwecke das Haus verlassen hatte. Trotz ihrer sonstigen Sorgfalt mußte sie sich indessen diesmal einer Vergessenheit schuldig gemacht haben. Denn als Herr Bulemann eben mit dem Schwefelholz sein Talglicht angezündet hatte, hörte er zu seiner Verwunderung es draußen auf den Stiegen poltern, und als er mit vorgehaltenem Lichte auf den Flur hinaustrat, sah er seine Halbschwester mit einem bleichen Knaben vor sich stehen.

«Wie seid ihr ins Haus gekommen?» herrschte

er sie an, nachdem er sie einen Augenblick erstaunt und ingrimmig angestarrt hatte.

«Die Tür war offen unten», sagte die Frau schüchtern.

Er murmelte einen Fluch auf seine Wirtschafterin zwischen den Zähnen. «Was willst du?» fragte er dann.

«Sei doch nicht so hart, Bruder», bat die Frau, «ich habe sonst nicht den Mut, zu dir zu sprechen.»

«Ich wüßte nicht, was du mit mir zu sprechen hättest; du hast dein Teil bekommen; wir sind fertig miteinander.»

Die Schwester stand schweigend vor ihm und suchte vergebens nach dem rechten Worte. – Drinnen wurde wiederholt ein Kratzen an der Stubentür vernehmbar. Als Herr Bulemann zurückgelangt und die Tür geöffnet hatte, sprangen die beiden großen Katzen auf den Flur hinaus und strichen spinnend an dem blassen Knaben herum, der sich furchtsam vor ihnen an die Wand zurückzog. Ihr Herr betrachtete ungeduldig die noch immer schweigend vor ihm stehende Frau. «Nun, wird's bald?» fragte er.

«Ich wollte dich um etwas bitten, Daniel», hub sie endlich an. «Dein Vater hat ein paar Jahre vor seinem Tode, da ich in bitterster Not war, ein silbern Becherlein von mir in Pfand genommen.»

«Mein Vater von dir?» fragte Herr Bulemann.

«Ja, Daniel, dein Vater; der Mann von unser beider Mutter. Hier ist der Pfandschein; er hat mir nicht zuviel darauf gegeben.»

«Weiter!» sagte Herr Bulemann, der mit raschem Blick die leeren Hände seiner Schwester gemustert hatte.

«Vor einiger Zeit», fuhr sie zaghaft fort, «träumte mir, ich gehe mit meinem kranken Kinde auf dem Kirchhof. Als wir an das Grab unserer Mutter kamen, saß sie auf ihrem Grabstein unter einem Busch voll blühender weißer Rosen. Sie hatte jenen kleinen Becher in der Hand, den ich einst als Kind von ihr geschenkt erhalten; als wir aber näher gekommen waren, setzte sie ihn an die Lippen; und indem sie dem Knaben lächelnd zunickte, hörte ich sie deutlich sagen: ‹Zur Gesundheit!› – Es war ihre sanfte Stimme, Daniel, wie im Leben; und diesen Traum habe ich drei Nächte nacheinander geträumt.»

«Was soll das?» fragte Herr Bulemann.

«Gib mir den Becher zurück, Bruder! Das Christfest ist nahe; leg ihn dem kranken Kinde auf seinen leeren Weihnachtsteller!»

Der hagere Mann in seinem gelbgeblümten Schlafrock stand regungslos vor ihr und betrachtete sie mit seinen grellen runden Augen. «Hast du das Geld bei dir?» fragte er. «Mit Tränen löst man keine Pfänder ein.»

«Oh, Daniel!» rief sie, «glaub unserer Mutter! Er wird gesund, wenn er aus dem kleinen Becher trinkt. Sei barmherzig; er ist ja doch von deinem Blute!»

Sie hatte die Hände nach ihm ausgestreckt; aber er trat einen Schritt zurück. «Bleib mir vom Leibe», sagte er. Dann rief er nach seinen Katzen. «Graps, alte Bestie! Schnores, mein Söhnchen!» Und der große gelbe Kater sprang mit einem Satz auf den Arm seines Herrn und klauete mit seinen Krallen in der bunten Zipfelmütze, während das schwarze Tier mauzend an seinen Knien hinaufstrebte.

Der kranke Knabe war näher geschlichen. «Mutter», sagte er, indem er sie heftig an dem Kleide zupfte, «ist das der böse Ohm, der seine schwarzen Kinder verkauft hat?»

Aber in demselben Augenblick hatte auch Herr Bulemann die Katze herabgeworfen und den Arm des aufschreienden Knaben ergriffen. «Verfluchte Bettelbrut», rief er, «pfeifst du auch das tolle Lied!»

«Bruder, Bruder!» jammerte die Frau. – Doch schon lag der Knabe wimmernd drunten auf dem Treppenabsatz. Die Mutter sprang ihm nach und nahm ihn sanft auf ihren Arm; dann aber richtete sie sich hoch auf, und den blutenden Kopf des Kindes an ihrer Brust, erhob sie die geballte Faust gegen ihren Bruder, der zwischen seinen spinnenden Katzen droben am Treppengeländer stand: «Veruchter, böser Mann!» rief sie. «Mögest du verkommen bei deinen Bestien!»

«Fluche, soviel du Lust hast!» erwiderte der Bruder; «aber mach, daß du aus dem Hause kommst.»

Dann, während das Weib mit dem weinenden Knaben die dunkeln Treppen hinabstieg, lockte er seine Katzen und klappte die Stubentür hinter sich zu. – Er bedachte nicht, daß die Flüche der Armen gefährlich sind, wenn die Hartherzigkeit der Reichen sie hervorgerufen hat.

Einige Tage später trat Frau Anken, wie gewöhnlich, mit dem Mittagessen in die Stube ihres Herrn. Aber sie kniff heute noch mehr als sonst mit den dünnen Lippen, und ihre kleinen blöden Augen leuchteten vor Vergnügen. Denn sie hatte die harten Worte nicht vergessen, die sie wegen ihrer Nachlässigkeit an jenem Abend hatte hinnehmen müssen, und sie dachte sie ihm jetzt mit Zinsen wieder heimzuzahlen.

«Habt Ihr's denn auf St. Magdalenen läuten hören?» fragte sie.

«Nein», erwiderte Herr Bulemann kurz, der über seinen Zahlentafeln saß.

«Wißt Ihr denn wohl, wofür es geläutet hat?» fragte die Alte weiter.

«Dummes Geschwätz! Ich höre nicht nach dem Gebimmel.»

«Es war aber doch für Euren Schwestersohn!»

Herr Bulemann legte die Feder hin. «Was schwatzest du, Alte?»

«Ich sage», erwiderte sie, «daß sie soeben den kleinen Christoph begraben haben.»

Herr Bulemann schrieb schon wieder weiter. «Warum erzählst du mir das? Was geht mich der Junge an?»

«Nun, ich dachte nur; man erzählt ja wohl, was Neues in der Stadt passiert.» –

Als sie gegangen war, legte aber doch Herr Bulemann die Feder wieder fort und schritt, die Hände auf dem Rücken, eine lange Zeit in seinem Zimmer auf und ab. Wenn unten auf der Gasse ein Geräusch entstand, trat er hastig ans Fenster, als erwarte er schon den Stadtdiener eintreten zu sehen, der ihn wegen der Mißhandlung des Knaben vor den Rat zitieren solle. Der schwarze Graps, der mauzend seinen Anteil an der aufgetragenen Speise verlangte, erhielt einen Fußtritt, daß er schreiend in die Ecke flog. Aber, war es nun der Hunger, oder hatte sich unversehens die sonst so unterwürfige Natur des Tieres verändert, er wandte sich gegen seinen Herrn und fuhr fauchend und prustend auf ihn los. Herr Bulemann gab ihm einen zweiten Fußtritt. «Freßt», sagte er. «Ihr braucht nicht auf mich zu warten.»

Mit einem Satz waren die beiden Katzen an der vollen Schüssel, die er ihnen auf den Fußboden gesetzt hatte.

Dann aber geschah etwas Seltsames.

Als der gelbe Schnores, der zuerst seine Mahlzeit beendet hatte, nun in der Mitte des Zimmers stand, sich reckte und buckelte, blieb Herr Bulemann plötzlich vor ihm stehen; dann ging er um das Tier herum und betrachtete es von allen Seiten. «Schnores, alter Halunke, was ist denn das?» sagte er, den Kopf des Katers krauend. «Du bist ja noch gewachsen in deinen alten Tagen!» – In diesem Augenblick war auch die andere Katze hinzugesprungen. Sie sträubte ihren glänzenden Pelz und stand dann hoch auf ihren schwarzen Beinen. Herr Bulemann schob sich die bunte Zipfelmütze aus der Stirn. «Auch der!» murmelte er. «Seltsam, es muß in der Sorte liegen.»

Es war indes dämmerig geworden, und da niemand kam und ihn beunruhigte, so setzte er sich zu den Schüsseln, die auf dem Tische standen. Endlich begann er sogar seine großen Katzen, die neben ihm auf dem Kanapee saßen, mit einem gewissen Behagen zu beschauen. «Ein Paar stattliche Burschen seid ihr!» sagte er, ihnen zunickend. «Nun soll euch das alte Weib unten auch die Ratten nicht mehr vergiften!» – Als er aber abends nebenan in seine Schlafkammer ging, ließ er sie nicht, wie sonst, zu sich herein; und als er sie nachts mit den Pfoten gegen die

Kammertür fallen und mauzend daran herunterrutschen hörte, zog er sich das Deckbett über beide Ohren und dachte: «Mauzt nur zu, ich habe eure Krallen gesehen.» –

Dann kam der andere Tag, und als es Mittag geworden, geschah dasselbe, was tags zuvor geschehen war. Von der geleerten Schüssel sprangen die Katzen mit einem schweren Satz mitten ins Zimmer hinein, reckten und streckten sich; und als Herr Bulemann, der schon wieder über seinen Zahlentafeln saß, einen Blick zu ihnen hinüberwarf, stieß er entsetzt seinen Drehstuhl zurück und blieb mit ausgerecktem Halse stehen. Dort, mit leisem Winseln, als wenn ihnen ein Widriges angetan würde, standen Graps und Schnores zitternd mit geringelten Schwänzen, das Haar gesträubt; er sah es deutlich, sie dehnten sich, sie wurden groß und größer.

Noch einen Augenblick stand er, die Hände an den Tisch geklammert; dann plötzlich schritt er an den Tieren vorbei und riß die Stubentür auf. «Frau Anken, Frau Anken!» rief er, und da sie nicht gleich zu hören schien, tat er einen Pfiff auf seinen Fingern, und bald schlurrte auch die Alte unten aus dem Hinterhause hervor und keuchte eine Treppe nach der andern herauf.

«Sehe Sie sich einmal die Katzen an!» rief er, als sie ins Zimmer getreten war.

«Die hab' ich schon oft gesehen, Herr Bulemann.»

«Sieht Sie daran denn nichts?»

«Daß ich nicht wüßte, Herr Bulemann!» erwiderte sie, mit ihren blöden Augen um sich blinzelnd.

«Was sind denn das für Tiere? Das sind ja gar

keine Katzen mehr!» – Er packte die Alte an den Armen und rannte sie gegen die Wand. «Rotaugige Hexe!» schrie er, «bekenne, was hast du meinen Katzen eingebraut!»

Das Weib klammerte ihre knöchernen Hände ineinander und begann unverständliche Gebete herzuplappern. Aber die furchtbaren Katzen sprangen von rechts und links auf die Schultern ihres Herrn und leckten ihn mit ihren scharfen Zungen ins Gesicht. Da mußte er die Alte loslassen.

Fortwährend plappernd und hüstelnd schlich sie aus dem Zimmer und kroch die Treppen hinab. Sie war wie verwirrt; sie fürchtete sich, ob mehr vor ihrem Herrn oder vor den großen Katzen, das wußte sie selber nicht. So kam sie hinten in ihre Kammer. Mit zitternden Händen holte sie einen mit Geld gefüllten wollenen Strumpf aus ihrem Bett hervor; dann nahm sie aus einer Lade eine Anzahl alter Röcke und Lumpen und wickelte sie um ihren Schatz herum, so daß es endlich ein großes Bündel gab. Denn sie wollte fort, um jeden Preis fort; sie dachte an die arme Halbschwester ihres Herrn draußen in der Vorstadt; die war immer freundlich gegen sie gewesen, zu der wollte sie. Freilich, es war ein weiter Weg, durch viele Gassen, über viele schmale und lange Brücken, welche über dunkle Gräben und Fleten hinwegführten, und draußen dämmerte schon der Winterabend. Es trieb sie dennoch fort. Ohne an ihre Tausende von Weizenbrötchen zu denken, die sie in kindischer Fürsorge in den großen Nußbaumschränken aufgehäuft hatte, trat sie mit ihrem schweren Bündel auf dem Nacken aus dem Hause.

Sorgfältig mit dem großen, krausen Schlüssel verschloß sie die schwere eichene Tür, steckte ihn in ihre Ledertasche und ging dann keuchend in die finstere Stadt hinaus. –

Frau Anken ist niemals wiedergekommen, und die Tür von Bulemanns Haus ist niemals wieder aufgeschlossen worden.

Noch an demselben Tage aber, da sie fortgegangen, hat ein junger Taugenichts, der, den Knecht Ruprecht spielend, in den Häusern umherlief, mit Lachen seinen Kameraden erzählt, da er in seinem rauhen Pelze über die Kreszentiusbrücke gegangen sei, habe er ein altes Weib dermaßen erschreckt, daß sie mit ihrem Bündel wie toll in das schwarze Wasser hinabgesprungen sei. – Auch ist in der Frühe des andern Tages in der äußersten Vorstadt die Leiche eines alten Weibes, welche an einem großen Bündel festgebunden war, von den Wächtern aufgefischt und bald darauf, da niemand sie gekannt hat, auf dem Armenviertel des dortigen Kirchhofs in einem platten Sarge eingegraben worden.

Dieser andere Morgen war der Morgen des Weihnachtsabends. – Herr Bulemann hatte eine schlechte Nacht gehabt; das Kratzen und Arbeiten der Tiere gegen seine Kammertür hatte ihm diesmal keine Ruhe gelassen; erst gegen die Morgendämmerung war er in einen langen, bleiernen Schlaf gefallen. Als er endlich seinen Kopf mit der Zipfelmütze in das Wohnzimmer hineinsteckte, sah er die beiden Katzen laut schnurrend mit unruhigen Schritten umeinander hergehen. Es war schon nach Mittag; die Wanduhr zeigte auf eins. «Sie werden Hunger

haben, die Bestien», murmelte er. Dann öffnete
er die Tür nach dem Flur und pfiff nach der Alten.
Zugleich aber drängten die Katzen sich hinaus
und rannten die Treppe hinab, und bald hörte er
von unten aus der Küche herauf Springen und
Tellergeklapper. Sie mußten auf den Schrank
gesprungen sein, auf den Frau Anken die Speisen
für den andern Tag zurückzusetzen pflegte.

Herr Bulemann stand oben an der Treppe und
rief laut und scheltend nach der Alten; aber nur
das Schweigen antwortete ihm oder von unten heraufaus den Winkeln des alten Hauses
ein schwacher Widerhall. Schon schlug er die
Schöße seines geblümten Schlafrocks übereinander und wollte selbst hinabsteigen, da polterte es
drunten auf den Stiegen, und die beiden Katzen
kamen wieder heraufgerannt. Aber das waren
keine Katzen mehr; das waren zwei furchtbare,
namenlose Raubtiere. Die stellten sich gegen
ihn, sahen ihn mit ihren glimmenden Augen an
und stießen ein heiseres Geheul aus. Er wollte an
ihnen vorbei, aber ein Schlag mit der Tatze, der
ihm einen Fetzen aus dem Schlafrock riß, trieb
ihn zurück. Er lief ins Zimmer; er wollte ein
Fenster aufreißen, um die Menschen auf der
Gasse anzurufen; aber die Katzen sprangen
hinterdrein und kamen ihm zuvor. Grimmig
schnurrend, mit erhobenem Schweif, wanderten
sie vor den Fenstern auf und ab. Herr Bulemann
rannte auf den Flur hinaus und warf die Zimmertür hinter sich zu; aber die Katzen schlugen mit
der Tatze auf die Klinke und standen schon vor
ihm an der Treppe. – Wieder floh er ins Zimmer
zurück, und wieder waren die Katzen da.

Schon verschwand der Tag, und die Dunkelheit kroch in alle Ecken. Tief unten von der Gasse herauf hörte er Gesang; Knaben und Mädchen zogen von Haus zu Haus und sangen Weihnachtslieder. Sie gingen in alle Türen; er stand und horchte. Kam denn niemand an seine Tür? – Aber er wußte es ja, er hatte sie selber alle fortgetrieben; es klopfte niemand, es rüttelte niemand an der verschlossenen Haustür. Sie zogen vorüber; und allmählich ward es still, totenstill auf der Gasse. Und wieder suchte er zu entrinnen; er wollte Gewalt anwenden; er rang mit den Tieren, er ließ sich Gesicht und Hände blutig reißen. Dann wieder wandte er sich zur List; er rief sie mit den alten Schmeichelnamen, er strich ihnen die Funken aus dem Pelz und wagte es sogar, ihren flachen Kopf mit den großen weißen Zähnen zu krauen. Sie warfen sich auch vor ihm hin und wälzten sich schnurrend zu seinen Füßen; aber wenn er den rechten Augenblick gekommen glaubte und aus der Tür schlüpfte, so sprangen sie auf und standen, ihr heiseres Geheul ausstoßend, vor ihm. – So verging die Nacht, so kam der Tag, und noch immer rannte er zwischen der Treppe und den Fenstern seines Zimmers hin und wider, die Hände ringend, keuchend, das graue Haar zerzaust.

Und noch zweimal wechselten Tag und Nacht; da endlich warf er sich gänzlich erschöpft, an allen Gliedern zuckend, auf das Kanapee. Die Katzen setzten sich ihm gegenüber und blinzelten ihn schläfrig aus halbgeschlossenen Augen an. Allmählich wurde das Arbeiten seines Leibes weniger, und endlich hörte es ganz auf. Eine fahle Blässe überzog unter den Stoppeln des grauen Bartes sein Gesicht; noch einmal aufseufzend, streckte er die Arme und spreizte die langen Finger über die Knie; dann regte er sich nicht mehr.

Unten in den öden Räumen war es indessen nicht ruhig gewesen. Draußen an der Tür des Hinterhauses, die auf den engen Hof hinausführt, geschah ein emsiges Nagen und Fressen. Endlich entstand über der Schwelle eine Öffnung, die größer und größer wurde; ein grauer Mauskopf drängte sich hindurch, dann noch einer, und bald huschte eine ganze Schar von Mäusen über den Flur und die Treppe hinauf in den ersten Stock. Hier begann das Arbeiten aufs neue an der Zimmertür, und als diese durchnagt war, kamen die großen Schränke daran, in denen Frau Ankens hinterlassene Schätze aufgespeichert lagen. Da war ein Leben wie im Schlaraffenland; wer durch wollte, mußte sich durchfressen. Und das Geziefer füllte sich den Wanst; und wenn es mit dem Fressen nicht mehr fort wollte, rollte es die Schwänze auf und hielt sein Schläfchen in den hohlgefressenen Weizenbrötchen. Nachts kamen sie hervor, huschten über die Dielen oder saßen, ihre Pfötchen leckend, vor dem Fenster und schauten, wenn der Mond schien, mit ihren kleinen blanken Augen in die Gasse hinab.

Aber diese behagliche Wirtschaft sollte bald ihr Ende erreichen. In der dritten Nacht, als eben droben Herr Bulemann seine Augen zugetan hatte, polterte es draußen auf den Stiegen. Die großen Katzen kamen herabgesprungen, öffneten mit einem Schlage ihrer Tatze die Tür des Zimmers und begannen ihre Jagd. Da hatte alle Herrlichkeit ein Ende. Quieksend und pfeifend rannten die fetten Mäuse umher und strebten ratlos an den Wänden hinauf. Es war vergebens; sie verstummten eine nach der andern zwischen den zermalmenden Zähnen der beiden Raubtiere.

Dann wurde es still, und bald war in dem ganzen Hause nichts vernehmbar als das leise Spinnen der großen Katzen, die mit ausgestreckten Tatzen droben vor dem Zimmer ihres Herrn lagen und sich das Blut aus den Bärten leckten.

Unten in der Haustür verrostete das Schloß, den Messingklopfer überzog der Grünspan, und zwischen den Treppensteinen begann das Gras zu wachsen.

Draußen aber ging die Welt unbekümmert ihren Gang. – Als der Sommer gekommen war, stand auf dem St.-Magdalenen-Kirchhof auf dem Grabe des kleinen Christoph ein blühender weißer Rosenbusch; und bald lag auch ein kleiner Denkstein unter demselben. Den Rosenbusch hatte seine Mutter ihm gepflanzt; den Stein freilich hatte sie nicht beschaffen können. Aber Christoph hatte einen Freund gehabt; es war ein junger Musikus, der Sohn eines Trödlers, der in dem Hause ihnen gegenüber wohnte. Zuerst hatte er sich unter sein Fenster geschlichen, wenn der Musiker drinnen am Klavier saß; später hatte dieser ihn zuweilen in die Magdalenenkirche mitgenommen, wo er sich nachmittags im Orgelspiel zu üben pflegte. – Da saß denn der blasse Knabe auf einem Schemelchen zu seinen Füßen, lehnte lauschend den Kopf an die Orgelbank und sah, wie die Sonnenlichter durch die Kirchenfenster spielten. Wenn der junge Musikus dann, von der Verarbeitung seines Themas fortgerissen, die tiefen mächtigen Register durch die Gewölbe brausen ließ oder wenn er mitunter den Tremulanten zog und die Töne wie zitternd vor der Majestät Gottes dahinfluteten, so konnte es wohl geschehen, daß der Knabe in stilles Schluchzen ausbrach und sein Freund ihn nur schwer zu beruhigen vermochte. Einmal auch sagte er bittend: «Es tut mir weh, Leberecht; spiele nicht so laut!»

Der Orgelspieler schob auch sogleich die großen Register wieder ein und nahm die Flöten- und andere sanfte Stimmen; und süß und ergreifend schwoll das Lieblingslied des Knaben durch die stille Kirche: «Befiehl du deine Wege». – Leise mit seiner kränklichen Stimme hub er an mitzusingen. «Ich will auch spielen lernen», sagte er, als die Orgel schwieg; «willst du mich es lehren, Leberecht?»

Der junge Musikus ließ seine Hand auf den Kopf des Knaben fallen, und ihm das gelbe Haar streichelnd, erwiderte er: «Werde nur erst recht gesund, Christoph; dann will ich dich es gern lehren.»

Aber Christoph war nicht gesund geworden. – Seinem kleinen Sarge folgte neben der Mutter auch der junge Orgelspieler. Sie sprachen hier zum erstenmal zusammen; und die Mutter erzählte ihm jenen dreimal geträumten Traum von dem kleinen silbernen Erbbecher.

«Den Becher», sagte Leberecht, «hätte ich Euch geben können; mein Vater, der ihn vor Jahren mit vielen andern Dingen von Euerm

Bruder erhandelte, hat mir das zierliche Stück einmal als Weihnachtsgeschenk gegeben.»

Die Frau brach in die bittersten Klagen aus. «Ach», rief sie immer wieder, «er wäre ja gewiß gesund geworden!»

Der junge Mann ging eine Weile schweigend neben ihr her. «Den Becher soll unser Christoph dennoch haben», sagte er endlich.

Und so geschah es. Nach einigen Tagen hatte er den Becher an einen Sammler solcher Pretiosen um einen guten Preis verhandelt; von dem Gelde aber ließ er den Denkstein für das Grab des kleinen Christoph machen. Er ließ eine Marmortafel darin einlegen, auf welcher das Bild des Bechers ausgemeißelt wurde. Darunter standen die Worte eingegraben: «Zur Gesundheit!» –

Noch viele Jahre hindurch, mochte der Schnee auf dem Grabe liegen oder mochte in der Junisonne der Busch mit Rosen überschüttet sein, kam oft eine blasse Frau und las andächtig und sinnend die beiden Worte auf dem Grabstein. – Dann eines Sommers ist sie nicht mehr gekommen; aber die Welt ging unbekümmert ihren Gang.

Nur noch einmal, nach vielen Jahren, hat ein sehr alter Mann das Grab besucht, er hat sich den kleinen Denkstein angesehen und eine weiße Rose von dem alten Rosenbusch gebrochen. Das ist der emeritierte Organist von St. Magdalenen gewesen.

Aber wir müssen das friedliche Kindergrab verlassen und, wenn der Bericht zu Ende geführt werden soll, drüben in der Stadt noch einen Blick in das alte Erkerhaus der Düsternstraße werfen.

– Noch immer stand es schweigend und verschlossen. Während draußen das Leben unablässig daran vorüberflutete, wucherte drinnen in den eingeschlossenen Räumen der Schwamm aus den Dielenritzen, löste sich der Gips an den Decken und stürzte herab, in einsamen Nächten ein unheimliches Echo über Flur und Stiege jagend. Die Kinder, welche an jenem Christabend auf der Straße gesungen hatten, wohnten jetzt als alte Leute in den Häusern, oder sie hatten ihr Leben schon abgetan und waren gestorben; die Menschen, die jetzt auf der Gasse gingen, trugen andere Gewänder, und draußen auf dem Vorstadtskirchhof war der schwarze Nummerpfahl auf Frau Ankens namenlosem Grabe schon längst verfault. Da schien eines Nachts wieder einmal, wie schon so oft, über das Nachbarhaus hinweg der Vollmond in das Erkerfenster des dritten Stockwerks und malte mit seinem bläulichen Lichte die kleinen runden Scheiben auf den Fußboden. Das Zimmer war leer; nur auf dem Kanapee zusammengekauert saß eine kleine Gestalt von der Größe eines jährigen Kindes, aber das Gesicht war alt und bärtig und die magere Nase unverhältnismäßig groß; auch trug sie eine weit über die Ohren fallende Zipfelmütze und einen langen, augenscheinlich für einen ausgewachsenen Mann bestimmten Schlafrock, auf dessen Schoß sie die Füße heraufgezogen hatte.

Diese Gestalt war Herr Bulemann. – Der Hunger hatte ihn nicht getötet, aber durch den Mangel an Nahrung war sein Leib verdorrt und eingeschwunden, und so war er im Lauf der Jahre kleiner und kleiner geworden. Mitunter in Vollmondnächten, wie diese, war er erwacht und hatte, wenn auch mit immer schwächerer Kraft, seinen Wächtern zu entrinnen gesucht. War er von den vergeblichen Anstrengungen erschöpft aufs Kanapee gesunken oder zuletzt hinaufgekrochen, und hatte dann der bleierne Schlaf ihn wieder befallen, so streckten Graps und Schnores sich draußen vor der Treppe hin, peitschten mit ihrem Schweif den Boden und horchten, ob Frau Ankens Schätze neue Wanderzüge von Mäusen in das Haus gelockt hätten.

Heute war es anders; die Katzen waren weder im Zimmer noch draußen auf dem Flur. Als das durch das Fenster fallende Mondlicht über den Fußboden weg und allmählich an der kleinen Gestalt hinaufrückte, begann sie sich zu regen; die großen runden Augen öffneten sich, und Herr Bulemann starrte in das leere Zimmer hinaus. Nach einer Weile rutschte er, die langen Ärmel mühsam zurückschlagend, von dem Kanapee herab und schritt langsam der Tür zu, während die breite Schleppe des Schlafrocks hinter ihm herfegte. Auf den Fußspitzen nach der Klinke greifend, gelang es ihm, die Stubentür zu öffnen und draußen bis an das Geländer der Treppe vorzuschreiten. Eine Weile blieb er keuchend stehen; dann streckte er den Kopf vor und mühte sich zu rufen: «Frau Anken, Frau Anken!» Aber seine Stimme war nur wie das Wispern eines kranken Kindes. «Frau Anken, mich hungert; so höre Sie doch!»

Alles blieb still; nur die Mäuse quieksten jetzt heftig in den unteren Zimmern.

Da wurde er zornig. «Hexe, verfluchte, was pfeift Sie denn?» Und ein Schwall unverständ-

lich geflüsterter Schimpfworte sprudelte aus
seinem Munde, bis ein Stickhusten ihn befiel
und seine Zunge lähmte.

Draußen, unten an der Haustür, wurde der
schwere Messingklopfer angeschlagen, daß der
Hall bis in die Spitze des Hauses hinaufdrang. Es
mochte jener nächtliche Geselle sein, von dem
im Anfang dieser Geschichte die Rede gewesen
ist.

Herr Bulemann hatte sich wieder erholt. «So
öffne Sie doch!» wisperte er; «es ist der Knabe,
der Christoph; er will den Becher holen.»

Plötzlich wurden von unten herauf zwischen
dem Pfiefen der Mäuse die Sprünge und das
Knurren der beiden großen Katzen vernehmbar.
Er schien sich zu besinnen; zum erstenmal bei
seinem Erwachen hatten sie das oberste Stockwerk verlassen und ließen ihn gewähren. – Hastig, den langen Schlafrock nach sich schleppend, stapfte er in das Zimmer zurück.

Draußen aus der Tiefe der Gasse hörte er den
Wächter rufen. «Ein Mensch, ein Mensch!»
murmelte er; «die Nacht ist so lang, so vielmal
bin ich aufgewacht, und noch immer scheint der
Mond.»

Er kletterte auf den Polsterstuhl, der in dem
Erkerfenster stand. Emsig arbeitete er mit den
kleinen dürren Händen an dem Fensterhaken;
denn drunten auf der mondhellen Gasse hatte er
den Wächter stehen sehen. Aber die Haspen
waren festgerostet; er mühte sich vergebens, sie
zu öffnen. Da sah er den Mann, der eine Weile
hinaufgestarrt hatte, in den Schatten der Häuser
zurücktreten.

Ein schwacher Schrei brach aus seinem

Munde; zitternd mit geballten Fäusten schlug er gegen die Fensterscheiben; aber seine Kraft reichte nicht aus, sie zu zertrümmern. Nun begann er Bitten und Versprechungen durcheinander zu wispern; allmählich, während die Gestalt des unten gehenden Mannes sich immer mehr entfernte, wurde sein Flüstern zu einem erstickten heisern Gekrächze; er wollte seine Schätze mit ihm teilen, wenn er nur hören wollte; er sollte alles haben, er selber wollte nichts, gar nichts für sich behalten; nur den Becher, der sei das Eigentum des kleinen Christoph.

Aber der Mann ging unten unbekümmert seinen Gang, und bald war er in einer Nebengasse verschwunden. – Von allen Worten, die Herr Bulemann in jener Nacht gesprochen, ist keines von einer Menschenseele gehört worden.

Endlich, nach aller vergeblichen Anstrengung, kauerte sich die kleine Gestalt auf dem Polsterstuhl zusammen, rückte die Zipfelmütze zurecht und schaute, unverständliche Worte murmelnd, in den leeren Nachthimmel hinauf.

So sitzt er noch jetzt und erwartet die Barmherzigkeit Gottes.

Thomas Gray

Ode on the Death of a Favourite Cat, Drowned in a Tub of Gold Fishes

'Twas on a lofty vase's side,
Where China's gayest art had dy'd
   The azure flowers that blow;
Demurest of the tabby kind,
The pensive Selima, reclin'd,
   Gaz'd on the lake below.

Her conscious tail her joy declar'd;
The fair round face, the snowy beard,
   The velvet of her paws,
Her coat, that with the tortoise vies,
Her ears of jet, and emerald eyes,
   She saw; and purr'd applause.

Still had she gaz'd; but 'midst the tide
Two angel forms were seen to glide,
   The Genii of the stream:
Their scaly armour's Tyrian hue
Thro' richest purple to the view
   Betray'd a golden gleam.

The hapless Nymph with wonder saw:
A whisker first, and then a claw,
   With many an ardent wish,
She stretch'd in vain to reach the prize.
What female heart can gold despise?
   What Cat's averse to fish?

Thomas Gray

Ode auf den Tod einer Favoritin – ertrunken im Goldfischbecken

Auf eines hohen Beckens Rand,
das eines China-Künstlers Hand
mit blauen Blumen hat geschmückt,
schaut auf den See tief unter sich
die spröbeste der Tigerkatzen –
Selima – und verwundert sich.

Ihr kluger Schwanz von Freude spricht:
wie weiß der Bart, welch schön Gesicht,
wie Samt die Pfoten, und das Fell
wetteifernd mit dem Schildpatt-Braun,
jettschwarzes Ohr, smaragdne Augen –
sie sah – und schnurrte Beifall laut,

und hätte länger noch gestarrt,
doch sah man durch die Flut hingleiten
des Stromes Genien, engelschön:
ihr Schuppenkleid, tyrisch getönt,
durch reichstes Purpurrot hindurch
verriet den Blick auf goldnen Glanz.

Voll Staunen sah's die arme Nymphe!
Zuerst den Schnurrbart, dann die Pfote
streckt' sie in glühendem Begehren
vergeblich nach der Beute aus.
Welch weiblich Herz kann Gold verachten?
Welch Kätzchen bang nach Fisch ver-
                              schmachten?

Presumptuous Maid! with looks intent
Again she stretch'd, again she bent,
  Nor knew the gulf between.
(Malignant Fate sat by, and smil'd.)
The slipp'ry verge her feet beguil'd,
  She tumbled headlong in.

Eight times emerging from the flood
She mew'd to ev'ry wat'ry God,
  Some speedy aid to send.
No Dolphin came, no Nereid stirr'd:
Nor cruel *Tom*, nor *Susan* heard.
  A Fav'rite has no friend!

From hence, ye Beauties, undeceiv'd,
Know, one false step is ne'er retriev'd,
  And be with caution bold.
Not all that tempts your wand'ring eyes
And heedless hearts, is lawful prize;
  Nor all that glisters, gold.

Tollkühne Maid! Entschloßnen Blicks
reckt sie sich wieder, beugt sich nieder
(das böse Fatum saß und lacht!),
ahnt nichts vom Abgrund unter sich,
vom schlüpfrig-trügerischen Rand –
kopfüber purzelt sie hinein!

Achtmal taucht aus der Flut sie auf,
zu jeder Wassergottheit laut
um schnelle Hilfe sie miaut.
Delphin erschien nicht, nicht die Nereide,
kein schlimmer *Tom*, und nicht einmal
Susanne,
denn Favoriten haben keinen Freund.

Von nun an wisset, unverführt, ihr Schönen:
unwiderruflich ist ein falscher Schritt!
Seid drum mit Vorsicht kühn!
Nicht alles, was schweifende Blicke
und arglose Herzen lockt, ist legitime Beute.
Nicht alles ist, was glitzert – Gold!

Shimaki Kensaku

Der schwarze Kater

Als meine Krankheit sich etwas gebessert hatte und ich im Liegen wieder Bücher lesen konnte, nahm ich zuallererst Reiseberichte in die Hand. Seit je hatte ich Reisebeschreibungen gern gehabt, aber trotz dieser Vorliebe eigentlich nur wenige gelesen. Auch im Gespräch mit andern Leuten zeigte es sich, daß Reiseberichte unerwartet selten gelesen wurden. Zumindest schien sich ihre Beliebtheit nicht entfernt mit einer gewissen Sorte von essayistischen Aufzeichnungen messen zu können. Die Ansicht war allgemein verbreitet, daß man kein Interesse habe, Beschreibungen von Ländern zu lesen, die mit dem eigenen Lebenskreis in keinem Zusammenhang standen; daß, angenommen man lese einmal etwas, der Pinsel sehr selten sei, der ein völlig unbekanntes Land wirklich lebendig zu schildern vermöge; und daß, wenn man aus einer gewissen Sehnsucht heraus Bücher über ein schon bereistes Land lese, einem doch nur die Mängel auffielen, weil man es ja aus eigener Anschauung kenne. Persönlich erinnerte ich mich, dereinst beim Niederschreiben eigener Reiseerlebnisse das Selbstvertrauen verloren zu haben, indem ich mich zweifelnd fragte, wer denn überhaupt dergleichen lesen würde. Nun aber hatte mich meine diesmalige lange Bettlägrigkeit zur Überzeugung gebracht, daß es sicher keine eifrigeren Leser von Reiseberichten geben könne als kranke Menschen.

Ich las Mamiya Rinzō, ich las Matsuura Takeshirō, und ich las Sugae Masumi. Dann folgten Goethe, Siebold, Sven Hedin. Ich verschlang unterschiedslos, was ich an Werken von Schriftstellern seit der Meiji-Zeit im Haus hatte. Und als dieser nicht sehr umfangreiche Buchvorrat erschöpft war, ließ ich mir die geographische Zeitschrift beim Kopfkissen aufreihen. Ich hatte diese Zeitschrift seit vielen Jahren regelmäßig abonniert, doch war sie bis dahin nur auf einem Stapel liegengeblieben. Bei dieser Gelegenheit durchblätterte ich nach Lust und Laune all die Seiten und dachte dabei, es könnte gar kein größeres Vergnügen geben.

In einigen neueren Nummern dieser Zeitschrift hatte ein gewisser Gelehrter Reiseeindrücke aus Sachalin veröffentlicht, die mein Interesse auf sich zogen. Vor allem regte der darin eingefügte Bericht über die Großwildkatze von Sachalin, die nahe am Aussterben ist, meine Phantasie heftig an. Die Sachalinsche Großwildkatze wurde in den Jahren 1908, 1912 und 1930 dreimal erlegt, danach hielt man sie für ausgestorben. Doch im Februar 1941 wurde sie erneut in der Ortschaft Noda zur Beute. Diesmal war es ein weibliches Tier. Als der Jäger seinen Hund gegen sie ausschickte, wurde der seinerseits von der Katze herumgejagt. Während der erschrockene Jäger die Flinte in Anschlag brachte, zielte die Wildkatze auf ihn von einem Baum herunter und besprengte ihn unversehens mit ihrem Harn. Ich las diesen einfachen Bericht mehrere Male durch und konnte mich an der beigefügten Photographie der Wildkatze nicht satt sehen. Sie zeigte eines der 1908 oder 1912 erlegten Tiere, und es hieß, der Gesichtsausdruck des Präparats reiche in keiner Weise an den wirklichen heran. Aber auch so war ihre Wildheit und Verwegenheit, die angeblich sogar einen Bären zur Strecke bringen konnte, noch gut zu erkennen. Es hieß, Kopf und Rumpf seien zusammen fast ein Meter lang, das Fell zeige ein rötlich angehauchtes Dunkelgrau und sei mit runden dunklen Tupfen übersät. Die Haare waren kurz, aber man hatte den Eindruck eines dichten, buschigen Pelzes. Das Maul schien sich bis zu den Wangen hinauf zu spalten, und auf den Wangen sproß ein einzelnes Haarbüschel wie eine Quaste hervor. Die Schnurrbarthaare waren weiß und dick. Was aber am deutlichsten von ihrer Wildheit zeugte, das waren die vier Beine, die man fast als geschmeidige Stöcke hätte bezeichnen mögen. In der Regel sind die Beine bei allen möglichen Arten oben dick und verjüngen sich gegen die Knöchel hinunter. Auch herrscht die Ansicht vor, dicke Fußknöchel beeinträchtigten die Schnelligkeit der Bewegung. Die Beine der Wildkatze zeigten aber von oben bis unten fast den gleichen Umfang, und im Vergleich zum Rumpf waren sie erschreckend dick und lang. Nicht nur wirkten sie in keiner Weise schwerfällig, man spürte darin eine ungestüme Kraft voll von Elastizität. Mit solchen vier Beinen also bewegte sie sich fast lautlos fort, und zwischen den Zehen verbargen sich rasiermesserscharfe Krallen, die selbst den Pelz eines Bären zu zerreißen imstande sein sollten.

Ich malte mir aus, wie eine solche verwegene Bestie mit funkelnden Augen im Urwald von Sachalin umherstreifte. Auf der ganzen Insel

existierten vielleicht nur noch ein oder zwei
Exemplare. Sie waren am Aussterben, die letzten
Vertreter ihrer Art. Was für eine Einsamkeit
mußte das sein! Doch da gab es nicht eine Spur
jenes Elendsschattens, der sonst die Einsamkeit
umlauert. Da war nur trotziger Stolz, brennende
Kampfbegierde. Niemals würde dieses Tier den
Stolz eines Königs der Wälder verlieren. Als der
Mensch, die Krone der Schöpfung, seine Flinte
auf es richtete, da ergriff es nicht die Flucht; aber
es verzichtete auch darauf, seine größte Waffe,
die Krallen, zu wetzen und ihn frontal anzugreifen. Es begnügte sich damit, über seinem Kopf
das Hinterbein zu heben und ihn mit Harn zu
besprengen! In seinen Augen war ein Mensch
mit Flinte gerade soviel wert und kein bißchen
mehr.

Ich brach unwillkürlich in Gelächter aus. Die
Großwildkatze hatte mir, dem einsamen Kranken, den größten denkbaren Trost gespendet. Ein
Gefühl von Ernst und innerer Spannung erfaßte
mich. Man konnte es beinahe seelische Ergrif-
fenheit nennen.

Im gleichen Artikel war auch die Rede von den
Seebären auf der Insel Tyuleni. Doch im Gegensatz zur Großwildkatze ging es hier um ein
extremes Gebären und Sich-Vermehren. Hier
herrschte blutrünstige Rauferei im Interesse der
Fortpflanzung. Irgendwann hatte ich mal einen
Film über das Herdenleben der Seebären gesehen. Indem ich mich daran erinnerte, wie sie mit
flossenartigen Extremitäten flatternd herum-
hüpften und ein dumpfes Geheul wie kranke
Kühe von sich gaben, stieg in der Tat Übelkeit in
mir auf. Selbst die Schriftzeichen für Seebär (in

denen die Bedeutung «dick, fett, weich» steckt) und die Gedankenverbindung zum Wort Harem kamen mir unerträglich und abscheulich vor.

Nur wenige Tage, nachdem mir die Großwildkatze solchen Eindruck gemacht hatte, ließ sich ums Haus herum ein Tier blicken, dessen hochmütige Erscheinung eine Spur von Verwandtschaft zeigte, auch wenn es nichts weiter als eine verwilderte Katze war. Darüber empfand ich große Genugtuung.

Seit zwei, drei Jahren hatte die Zahl der ums Haus herumstreichenden Hunde und Katzen auffallend zugenommen. Unnötig zu sagen, daß das mit der verschlechterten Versorgungslage in der Menschenwelt zusammenhing. Gewiß gab es darunter auch solche Tiere, die von Anfang an heimatlos gewesen waren, aber viele hatten bis vor kurzem noch einen Herrn gehabt. Sie waren in der Tat schrecklich heruntergekommen, besonders gerade diejenigen, die einmal einen Meister gehabt hatten. Auch stand es schlimmer um die Hunde als um die Katzen. Denn je mehr ein Tier sich an ein dem Menschen gegenüber unterwürfiges Leben gewöhnt hat, desto erbärmlicher wirkt es, wenn es verwildert. Sie kamen, um Abfallhaufen zu durchstöbern. Doch schon gab es um die menschlichen Behausungen nichts mehr, was einem Abfallhaufen ähnlich sah. Trotzdem kamen sie hartnäckig jeden Tag und trieben sich im Vorgarten und um den Kücheneingang herum. Man konnte die Heckenwinkel noch so fest verrammeln, ehe man sich's versah, war wieder ein Schlupfloch drin. Sie dachten wohl, wenn sie's hundertmal versuchten, würde es ihnen doch wenigstens einmal gelingen, etwas aus der Küche zu schnappen. Nebenbei schienen sie auch darauf aus zu sein, sich in der Herbstsonne zu räkeln. Am meisten verhaßt waren sie bei meiner Mutter. Denn ihr Geschäft war es, den Garten zu bestellen, und die Tiere zertraten und schändeten ihr die Beete.

Damals war ich so weit wiederhergestellt, daß ich etwa fünfzehn Minuten pro Tag in den Garten hinausgehen durfte. Auch ich haßte, wenn ich hinaustrat, den Anblick der Tiere. Besonders die Hunde mochte ich nicht. Solche, die einen früher heftig angebellt hatten, wenn man nur vor ihrem ehemaligen Zuhause vorbeigegangen war, näherten sich einem nun zudringlich und schwanzwedelnd. Dabei beobachteten sie unausgesetzt, was man für eine Miene mache, und wenn sie dann die wortlose Feindseligkeit des Gegenübers spürten, klemmten sie den Schwanz zwischen die Beine und nahmen gleichsam stolpernd Reißaus. Und dann fraßen sie herabgefallene, verfaulte Kaki-Früchte und dergleichen. Die Katzen benahmen sich zwar nicht so kriecherisch, waren aber dreister als kleine Schleichdiebe geworden. Sie drangen ins Haus ein, unbekümmert, ob jemand drin sei oder nicht. Sie huschten durch die Zimmer und hinterließen ihre Pfotenabdrücke auf den Tatami. Sie räkelten sich auf den Sitzkissen, wohl in Erinnerung an ihr früheres Leben. Doch sobald sie den Augen eines Menschen begegneten, ergriffen sie mit Bestimmtheit die Flucht.

Unter solchen Umständen also tauchte der Kerl auf.

Kein Mensch wußte, woher er kam, der große

schwarze Kater. Er war sicher anderthalbmal so groß wie eine durchschnittliche Katze. Er hatte einen würdevollen, wahrhaft imponierenden Kopf. Sein Schwanz war kurz, und wenn man ihm von hinten her nachblickte, sah man unter dem kurzen Schwanz, zwischen den Hinterbakken, zwei pralle, irgendwie fruchtartige große Hoden, nicht etwa lose baumelnd, sondern schön straff nebeneinander gesetzt – ein wahrhaft unvergleichliches Symbol der Männlichkeit. Nur seine Haarfarbe mußte man als einzigen Mangel bezeichnen. Hätte er pechschwarze Haare gehabt, dann wäre er wirklich einzigartig gewesen. Doch obwohl man ihn zu den schwarzen Katzen zählen konnte, war es leider ein zu Grau neigendes, schmuddliges Schwarz. Wenn man das sah, meinte man zu verstehen, warum er dem Schicksal der Heimatlosigkeit eben doch nicht hatte entgehen können.

Er zeigte nicht die geringste Furcht vor den Leuten. Auch wenn er einem Menschen Aug in Aug gegenüberstand, floh er nicht. Ins Haus herein drang er nicht, aber wenn ich etwa im ersten Stock in meinem ans Fenster gerückten Stuhl lag, dann kam er aufs Dach direkt vor meinen Kopf und streckte sich dort, nachdem er mir prüfend ins Gesicht geschaut hatte, ebenfalls bequem in der Sonne aus. Meine Gefühle hatte er offenbar durchschaut. Immer schritt er würdevoll und bedächtig dahin. Wo fand er wohl etwas zu fressen? Ohne Zweifel hatte er Hunger. Aber man sah ihn nie gierig sich über etwas hermachen. Auch auf die Dinge in der Küche schien er es nicht abgesehen zu haben.

«Das ist ein merkwürdig imponierender Kerl»,

sagte ich bewundernd. «Hat er noch nichts stibitzt?»

«Nein, noch gar nichts», antwortete jemand von der Familie.

«Gebt ihm doch gelegentlich mal was zu fressen», sagte ich. Und ich dachte sogar, wenn nur die Welt in normalem Zustand wäre, könnten wir ihn ohne weiteres ins Haus aufnehmen.

Es geschah in der Nacht, nachdem ein Bekannter aus meinem Heimatort nach Tokyo gekommen war und uns Salzlachs gebracht hatte. Die Küche war seit langer Zeit wieder einmal erfüllt vom Geruch des gebratenen Salzlachses. Tief in der Nacht riß mich ein lärmendes Getöse von unten her aus dem Schlaf. Sowohl meine Mutter wie meine Frau waren aufgestanden, und man hörte ihre Stimmen aus der Küche. Kurz danach kam die Frau herauf.

«Was ist los?»

«Eine Katze! Sie ist in die Küche eingebrochen.»

«Aber ihr habt doch die Türe fest verriegelt?»

«Sie hat von unter dem Boden her die Brettluke aufgestoßen und ist hereingelangt.»

«Hat sie etwas genommen?»

«Nein, sie hat nichts erwischt, weil die Mutter gerade auf war.»

«Welche Katze war's?»

«Das wissen wir nicht. Aber ich vermute, es war jene Tigerkatze.»

Da so viele Katzen herumstrichen, konnte man nicht ausmachen, welche es gewesen war. Aber niemand hatte den schwarzen Kater in Verdacht.

In der folgenden Nacht wiederholte sich der Tumult.

Nun beschwerten die Mutter und die Frau die

Brettluke mit einem ziemlich großen Pökelstein. Doch in der Nacht schob die Katze, wohl mit dem Kopf, sogar diesen Stein weg und brach ein. Als die Mutter herbeigeeilt kam, war die Katze schon nicht mehr zu sehen. Ich gab ihr belustigt Namen wie «Unheimlicher Nachträuber». Doch für die beiden Frauen hatte es damit nicht sein Bewenden. Vor allen Dingen handelte es sich um eine empfindliche Störung der Nachtruhe.

So war es denn die Mutter, die als erste ihren Verdacht auf den schwarzen Kater als den Verbrecher lenkte. Ein Wesen, das einen so großen Stein wegschieben und einbrechen konnte, mußte bemerkenswerte Kraft besitzen. Da kam nur jener schwarze Kater in Frage, behauptete sie.

Diese Ansicht hatte gewiß einiges für sich. Doch wenn ich den betreffenden Kater beobachtete, schwankte ich zwischen Glauben und Zweifel hin und her. Während sich nämlich die Vorfälle jeden Abend wiederholten, zeigte sich der Kater tagsüber in völlig unveränderter Weise in der Umgebung des Hauses. Es war ihm absolut nichts Ungewöhnliches anzumerken. Er schien allzu gleichgültig, allzu gelassen, als daß man in ihm den nächtlichen Verbrecher hätte sehen können. Ich versuchte, ihm mit einem Blick voll Hintergedanken direkt und tief in die Augen zu schauen. Doch er tat, als ginge ihn das überhaupt nichts an.

Die Mutter ließ sich aber nicht von ihrer Meinung abbringen.

Eines Nachts gab es ein Riesengepolter in der Küche. Meine Frau sprang erschreckt auf und lief hinunter. Auch ich spitzte unvermittelt die

Ohren, da der Lärm heftiger war als gewöhnlich. Der Tumult kam zuerst aus der Küche und verlagerte sich dann ins angrenzende Bad. Es tönte nach fallenden und umgestoßenen Gegenständen, und dazwischen hörte man die Schreie meiner Mutter und meiner Frau.

Endlich legte sich das Getöse.

«So, das wäre geschafft! Nun überlasse die Sache nur mir und geh wieder schlafen.»

«Ist's wirklich gut so?»

«Nur keine Angst. Das mag ein noch so toller Kerl sein, diesen Strick zerreißt er nicht! So, für heute nacht lassen wir's gut sein... O je, was für ein Krawall!»

Man hörte die Mutter lachen.

Meine Frau kam mit einigermaßen bleichem Gesicht herauf. «Endlich haben wir sie gefaßt.»

«So? Welche war's denn?»

«Nun, eben doch jener schwarze Kater.»

«Ah, wirklich...?»

«Mutter hat ihn ins Bad hineingedrängt. Sie hat mit einem Stock nach ihm geschlagen und, als er zurückwich, ihn gepackt und niedergedrückt. Das war eine Arbeit... er tat wie verrückt... hat unglaubliche Kraft.»

«Das glaub' ich gern, wenn es der ist... Aber bist du sicher? Ist er es wirklich...?»

Der Kater sei im Bad drin gefesselt, sagte sie also. Die Mutter wolle schon selbst mit ihm fertig werden. Sie wolle das nicht gerne einer Jungen überlassen. Doch davon konnte wohl nicht die Rede sein – meine Frau war ohnehin schon recht verängstigt. Die Herbstnächte waren nun ziemlich kühl geworden, und die Frau schlüpfte fröstelnd wieder unter die Decke.

Ich konnte nicht sogleich einschlafen. Der Gedanke, daß es also doch jener Kerl gewesen war, hielt mich wach. Nicht daß es mir so unerwartet gekommen wäre oder daß ich mich irgendwie verraten gefühlt hätte. Vielmehr wollte mir eine Art vergnügliches Lachen in der Kehle aufsteigen – wohl als Zeichen dafür, wie sehr ich seine Verwegenheit bewunderte. Hatte dieser Kerl übrigens nicht von Anfang bis Ende keinen einzigen Klagelaut von sich gegeben? Ich bemerkte das erst jetzt, und ich stellte ihn mir vor, wie er drunten im Bad gefesselt dalag. Die Mutter war schon schlafen gegangen. Aus dem Bad drang kein Laut, weder ein Miauen noch ein Rumpeln. Man konnte sich fragen, ob er nicht gar entwischt sei.

Am nächsten Morgen zerrte die Mutter ihn aus dem Badezimmer hinaus und fesselte ihn hinter dem Haus an einen Baum.

«Was will die Mutter eigentlich mit ihm anstellen?»

«Sicher hat sie im Sinn, ihn zu töten. ‹Das ist nichts für die Augen junger Leute›, sagt sie und achtet drauf, daß ich nicht in die Nähe komme.»

Sollte ich mich bei der Mutter für das Leben des schwarzen Katers einsetzen? Ich dachte, er wäre es eigentlich wert. Ich war von seinem einsamen Stolz eingenommen, der sich nie aufs Schmeicheln einließ. In der Nacht solche Dinge zu verüben und dann am Tag sich nicht das geringste anmerken zu lassen und meinem Blick um keine Haaresbreite auszuweichen – dieser Kerl verdiente es wohl, daß man um sein Leben bat, schon wegen seiner mehr als unverschämten Tollkühnheit. Als Mensch wäre er selbstverständlich Herr über eine Burg und eine Provinz gewesen. Daß er zu einem herrenlosen Kater herabgesunken war, das war nur ein schlechter Scherz des Schicksals. Der Zufall einer schmutzigen Haarfarbe hatte sein Geschick bestimmt. Und dafür konnte er nichts. Ja, es war wirklich kein Ruhmesblatt für die Menschen, daß sie den niedrigen Schmeichlern unter seinen Artgenossen einen warmen Schlafplatz und zu fressen gaben, einen Burschen wie ihn aber wegjagten. Obwohl er heruntergekommen war, wurde er keineswegs niederträchtig. Er lauerte nicht verstohlen auf eine Gelegenheit, in die Küche zu gelangen. Furchtlos wagte er einen Nachtangriff. Als er schließlich nach einem mit äußersten Kräften geführten Kampf gefangen wurde, sträubte er sich nicht und gab keinen Laut von sich.

Jedoch, ich konnte das der Mutter gegenüber nicht vorbringen. Solche Gedanken waren im Rahmen des realen Alltagslebens nichts als Luxus eines Kranken. Schon in diesem Frühling war es zu einem kleinen Zusammenstoß mit der Mutter gekommen. Im Garten unseres Miethauses standen nämlich einige Bäume, unter anderem eine Eiche, ein Ahorn, ein Kirschbaum und ein Bananenbaum. Vom Frühling an bis zur Zeit, da sich die grünen Blätter entfaltet hatten, boten diese Bäume einen lieblichen Anblick. Ich rückte mein Krankenlager an eine Stelle, von wo aus ich sie sehen konnte, und hatte meine Freude daran. Doch eines Tages hatte die Mutter die Zweige dieser Bäume rücksichtslos zurückgeschnitten, so daß sie einen jämmerlichen Anblick boten. Einen davon hatte sie beinahe kahl geschoren. Ich wurde zornig. Und schon im nächsten Augenblick leistete ich bei mir selbst Abbitte. Es war ja nicht so, daß die Mutter die Bäume nicht gerne gehabt hätte, daß sie ihre Schönheit nicht empfunden hätte. Nur, sie mußte dazu schauen, daß ihr Gemüsegarten genügend Sonnenschein bekam. Mit ihren gebeugten Hüften nahm sie die Hacke zur Hand, trug Jauche herum und beackerte den engen Garten bis in die hintersten Winkel hinein. Und dies nur mit dem einen Gedanken, ihrem kranken Sohn frisches Gemüse aufzutischen. Leider mußte ich anerkennen, daß eben auch das Verhältnis zwischen den auf Eßbares erpichten Katzen und den Menschen sich zu einem unerfreulichen Krieg hin entwickelt hatte. Wenn einem etwas stibitzt wurde, so konnte man das kaum mehr, wie früher, lachend auf sich beruhen lassen. Und die dreißig Minuten an gestörter Nachtruhe waren für die Frauen ebenfalls nicht mit dreißig Minuten in früheren Zeiten vergleichbar. Nur gerade weil mir, dem Kranken, die Verwegenheit eines schwarzen Katers imponiert hatte, war ich noch lange nicht berechtigt, mit einem solchen Ansinnen herauszurücken... Und der Gedanke, der Kater würde sich bessern, wenn man ihn einmal so gezüchtigt hatte, war bei näherer Betrachtung denn doch etwas allzu naiv, wie ich zugeben mußte. Ein solcher Ausbund war er nun wohl auch wieder nicht.

Am Nachmittag während meiner festgesetzten Ruhezeit war ich offenbar, ohne es zu merken, ein bißchen eingenickt. Meine Frau kam zurück – sie hatte irgendwelche Warenrationen abgeholt und dafür ziemlich lange gebraucht. Sobald ich erwachte, dachte ich sofort wieder an den Kater. Die Mutter schien auch heute wie schon in den vorangegangenen schönen Tagen draußen den Garten zu bestellen. Ich spitzte die Ohren, hörte aber die ganze Zeit über keine einschlägigen Geräusche.

Als dann die Frau in den ersten Stock heraufkam, sagte sie unvermittelt: «Mutter hat's schon erledigt. Eben, als ich zurückkam und einen Blick unter den Bananenbaum warf, lag er da, in eine Strohmatte eingewickelt, die Pfoten schauten ein bißchen heraus...» Dabei machte sie ein Gesicht, als hätte sie etwas gesehen, dessen Anblick verboten ist.

Wie hatte die Mutter das wohl angestellt? Das Gefühl alter Menschen ist oft furchtbar empfindlich, manchmal aber kalt und unbewegt. Vermutlich hatte sie ihn mit dem Gleichmut des Alters aus dem Weg geräumt. Und er? Hatte er wohl auch in seinem letzten Augenblick keinen lauten Schmerzensschrei ausgestoßen?

Wie auch immer – es war gut, daß ich geschlafen hatte und meine Frau auf einem Botengang abwesend war. Möglicherweise hatte die Mutter diesen Zeitpunkt absichtlich gewählt.

Gegen Abend war dann die Mutter kurze Zeit nicht im Haus. Und seitdem war auch das Strohmattenbündel unter dem Bananenbaum weg.

Vom nächsten Tag an ging ich wieder wie bisher täglich fünfzehn bis zwanzig Minuten in den sonnenerwärmten Garten hinaus. Der schwarze Kater war nicht mehr da. Nur die unterwürfigen Viecher schlichen herum – so langweilig und stumpfsinnig wie meine Krankheit, deren Heilung nicht abzusehen war. Ich begann die Kreaturen noch mehr als bisher zu hassen.

Christopher Smart

From: Jubilate Agno

For I will consider my Cat Jeoffrey.

For he is the servant of the Living God, duly and daily serving him.
For at the first glance of the glory of God in the East he worships in his way.
For is this done by wreathing his body seven times round with elegant quickness.
For then he leaps up to catch the musk, which is the blessing of God upon his prayer.
For he rolls upon prank to work it in.

For having done duty and received blessing he begins to consider himself.
For this he performs in ten degrees.

For first he looks upon his fore-paws to see if they are clean.
For secondly he kicks up behind to clear away there.
For thirdly he works it upon stretch with the fore paws extended.
For fourthly he sharpens his paws by wood.
For fifthly he washes himself.
For sixthly he rolls upon wash.
For seventhly he fleas himself, that he may not be interrupted upon the beat.
For eighthly he rubs himself against a post.
For ninthly he looks up for his instructions.

Christopher Smart

Aus: Jubilate Agno

Denn ich will meinen Kater Gottfried betrachten.
Denn er steht im Dienst des Lebendigen Gottes, dient ihm treulich und täglich.
Denn beim ersten Schimmer der Herrlichkeit Gottes im Osten betet er an auf seine Art.
Denn dies tut er, indem er sich elegant und behende siebenmal um sich selbst ringelt.
Denn dann erhascht er im Sprung die Schnake, mit der Gott sein Gebet gesegnet hat.
Denn mutwillig wälzt er sich, um sie sich einzuverleiben.
Denn nach getaner Pflicht und empfangenem Segen beginnt er sich selbst zu betrachten.
Denn dies vollbringt er in zehn Stufen.

Denn erstens betrachtet er seine Vorderpfoten, um zu prüfen, ob sie sauber sind.
Denn zweitens schlägt er nach hinten aus, um sich auch dort zu säubern.
Denn drittens dehnt er sich mit ausgestreckten Vorderpfoten zu voller Länge.
Denn viertens schärft er seine Krallen an Holz.
Denn fünftens wäscht er sich.
Denn sechstens wälzt er sich nach dem Waschen.
Denn siebtens flöht er sich, damit nichts seinen Rundgang störe.
Denn achtens reibt er sich an einem Pfosten.
Denn neuntens hebt er den Blick, um Anweisungen zu empfangen.

For tenthly he goes in quest of food.
For having consider'd God and himself he will consider his neighbour.
For if he meets another cat he will kiss her in kindness.
For when he takes his prey he plays with it to give it a chance.
For one mouse in seven escapes by his dallying.

For when his day's work is done his business more properly begins.
For he keeps the Lord's watch in the night against the adversary.
For he counteracts the powers of darkness by his electrical skin and glaring eyes.

For he counteracts the Devil, who is death, by brisking about the life.
For in his morning orisons he loves the sun and the sun loves him.
For he is of the tribe of Tiger.

For the Cherub Cat is a term of the Angel Tiger.

For he has the subtlety and hissing of a serpent, which in goodness he suppresses.
For he will not do destruction, if he is well fed, neither will he spit without provocation.

For he purrs in thankfulness, when God tells him he's a good Cat.
For he is an instrument for the children to learn benevolence upon.
For every house is incomplete without him and a blessing is lacking in the spirit.

Denn zehntens geht er auf Nahrungssuche.
Denn nachdem er Gott und sich selbst betrachtet hat, betrachtet er seinen Nächsten.
Denn wenn er einer andern Katze begegnet, küßt er sie zärtlich.
Denn wenn er ein Beutetier fängt, spielt er mit ihm, damit es vielleicht noch entkomme.
Denn eine Maus unter sieben entwischt bei seinem Getändel.
Denn erst nach getanem Tagewerk beginnt sein eigentliches Geschäft.
Denn er hält die Wache des Herrn in der Nacht gegen den bösen Feind.
Denn mit seinem elektrischen Fell und seinen funkelnden Augen wirkt er den Mächten der Finsternis entgegen.
Denn er wirkt dem Teufel, welcher der Tod ist, entgegen, indem er das Leben anfeuert.
Denn bei seiner Morgenandacht liebt er die Sonne, und die Sonne liebt ihn.
Denn er ist aus dem Stamm des Tigers.

Denn der Engel Katze leitet sich her vom Cherub Tiger.
Denn er hat den Scharfsinn und das Zischen der Schlange, welches er aus Güte unterdrückt.
Denn er ist nicht aus auf Vernichtung, wenn man ihn gut füttert, und faucht nie, wenn man ihn nicht reizt.
Denn er schnurrt vor Dankbarkeit, wenn Gott zu ihm sagt, er sei ein tüchtiger Kater.
Denn an ihm können Kinder lernen, wie man andern freundlich begegnet.
Denn jedes Haus ist leer ohne ihn und ermangelt des Segens im Geiste.

For the Lord commanded Moses concerning the cats at the departure of the Children of Israel from Egypt.
For every family had one cat at least in the bag.

For the English Cats are the best in Europe.

For he is the cleanest in the use of his fore-paws of any quadrupede.
For the dexterity of his defence is an instance of the love of God to him exceedingly.

For he is the quickest to his mark of any creature.

For he is tenacious of his point.
For he is a mixture of gravity and waggery.

For he knows that God is his Saviour.
For there is nothing sweeter than his peace when at rest.
For there is nothing brisker than his life when in motion.
For he is of the Lord's poor and so indeed is he called by benevolence perpetually – Poor Jeoffrey! poor Jeoffrey! the rat has bit thy throat.
For I bless the name of the Lord Jesus that Jeoffrey is better.
For the divine spirit comes about his body to sustain it in complete cat.

For his tongue is exceedingly pure so that it has in purity what it wants in music.
For he is docile and can learn certain things.

Denn beim Auszug der Kinder Israels aus Ägypten gab der Herr Moses Befehl wegen der Katzen.
Denn jede Familie hatte wenigstens eine Katze im Sack.
Denn die englischen Katzen sind die besten Europas.
Denn er ist der reinlichste aller Vierfüßer im Gebrauch seiner Vorderpfoten.
Denn seine Geschicklichkeit in der Abwehr ist ein Beispiel für Gottes grenzenlose Liebe zu ihm.
Denn er erreicht unter allen Geschöpfen sein Ziel am schnellsten.
Denn er verfolgt mit Zähigkeit seine Absicht.
Denn er ist eine Mischung aus Würde und Schalkhaftigkeit.
Denn er weiß, daß Gott sein Erlöser ist.
Denn nichts ist lieblicher als seine Ruhe, wenn er schläft.
Denn nichts ist tatkräftiger als sein Leben in Bewegung.
Denn er gehört zu den Armen des Herrn, und so nennen ihn Wohlgesinnte immerfort: Armer Gottfried! Armer Gottfried! Die Ratte hat dir den Hals durchgebissen.
Denn ich segne den Namen des Herrn Jesus dafür, daß es Gottfried jetzt besser geht.
Denn der göttliche Geist kommt über seinen Leib, um ihn in vollkommener Katzenart zu erhalten.
Denn seine Zunge ist äußerst rein, so daß sie an Reinheit hat, was ihr an Wohllaut abgeht.
Denn er ist gelehrig und kann gewisse Dinge lernen.

For he can set up with gravity which is patience
    upon approbation.
For he can fetch and carry, which is patience in
    employment.
For he can jump over a stick which is patience
    upon proof positive.
For he can spraggle upon waggle at the word of
    command.
For he can jump from an eminence into his
    master's bosom.
For he can catch the cork and toss it again.

For he is hated by the hypocrite and miser.
For the former is afraid of detection.
For the latter refuses the charge.

For he camels his back to bear the first notion of
    business.
For he is good to think on, if a man would express
    himself neatly.
For he made a great figure in Egypt for his signal
    services.
For he killed the Ichneumon-rat very pernicious
    by land.
For his ears are so acute that they sting again.

For from this proceeds the passing quickness of
    his attention.
For by stroking of him I have found out electri-
    city.
For I perceived God's light upon him both wax
    and fire.
For the Electrical fire is the spiritual substance,
    which God sends from heaven to sustain the
    bodies both of man and beast.

Denn er kann sich voll Würde niederlassen – das ist Geduld in Bewährung.
Denn er kann apportieren – das ist Geduld in Tätigkeit.
Denn er kann über einen Stock springen – das ist bewiesene Geduld.
Denn er kann auf Befehl Purzelbäume schlagen.

Denn er kann von einem hohen Punkt auf den Schoß seines Herrn springen.
Denn er kann den Kork fangen und wieder aufwerfen.
Denn es hassen ihn Heuchler und Geizhals.
Denn der eine fürchtet sich vor Entlarvung.
Denn der andere bestreitet die Anklage.

Denn er macht einen Buckel beim ersten Gedanken an das, was zu tun ist.
Denn wenn einer sich klar ausdrücken will, ist es gut, an ihn zu denken.
Denn in Ägypten stand er wegen seiner wichtigen Dienste in hohem Ansehen.
Denn er hat den reißenden Ichneumon getötet.

Denn seine Ohren sind so scharf, daß man sich daran sticht.
Denn daher rührt seine unglaubliche Schnelligkeit im Wahrnehmen.
Denn indem ich ihn streichelte, habe ich erkannt, was Elektrizität ist.
Denn ich sah auf ihm Gottes Licht wachsen und sprühen.
Denn das Elektrische Feuer ist die geistige Substanz, die Gott Menschen und Tieren als Nahrung herabsendet.

For God has blessed him in the variety of his movements.
For, tho he cannot fly, he is an excellent clamberer.
For his motions upon the face of the earth are more than any other quadrupede.
For he can tread to all the measures upon the music.
For he can swim for life.
For he can creep.

Denn Gott hat ihn gesegnet in der Vielzahl seiner Bewegungen.
Denn obschon er nicht fliegen kann, ist er doch ein vorzüglicher Kletterer.
Denn seiner Bewegungen auf dem Erdengrund sind mehr als bei jedem andern Vierfüßer.
Denn er schreitet im Takt zu jeder Musik.

Denn er kann um sein Leben schwimmen.
Denn er kann schleichen.

Emile Zola

Das Katzenparadies

Eine Tante hat mir eine Angorakatze hinterlassen, die sicher das dümmste Tier ist, das ich kenne. An einem Winterabend hat sie mir vor der noch heißen Asche im Kamin folgendes erzählt.

I

Ich war damals zwei Jahre alt und bestimmt die dickste und einfältigste Katze, die es zu sehen gab. In jenem zarten Alter benahm ich mich gegenüber einem trauten Heim so überheblich, wie es ein Tier nur konnte. Und wie dankbar hätte ich dabei der Vorsehung sein sollen, daß sie mich Ihrer Tante zugewiesen hatte! Die Gute war ganz in mich vernarrt. In einem Kastenfuß besaß ich ein wahres Schlafzimmer mit Federkissen und dreifacher Decke. Und wie das Lager, so war die Nahrung: nie weder Brot noch Suppe, nichts als Fleisch, gutes, rohes Fleisch.

Nun, verwöhnt, wie ich wurde, sehnte ich mich nur nach *einem*, hatte ich nur *einen* Traum: durchs halboffene Fenster zu schleichen und über die Dächer davonzulaufen. Die Liebkosungen widerten mich an, in meinem weichen Bett wurde mir übel, ich war so fett, daß es mich vor mir selber ekelte. Und ich langweilte mich den lieben langen Tag vor all dem Glücklichsein.

Ich muß Ihnen gestehen, daß ich vom Fenster aus, als ich den Hals gereckt, das Dach des Nachbarhauses erspäht hatte. Vier Katzen balgten sich an jenem Tage mit gesträubten Haaren und hochgestelltem Schwanz, kugelten sich im hellen Sonnenschein auf den blauen Schieferplatten und fauchten dazu vor Lust. Noch nie hatte ich etwas so Ergötzliches gesehen. Von da an stand mein Glaube fest. Das wahre Glück wartete auf jenem Dach, hinter diesem wohlverschlossenen Fenster. Beweis dafür waren mir die ebenso fest verschlossenen Türen, hinter denen das Fleisch verwahrt lag.

Ich faßte einen Plan zur Flucht. Es mußte im Leben noch anderes geben als bloß rohes Fleisch. Dort draußen steckte das Unbekannte – das Ideale. Eines Tages war das Küchenfenster versehentlich nicht zugestoßen worden. Da sprang ich daraus auf ein Vordächlein hinab.

II

Wie schön die Dächer waren! Breite Rinnen, aus denen köstliche Düfte strömten, säumten sie. Wollüstig strich ich durch diese Dachrinnen und drückte die Pfoten in ihren feinen, lauwarmen, weichen Kot. Ich glaubte, auf Samt zu treten. Wo die Sonne schien, war es wohltuend warm, eine Wärme, in der mein Fett wegschmolz.

Ich will nicht verschweigen, daß ich am ganzen Leib zitterte. In meiner Freude lauerte auch Schrecken. Ich erinnere mich vor allem, wie ich einmal vor gräßlicher Angst beinahe aufs Straßenpflaster hinuntergepurzelt wäre. Drei Katzen, die von einem First herunterrollten, kamen fürchterlich miauend auf mich zu. Und als sie mich einer Ohnmacht nahe sahen, nannten sie mich Dickerchen und sagten, sie miauten nur zum Spaß. Da stimmte ich in ihr Jaulen ein. Es war herrlich. Die Kerle hatten nicht so lächerlich feiste Wänste wie ich. Sie verspotteten mich, als ich über die von der Sonne warmen Zinkplatten kollerte. Ein alter Kater aus ihrer Bande nahm sich meiner besonders freundlich an. Er anerbot sich, mir als Lehrer beizustehen, was ich mir dankbar gefallen ließ.

Ach! Wie weit war das Lungenfleisch Ihrer Tante mir aus dem Sinn. Ich trank aus Regentraufen, und nie hatte mir gezuckerte Milch so gut geschmeckt wie dies. Alles kam mir gut und schön vor. Ein Weibchen stolzierte vorbei, eine reizende Katze, deren Anblick mich mit einem nie gekannten Verlangen erfüllte. Einzig in Träumen waren mir bisher solche Wunderwesen mit derart geschmeidigem Rücken erschienen. Meine drei Kumpane und ich stürzten sogleich auf die Neuangekommene zu. Ich war den andern voraus und wollte der Holden schon meine Ehre bezeugen, als einer meiner Kameraden mich heftig in den Hals biß. Ich stieß einen Schmerzensschrei aus.

«Na», meinte der alte Kater, «Sie werden noch anderes erleben!»

III

Nach einem einstündigen Spaziergang verspürte ich grimmigen Hunger.

«Was ißt man auf den Dächern?» fragte ich meinen Freund, den Kater.

«Was man findet», erwiderte er gelehrtenhaft.

Diese Antwort machte mich verlegen, denn ich mochte lange suchen – ich fand nichts. Schließlich erblickte ich in einer Mansarde eine

junge Arbeiterin, die ihr Mittagessen zubereitete. Auf dem Tisch hinter dem Fenster lag ein schönes Kotelett von appetitlicher roter Farbe.

«Das ist's, was ich brauche», dachte ich völlig arglos.

Dann sprang ich auf den Tisch und biß in das Kotelett. Doch die Arbeiterin erspähte mich und versetzte mir mit ihrem Besen einen höllischen Hieb auf den Buckel. Da ließ ich das Fleisch fallen und machte mich mit einem fürchterlichen Fluch davon.

«Sie sind wohl zum erstenmal hier aus Ihrem Dorf?» sagte der Kater. «Fleisch, das auf einem Tisch liegt, darf man nur von weitem begehren. In den Dachrinnen muß man suchen.»

Ich habe nie begriffen, warum Fleisch in den Küchen nicht den Katzen gehört. Mein Bauch begann nun ernstlich zu knurren. Der Kater nahm mir meine letzte Hoffnung, als er sagte, wir müßten erst die Nacht abwarten. Dann könnten wir auf die Straße hinunter und dort in den Abfallhaufen wühlen. Die Nacht abwarten! Das sagte er so gelassen wie ein steinharter Philosoph. Mir wurde bange beim bloßen Gedanken an diese lange Fastenzeit.

IV

Die Nacht brach nur langsam herein, eine neblige Nacht, die mich durchfror. Bald darauf fing es an zu regnen, ein feiner, durchdringender Regen, von jähen Böen gepeitscht. Durch das Glasfenster eines Treppenhauses kletterten wir hinab. Wie häßlich die Straße war! Nichts mehr von der wohligen Wärme, dem hellen Sonnenschein, den

lichtweißen Dächern, auf denen man sich so
behaglich wälzen konnte. Meine Pfoten glitten
auf dem feuchten Pflaster aus. Mit bitterer Reue
dachte ich an meine dreifache Decke, an das
Federkissen zurück.

Kaum waren wir auf der Straße, als mein
Freund, der Kater, zu beben begann. Er duckte
sich, so tief er konnte, und rannte heimlich den
Hausmauern entlang, mit den Worten, ich solle
ihm so schnell als möglich folgen. Sobald er an
einen Torweg kam, flüchtete er sich eiligst dort
hinein, wobei er zufrieden schnurrte.

Auf meine Erkundigung nach dem Grund
dieser Flucht stellte er mir die Gegenfrage:

«Haben Sie jenen Mann mit dem Korb auf dem
Rücken und dem Haken nicht bemerkt?»

«Gewiß.»

«Nun, wenn er uns entdeckt hätte, hätte er
uns totgeschlagen und am Bratspieß gegessen!»

«Am Bratspieß gegessen?» rief ich aus. «Gehört denn die Straße nicht uns? *Wir* haben nichts
zu essen, aber *uns* ißt man!»

V

Inzwischen war Müll vor die Haustüren geworfen worden. Verzweifelt durchsuchte ich die
Haufen. Ich stieß auf zwei, drei magere Knochen,
die in der Asche gelegen hatten. Da ging mir auf,
wie saftig das frische Lungenfleisch war. Mein
Freund, der Kater, benagte die Abfälle mit künstlerischer Vollendung. Er hetzte mich bis zum
frühen Morgen umher, beschnupperte jeden Pflasterstein, ohne jede Hast. Gegen zehn Stunden
lang durchnäßte mich der Regen. Ich zitterte

an allen Gliedern. Verfluchte Straße, verfluchte Freiheit! Und wie ich mich in mein Gefängnis zurücksehnte!

«Haben Sie genug davon?» fragte der Kater stutzig, als er mich im Tageslicht wanken sah.

«O ja», antwortete ich.

«Möchten Sie zurück nach Hause?»

«Gewiß. Aber wie das Haus wiederfinden?»

«Kommen Sie. Gestern morgen, als ich Sie heraustreten sah, wurde mir klar, daß eine dicke Katze wie Sie nicht für die Freuden der Freiheit geschaffen ist. Ich weiß, wo Sie wohnen. Ich bringe Sie vor Ihre Tür.»

Dies sprach er völlig teilnahmslos, der würdige Kater.

«Ade», sagte er dann, als wir angekommen waren, noch immer ungerührt.

«Nein», rief ich da. «So verlassen wir einander nicht. Sie kommen mit mir. Wir teilen inskünftig mein Bett und mein Fleisch. Meine Meisterin ist eine gute Frau.»

Er ließ mich nicht ausreden.

«Schweigen Sie», unterbrach er mich. «Sie sind ein Dummkopf. Ich würde bei Ihnen in all der Wärme und Weichheit verkommen. Ihr üppiges Leben ist recht für Bastardkatzen. Freie Katzen werden Ihr Lungenfleisch und Ihr Federkissen nie gegen einen Käfig erkaufen... Ade.»

Und damit stieg er auf seine Dächer zurück. Ich sah, wie seine große, hagere Gestalt unter den wohltuenden Sonnenstrahlen erschauerte.

Als ich drinnen war, nahm Ihre Tante eine Rute und verabreichte mir eine Strafe, die ich mit inniger Wonne über mich ergehen ließ. Lange kostete ich es aus, an der Wärme zu sein und Hiebe zu bekommen. Während sie mich schlug, dachte ich sehnsüchtig an das Fleisch, das sie mir nachher wohl bald gab.

VI

«Sehen Sie», sagte meine Katze abschließend und rekelte sich vor der Glut, «das wahre Glück, das Paradies, mein lieber Meister, besteht in einem Zimmer, wo man eingeschlossen ist und geschlagen wird und wo es Fleisch zu essen gibt. – Ich spreche für Katzen.»

Charles Baudelaire

Le Chat

Viens, mon beau chat, sur mon cœur amou-
    Retiens les griffes de ta patte,   [reux;
Et laisse-moi plonger dans tes beaux yeux,
    Mêlés de métal et d'agate.

Lorsque mes doigts caressent à loisir
    Ta tête et ton dos élastique,
Et que ma main s'enivre du plaisir
    De palper ton corps électrique,

Je vois ma femme en esprit. Son regard,
    Comme le tien, aimable bête,
Profond et froid, coupe et fend comme
                         un dard,
    Et, des pieds jusques à la tête,
Un air subtil, un dangereux parfum
    Nagent autour de son corps brun.

Charles Baudelaire

Die Katze

Komm, meine schöne Katze, an mein verliebtes Herz; zieh nur die Krallen deiner Tatze ein und laß mich tief in deine schönen Augen tauchen, in deren Glanz Metall sich und Achat vermischen.

Wenn meine Finger müßig deinen Kopf und deinen biegsamen Rücken streicheln und meine Hand sich an der Lust berauscht, deinen elektrischen Körper zu betasten,

Dann seh' im Geist ich mein Weib. Ihr Blick wie der deine, liebenswürdiges Tier, tief und kalt, dringt ein und spaltet wie ein Spieß,

Und von den Füßen bis zum Scheitel schwimmt betörend ein zarter Hauch, ein Duft um ihren braunen Leib.

Minamoto Takakuni (?)

Wie Fujiwara Kiyokado sich vor den Katzen fürchtete

Es ist schon lange her, da lebte ein Mann namens Fujiwara Kiyokado, der vom Rang eines Ōkura no jō (eines Beamten im Finanzministerium) aufgestiegen war und sich nunmehr Ōkura no tayū nannte. Der war wohl in einer früheren Existenz eine Maus gewesen – so schrecklich fürchtete er sich vor den Katzen. Deshalb machten sich allenthalben, wohin er auch ging, die jungen Leute einen Spaß daraus, ihm Katzen vorzuführen, sobald er auftauchte. Wenn er eine erblickte, bedeckte er sein Gesicht und suchte fluchtartig das Weite, mochte er auch in noch so dringenden Geschäften unterwegs sein. Die Leute gaben ihm darum den Übernamen «Tayū Katzenfurcht».

Nun war dieser Kiyokado ein ungewöhnlich reicher Mann, der in den drei Provinzen Yamashiro, Yamato und Iga große Ländereien besaß. Doch vernachlässigte er zu der Zeit, da der Edle Fujiwara Sukekimi Gouverneur in Yamato war, seine Steuerpflicht vollkommen. Der Gouverneur zerbrach sich den Kopf, wie er die Steuern von ihm eintreiben könnte. Schließlich war Kiyokado ja kein gemeiner Provinzler. Er bekleidete den fünften Hofrang als Folge seiner Verdienste in verschiedenen Ämtern und hatte eine angesehene Stellung in der Hauptstadt, so daß man ihn nicht ohne weiteres der Strafbehörde übergeben konnte. Wenn man ihn jedoch zu sanft anfaßte, dann würde er, weil er ein verschlagener Kerl war, die verschiedensten Ausflüchte finden und nichts herausgeben. «Wie soll ich das nur anpacken?» überlegte sich der Gouverneur immer wieder, und gerade als er auf eine gute Idee gekommen war, besuchte ihn Kiyokado.

Der Gouverneur begab sich, um seinen Besucher zu übertölpeln, allein in das Häuschen der Samurai-Wache, das aus nur zwei Zimmern bestand und ringsum durch feste Wände abgeschlossen war. Dann ließ er mitteilen: der Ōkura no tayū möge eintreten, er habe mit ihm etwas vertraulich zu besprechen. Kiyokado freute sich, als ihn der Gouverneur, der ihm gewöhnlich ein saures Gesicht zeigte, so leutselig ins Wachthaus rufen ließ, schob den Vorhang zur Seite und ging bedenkenlos hinein. Hinter seinem Rücken trat ein Samurai hervor und zog die Schiebetür zu.

Der Gouverneur, der ganz hinten saß, winkte den Kiyokado herbei und sagte zu dem bereitwillig Näherrückenden: «Meine Amtszeit in Yamato geht nun ihrem Ende entgegen. Nur noch dies Jahr verbleibt mir. Wie steht es mit der Reissteuer? Ihr habt noch keine Anstalten gemacht, sie zu entrichten! Wie denkt Ihr darüber?»

Kiyokado erwiderte: «Ach ja, die Steuer. Ich bin eben nicht nur in dieser Provinz davon betroffen. Während ich in Yamashiro und Iga meinen Verpflichtungen nachkam, konnte ich das nicht gleichzeitig auch noch an andern Orten tun. Nun da sich die Schulden hier angehäuft haben, kann ich sie nicht auf einmal begleichen. Doch habe ich fest im Sinn, sie diesen Herbst vollständig abzuzahlen. Wäre ein anderer Mann Gouverneur, würde ich mich vielleicht nicht darum kümmern, aber in Eurer Amtszeit, wie könnte ich da nachlässig sein! Ja, schon die Tatsache, daß ich bis dahin so saumselig gewesen bin, bedaure ich zutiefst in meinem Herzen. Nun werde ich unter allen Umständen Eurem Befehl nachkommen und die Reissteuer in der festgesetzten Höhe entrichten. Ach, wie schmerzlich! Selbst wenn es zehn Millionen Koku wären: was geschuldet ist, werde ich auf mich nehmen. Ich habe seit Jahren eine Menge zurückgelegt. Es betrübt mich, wenn Ihr mir dermaßen mißtraut.»

Bei sich selber aber dachte er: «Was, der arme Trottel, was schwafelt er da daher! Ich schere mich einen Furz um ihn! Sobald ich hier weg bin, werde ich mich auf dem Landgut des Tōdaiji-Tempels in der Provinz Iga verkriechen. Da mag er sich noch so sehr als Herr Gouverneur aufspielen, er wird mir wohl kaum beikommen. Was für ein Dummkopf hätte denn jemals in der Provinz Yamato Reissteuern abgeliefert! Seit eh und je habe ich mich herausgeredet, indem ich sagte, der Reis sei eine Gabe des Himmels und der Erde. Doch dieser Herr erhebt mit anmaßendem Gesicht und geradeheraus Anspruch darauf. Welche Einfalt! Er scheint nicht allzu hoch im Ansehen zu stehen, da man ihn zum Gouverneur dieser Provinz Yamato gemacht hat. Wie komisch!»

Gegen außen hin jedoch sprach er mit ganz unterwürfiger Miene und rieb die Hände.

Da gab der Gouverneur zurück: «He, du, schön redest du daher, aber mit falschem Herzen! Du magst sagen, was du willst, wenn du erst mal heimgekehrt bist, wirst du jeden Boten abweisen und keine Steuern bezahlen. Deshalb gedenke ich, diese Angelegenheit hier und jetzt zu einem

Abschluß zu bringen. Mann, solange du nicht zahlst, kehrst du nicht nach Hause zurück!»

Darauf bat Kiyokado: «Mein Gebieter, laßt mich gehen, und ich will noch innerhalb dieses Monats meinen Pflichten nachkommen.»

Doch der Gouverneur traute ihm nicht und sagte: «Es sind nun schon lange Jahre her, daß ich dich erstmals getroffen habe, und auch du kennst mich schon geraume Zeit. So können wir nicht völlig gefühllos füreinander sein. Deshalb entrichte doch bitte deine Steuern gutwillig und mit Verständnis, jetzt sofort.»

«Wie soll ich das jetzt sofort tun? Erst wenn ich zu Hause bin, kann ich eine formelle Urkunde für die Bezahlung der Steuern ausstellen.»

Als der Gouverneur dies hörte, schrie er, halb aufgerichtet, mit zitternden Hüften und drohender Gebärde: «Mann, du willst also nicht zahlen? Heute gedenke ich, Sukekimi, die Sache mit dir auf Tod und Leben auszufechten. Mich reut das Leben nicht!» Und dann rief er laut: «Ihr Leute, seid ihr da?»

Man hörte zwei Stimmen antworten. Doch Kiyokado blieb völlig ungerührt, er lächelte und sah dem Gouverneur unentwegt ins Gesicht.

Währenddessen traten die Samurai ein, und der Gouverneur befahl ihnen: «Bringt her, was ihr vorbereitet habt!»

Kiyokado dachte bei diesen Worten: «Er wird mir doch nicht eine Schmach antun wollen? Was führt er im Schilde, daß er solches sagt?»

Da hörte man Schritte. Fünf, sechs Samurai kamen bis vor die Schiebetür und meldeten: «Wir sind bereit!» Der Gouverneur zog an der Tür und befahl: «Herein damit!» Und wie nun

Kiyokado zu der aufgehenden Tür hinschaute, stand eine graue, gesprenkelte Katze von über einem Fuß Höhe da, mit roten Augen, als wären es geschliffene Bernsteinkugeln, und gab ein lautes Miauen von sich. Nacheinander erschienen fünf solche genau gleiche Katzen. Da stürzten dem Kiyokado große Tränen aus den Augen, er streckte flehend die Hände zum Gouverneur hin und wußte nicht aus noch ein.

Inzwischen wurden die Katzen im Innern des Wachthauses freigelassen. Sie kamen herzu, rochen am Ärmel Kiyokados und rannten von einer Ecke zur andern. Kiyokado wurde zusehends bleicher, und es schien, als würde er es keinen Augenblick länger aushalten. Der Gouverneur hatte Erbarmen, als er ihn in diesem Zustand sah. Er rief die Samurai herein, ließ die Katzen hinausführen und an kurzer Leine vor der Tür anbinden. Doch die fünf Tiere erhoben gemeinsam ein solches Geschrei, daß einem die Ohren gellten. Kiyokado war in Schweiß gebadet, seine Augen flackerten unstet, und fast machte es den Anschein, er sei nicht mehr am Leben.

Der Gouverneur aber ließ nicht locker. «Nun, willst du die Steuern noch immer nicht herausgeben? Wie steht's? Oder wirst du die Sache jetzt erledigen?»

Da erwiderte Kiyokado zitternd und mit völlig veränderter Stimme: «Ich werde alles tun, was Ihr sagt, wenn mir nur das Leben erhalten bleibt! Alles andere soll ins reine kommen.»

Der Gouverneur rief also einen Samurai herbei und befahl ihm, Reibstein und Papier zu bringen. Dann streckte er dem Kiyokado das Schreibzeug hin mit den Worten: «Die geschuldete Menge beläuft sich nunmehr auf fünfhundertsiebzig Koku. Siebzig Koku magst du nach deiner Heimkehr begleichen, wenn du genau nachgerechnet hast. Für die fünfhundert Koku hingegen sollst du jetzt eine formelle Anweisung schreiben. Und zwar soll sie nicht an den Steuerspeicher der Provinz Iga gerichtet sein, sonst läuft das bei deiner Einstellung, wer weiß, wieder auf eine Fälschung hinaus. Vielmehr sollst du den Reis abliefern, der sich in deinem Haus im Bezirk Uda in der Provinz Yamato befindet. Wenn du nicht eine entsprechende Anweisung schreibst, werde ich wieder wie vorhin die Katzen hereinlassen. Ich selber werde hinausgehen und schauen, daß die Tür des Wachthauses von draußen wohl verriegelt wird.»

«Mein Gebieter, mein Gebieter, das würde ich keinen Augenblick überleben!» stammelte Kiyokado mit flehenden Händen. Dann schrieb er die Anweisung, daß aus den Beständen des Hauses in Uda fünfhundert Koku an Reis und Saatgut zu liefern seien, und übergab sie dem Gouverneur. Sobald dieser das Schriftstück empfangen hatte, ließ er den Kiyokado hinaus. Dann gab er die Anweisung seinen Gefolgsleuten mit dem Befehl, den Kiyokado zu begleiten und sich im Haus von Uda alles, wie es im Brief stand, herausgeben zu lassen und herzuschaffen.

Die Überlieferung berichtet, alle Welt habe damals über diese Geschichte gelacht und die Leute hätten zueinander gesagt, Kiyokados Katzenfurcht scheine zwar ganz unsinnig zu sein, aber für den Edlen Sukekimi, den Gouverneur von Yamato, sei sie von unbedingter Notwendigkeit gewesen.

Leigh Hunt

Die Katze beim Kamin

Ein loderndes Feuer, ein warmer Kaminvorleger, brennende Kerzen und zugezogene Gardinen, den Wasserkessel für den Tee aufgesetzt (die «besseren Kreise» verschmähen es ja bekanntlich nicht, den Wasserkessel der Teemaschine vorzuziehen, wie dies vielleicht der dritte oder vierte Stand tut) und dazu eine Katze, die unsere Aufmerksamkeit auf sich lenkt – das ist ein Anblick, der jedem gefällt, außer man hege eine krankhafte Abneigung gegen Katzen, was nicht üblich ist. Freilich gibt es jene netten Betrachter, die dazu neigen, eher ungünstige Vergleiche zwischen Katzen und Hunden anzustellen – die sagen, die ersteren seien nicht so anhänglich, zögen das Haus dem Herrn vor und so weiter. Aber nach der bewährten Maxime, daß Vergleiche stets hinken, werden unsere Leser, so hoffen wir, auch künftig an jedem Ding lieben, was liebenswert ist, um seiner selbst willen, ohne zu versuchen, es durch Gegenüberstellung mit etwas anderem herabzuwürdigen – ein Verfahren, mit dem wir es sinnreich zuwege brächten, in jeder Suppe, die man uns vorsetzt, ein Haar zu finden, und an allem und jedem etwas zu bemängeln, bis wir an nichts mehr Gefallen fänden. Hier ist nun ein guter Kamin und eine Katze dazu; und es wäre unsere eigene Schuld, wenn wir beim Umzug in ein anderes Haus und zu einem anderen Kamin nicht Sorge trügen, daß die Katze mitkäme. Katzen können sich im

Unterschied zu den Menschen beim Umzug nicht nützlich machen. Doch wenn Tiere rücksichtsvoll sein sollen, so müssen wir es auch sein. Von niemandem – weder vom Vierbeiner noch vom Zweibeiner – kann schließlich erwartet werden, daß er uns unverdientermaßen die Treue hält wie ein Hund oder ein gütiger Weiser. Im übrigen hat man von Katzen Geschichten gehört, die ihrer Anhänglichkeit alle Ehre machen; zum Beispiel, daß sie wie ein Hund dem Meister nicht von der Seite weichen oder vor der Tür eines Herrn warten, um sich für eine am Vorabend erwiesene Freundlichkeit zu bedanken, und dergleichen. Vielleicht erinnern sich unsere Leser auch noch der Geschichte vom berühmten Araberhengst Godolphin[1]; die Katze, die mit ihm im gleichen Stall gelebt hatte, begab sich auf sein Grab, streckte sich und starb. [...]

Arme Mieze! Wieder schaut sie zu uns auf, als danke sie für diese Rechtfertigung der Mahlzeit, und deutet ein Gähnen und ein Lecken der Schnurrhaare an. Da beginnt sie, sich sorgfältig überall zu putzen, denn sie weiß wohl, was sie ihrer eleganten Erscheinung schuldig ist, indem sie füglich bei den Pfoten anfängt und mit ihrer erstaunlichen Zunge bis hin zu den Hinterbeinen reicht. Daraufhin kratzt die eine Pfote ihr mit schnellen Rucken genüßlich den Hals, wobei sie den Kopf zur Seite legt und, teils der Straffung des Fells, teils des Wohlgefühls wegen, die Augen zusammendrückt. Dann befaßt sie sich zur Belohnung abermals mit ihren Pfoten; man beachte dabei die Bewegungen von Kopf und Hals, wie geschmeidig sie sind, wenn, die Ohren nach vorne gestellt, der Hals sich mühelos hin-

und zurückwölbt. Endlich niest sie, leckt sich noch einmal Maul und Schnurrhaare und setzt sich dann, den Schwanz um die Vorderpfoten legend, in einer Haltung sanfter Versonnenheit auf das Hinterteil.

Woran denkt sie wohl? An das Tellerchen mit Milch zum Frühstück? Oder an den Klaps, den sie am Tag zuvor in der Küche gekriegt hatte, weil sie beim Fleischstibitzen erwischt worden war? Oder an das Fleisch, das ihr zusteht, die Mahlzeit der Tataren, das edle Pferdefleisch? Oder an ihren Verehrer, den Kater von nebenan, den inbrünstigsten aller Ständchenbringer? Oder an ihre Kleinen, von denen einige bereits groß sind und keines mehr bei ihr ist? Sind es Gedanken solcher Art, die sie beschäftigen, wenn sie zu sinnen scheint? Kennt sie etwa diese erhabenen, eigentlich dem Menschen vorbehaltenen Sorgen?

Sie ist eine muntere Katze, der Jugend kaum entwachsen. Berühren wir zufällig mit dem Fuß die Teppichfransen, schnellt ihr Bein vor, und sie beginnt daran herumzupfötein und will wissen, was es damit auf sich hat: ist es eine Aufforderung zum Spiel oder lebendig genug, um gefressen zu werden? Wieviel Anmut liegt in der Bewegung ihrer Pfote, die, zwischen Zartheit und Verärgerung, zuschlägt, schubst und kratzt. Es scheint sogar etwas Angst darin enthalten zu sein, gerade genug, um ihren Mut anzustacheln und sie den Nervenkitzel des Wagnisses spüren zu lassen. Wir erinnern uns, wie wir amüsiert einem Kätzchen zuschauten, das mit einer Reihe von Experimenten offenkundig die Geduld seiner Mutter auslotete und prüfen wollte, wie viele

Bisse und Stöße die letztere hinnehmen würde. Jeden Augenblick sprang das Junge zu ihr hin, puffte sie und biß sie in den Schwanz, sprang wieder fort, um von neuem anzugreifen. Die Mutter saß gelassen da und betrachtete es mit einer Mischung von Bewunderung und Langmut, um festzustellen, inwieweit die Anlagen der Familie in ihrem aufgeweckten Sprößling weiterlebten oder sich gar vervollkommnet hatten. Schließlich trieb es der kleine Frechdachs zu bunt; die Mutter holte mit der Pfote aus, paßte den richtigen Moment ab und versetzte ihm eine Ohrfeige, wie wir eine schönere nie gesehen haben. Diese ließ das Kätzchen durch das halbe Zimmer rollen und bewirkte eine der ulkigsten Pausen, in der es eine komische Miene frühreiferschrockener Nachdenklichkeit aufsetzte.

Die Art, wie Katzen ihre Milch aus dem Tellerchen lappen, vermag der Durst eines Menschen unmöglich zu begreifen. Man glaubt, diese Folge kleinster Schlückchen könne niemals befriedigen. Dennoch ist der Napf bald leer, und das glucksende Geräusch, von dem das Lappen begleitet ist, empfindet unser Ohr als ebenso erfrischend, wie es der Mieze allem Anschein nach Gaumenfreude bringen muß. Ihre Zunge ist fein und kann sich zu einem Löffelchen runden. Allerdings trifft dies auch für andere Vierbeiner zu und gehört daher nur bedingt zu unserer Katzenbetrachtung. Nicht so die Elektrizität ihres Fells, das unter der Hand Funken sprüht, ihre Vorliebe für Baldrian (hat der Leser je eine Katze sich darin wälzen sehen? Wahrlich ein verrückter Anblick!) und für weitere erlesene Delikatessen der Natur, zu denen vielleicht auch ihr Geschmack für Fisch zu zählen ist; ein Tier, mit dessen Element sie so wenig gemein hat, daß sie es sogar verabscheuen sollte – wenngleich wir dieser Tage irgendwo von einer Katze gelesen haben, die schwimmen konnte und für sich auf Fischfang ging. Dies erinnert uns wiederum an eine herrliche Anekdote über den liebenswerten, dogmatischen, kränklichen, rührenden, kratzbürstigen, gutmütigen Johnson[2], der jeweils selber den Weg unter die Füße nahm, um für seinen Kater Austern einzukaufen, weil sein schwarzer Diener zu stolz dazu war![3] Nicht, daß wir, wenn wir jene versklavten Zeiten bedenken, den Stab über dem Schwarzen brechen. Er hatte ein Recht auf diesen Irrtum, obwohl wir mehr von ihm gehalten hätten, wäre er hochsinniger gewesen und hätte seinen Stolz der Zuneigung für einen solchen Herrn geopfert. Johnsons wahrhaft praktisches Zartgefühl in dieser Angelegenheit ist wunderschön. Man verlasse sich darauf: er fand es weder unangemessen noch ausgefallen. In manchen Dingen war er eigen, weil er nicht anders konnte. Doch war ihm alles Ausgefallene zuwider. Nein, in seinen besten Augenblicken fühlte er sich schlicht als Mensch, und als ein guter Mensch obendrein, wenn auch als ein Sünder – einer, der in der Tugend wie in der Demut und im Wissen um seine Unwissenheit danach strebte, ein christlicher Philosoph zu sein. Und also ging er und holte für seine hungrige Katze Nahrung, weil sein armer schwarzer Diener zu stolz dazu und niemand sonst da war, den er damit hätte betrauen können. Was mochten die Leute sich gedacht haben, als er auf der Bolt Court[4] daherkam!

Sicherlich war er bemüht, möglichst wenig Aufsehen zu erregen – das heißt, falls er es überhaupt als etwas Außergewöhnliches betrachtete. Sein Freund Garrick[5] hätte das nie über sich gebracht! Er war zu erhaben, zu sehr auf der großen «Bühne» des Lebens. Goldsmith[6] hätte es tun können, doch wäre er kaum auf den Einfall gekommen. Beauclerk[7] vielleicht; doch hätte er es für nötig befunden, es mit einem Spaß oder einer Wette oder ähnlichem zu entschuldigen. Sir Joshua Reynolds[8] mit seiner modischen, vornehme Damen malenden Hand, wäre davor zurückgeschreckt. Burke[9] hätte sich mit logischen Argumenten vehement die Richtigkeit eingeredet, doch hätte er sie sich wieder ausgeredet. Gibbon[10]! Man stelle sich vor, man hätte es Gibbon beibringen wollen! Mitsamt seiner Perücke hätte er sich wie ein entrüsteter Zeremonienmeister aufscheuchen lassen und nach dem Laufjungen des Gehilfen vom Hauptkochstellvertreter geläutet.

Katzen beim Kamin führen ein wohliges Leben. Damit aber auch sie ihren Anteil haben an den Unbilden dieser Welt, sind sie nicht wenigen Unannehmlichkeiten ausgesetzt; in kalten Nächten werden sie hinausgeschlossen; vom gereizten Koch erhalten sie Schläge; von Kindern haben sie sich allzu rückhaltlose Liebkosungen gefallen zu lassen (würden wir es etwa schätzen, von irgendeinem gönnerhaften Giganten derart geherzt zu werden?), und schließlich bekommen sie schreckliche gnadenlose Tritte von achtlosen menschlichen Füßen und fühllosen Stuhlbeinen zu spüren. Alles scheint Eleganz, Wohlbefinden und Sicherheit zu atmen, und man läßt sich zum

Essen, zum Hauskonzert oder zum Tee nieder, wenn unvermittelt die Katze aufschreit, als sei sie zermalmt worden; und man ist nicht sicher, ob es sich nicht tatsächlich auch so verhält. Und doch stellt sie sich erneut in den Weg wie zuvor und fordert alle Füße und alles Mahagoni im Raum heraus. Welch wunderbare augenblicksbezogene Genügsamkeit der Vorstellungskraft einer Katze! Beschränkt auf den Bereich ihres Körpers und den Umkreis weiterer zwei Zoll auf dem Kaminvorleger oder Teppich.

J.W. Goethe

Begünstigte Tiere

Vier Tieren auch verheißen war,
Ins Paradies zu kommen;
Dort leben sie das ew'ge Jahr
Mit Heiligen und Frommen.

Den Vortritt hier ein Esel hat,
Er kommt mit muntern Schritten:
Denn Jesus zur Propheten-Stadt
Auf ihm ist eingeritten.

Halb schüchtern kommt ein Wolf sodann,
Dem Mahomet befohlen:
Laß dieses Schaf dem armen Mann,
Dem Reichen magst du's holen.

Nun, immer wedelnd, munter, brav,
Mit seinem Herrn, dem braven,
Das Hündlein, das den Siebenschlaf
So treulich mit geschlafen.

Abuherriras Katze hier
Knurrt um den Herrn und schmeichelt:
Denn immer ist's ein heilig Tier,
Das der Prophet gestreichelt.

P. G. Wodehouse

Die Geschichte von Webster

«Katzen sind keine Hunde!» Nur einen Ort gibt es, wo man derartige Wahrheiten zu hören bekommt, die, ganz beiläufig in den Redestrom eingeworfen, gleichermaßen ins Schwarze treffen, und das ist die Gaststube von «Anglers Ruh». Dort hatte, als wir vor dem Kaminfeuer saßen, der tiefsinnige «Schoppen Bitterbier» besagten Ausspruch getan.

Obwohl sich das Gespräch bis dahin um Einsteins Relativitätstheorie gedreht hatte, stellten wir uns ohne weiteres darauf ein, es mit diesem neuen Thema aufzunehmen. Die regelmäßige Teilnahme an den allabendlichen Zusammenkünften, die Mr. Mulliner mit solch sicherer Würde und Verbindlichkeit präsidiert, scheint die Wendigkeit des Geistes zu begünstigen. So habe ich es in unserem kleinen Kreis schon erlebt, wie eine Diskussion binnen vierzig Sekunden von der letzten Bestimmung der Seele zu der besten Methode, gebratenen Speck saftig zu halten, wechselte.

«Katzen», fuhr «Schoppen Bitterbier» fort, «sind egoistisch. Ein Mann kann einer Katze während Wochen hinten und vorn aufwarten, kann ihren geringsten Launen willfahren, und dann verläßt sie ihn mir nichts, dir nichts, weil sie weiter unten an der Straße jemanden gefunden hat, bei dem es häufiger Fisch gibt.»

«Was mich an Katzen stört», sagte «Lemon Sour» verständnisinnig, als nage ein tiefsitzender Groll an ihm, «ist ihre Unzuverlässigkeit. Sie sind unaufrichtig und spielen ein falsches Spiel. Du legst dir einen Kater zu und nennst ihn je nachdem Thomas oder Georg. So weit, so gut. Dann, eines schönen Morgens, wachst du auf und findest sechs Junge in der Hutschachtel und bist gezwungen, den Fall noch einmal aufzurollen und von völlig anderen Voraussetzungen auszugehen.»

«Das wirklich Unangenehme an Katzen ist freilich», sagte einer mit gerötetem Gesicht und glasigen Augen, der ungeduldig auf den Tisch trommelte, um seinen vierten Whisky zu bestellen, «daß sie kein bißchen Takt haben. Das ist das wirklich Unangenehme an ihnen. Ein Freund von mir hatte einmal eine Katze. Hat sie so richtig verwöhnt und verhätschelt. Und was ist passiert? Was war der Dank? Eines Abends kam er zu vorgerückter Stunde nach Hause und tastete eben mit dem Korkenzieher nach dem Schlüsselloch; und ob ihr's glaubt oder nicht, seine Katze suchte sich ausgerechnet diesen Augenblick aus, um ihm mit einem Satz von einem Baum auf den Nacken zu springen. Sie haben ganz einfach keinen Takt.»

Mr. Mulliner schüttelte den Kopf. «Ihr mögt ja alle recht haben», sagte er, «doch ich finde, ihr geht am Wesentlichen vorbei. Was bei der Mehrzahl der Katzen wirklich zu beanstanden ist, ist ihre unerträgliche Überheblichkeit. Den Dünkel, der auf der Tatsache gründet, im alten Ägypten als Gottheiten verehrt worden zu sein, haben die Katzen als Klasse bis heute noch nicht restlos überwunden. Deshalb spielen sie sich auch gern als Kritiker und Sittenapostel der schwachen und sündigen Menschen auf, deren Los sie doch teilen. Sie stieren mit tadelndem Blick. Sie beobachten mit Besorgnis. Für einen zartbesaiteten Mann kann das verheerende Folgen haben und einen Minderwertigkeitskomplex schlimmster Art auslösen. Ist es nicht eigenartig, daß unsere Unterhaltung gerade diese Wendung genommen hat», sagte Mr. Mulliner, seinen heißen Whisky mit Zitrone schlürfend, «habe ich doch erst heute nachmittag an die äußerst merkwürdige Geschichte meines Vetters Edward Sohn, Lancelot, gedacht.»

«Ich habe einmal eine Katze gekannt...», begann «Kleines Helles».

«Meines Vetters Edward Sohn, Lancelot», fuhr Mr. Mulliner fort, «war damals, als sich dies zutrug, ein flotter junger Mann von fünfundzwanzig Lenzen. Schon früh verwaist, wuchs er bei seinem Onkel Theodor, dem Dechanten von Bolsover, auf, und es war für den guten Alten ein harter Schlag, als ihm Lancelot, sobald er mündig wurde, ein Schreiben aus London schickte, mit dem er ihn wissen ließ, daß er sich in der Bott Street in Chelsea ein Studio gemietet habe und in der Metropole zu bleiben beabsichtige, um Künstler zu werden.

Von Künstlern hielt der Dechant herzlich wenig. Als prominentes Mitglied des Bolsover Zensurausschusses hatte er neulich die unangenehme Pflicht gehabt, bei einer Privatvorstellung des Super-Super-Films ‹Paletten der Leidenschaft› anwesend zu sein; und er antwortete auf die Mitteilung seines Neffen mit einem aufgebrachten Brief, in dem er seinem quälenden Schmerz Ausdruck gab, den ihm der Gedanke verursache, daß einer seines eigenen Fleischs und Bluts sich aus freien Stücken einer Karriere verschreibe, die früher oder später zwangsläufig darauf hinauslaufen müsse, russische Prinzessinnen zu malen, die, halbnackt auf einen Diwan drapiert, zahme Jaguare umschlungen halten. Er bat Lancelot inständig, zurückzukommen und Seelsorger zu werden, ehe es zu spät sei.

Aber Lancelot blieb hart. Er bedauerte zwar den Bruch zwischen ihm und einem Verwandten, den er stets geachtet hatte, doch dachte er nicht im Traum daran, in eine Umgebung zurückzukehren, in der seine Individualität unterdrückt und seine Seele in Ketten gelegt worden waren. Und während vier Jahren hörten Onkel und Neffe nichts voneinander.

Während dieser Jahre nun war Lancelot in seinem gewählten Beruf recht gut vorangekommen. Die Aussichten schienen zu der Zeit, da diese Geschichte ihren Anfang nimmt, vielversprechend. Er malte am Porträt von Brenda, der einzigen Tochter von Mr. und Mrs. B. B. Carberry-Pirbright, Maxton Square 11, South Kensington, was bei Ablieferung dreißig Pfund in sein Sparschwein bedeutete. Er hatte gelernt, Spiegeleier und Speck zu braten. Er war drauf und dran, seiner Ukulele Herr zu werden. Außerdem war er mit einer unerschrockenen jungen Verfasserin freier Rhythmen namens Gladys Bingley verlobt, besser bekannt als ‹die holde Sängerin von der Garbidge Mews in Fulham›, einem entzückenden Mädchen, das eher einem Tintenwischer glich.

Lancelot schien das Leben ausgefüllt und voller Wunder. Er schwelgte in der Gegenwart, ohne einen Gedanken an die Vergangenheit zu verschwenden.

Doch wie wahr ist die Behauptung, die Vergangenheit sei unentwirrbar mit der Gegenwart verflochten und wir wüßten nie, wann sie eine verspätete Bombe unter unsern Füßen platzen lasse.

Eines Nachmittags, er brachte einige kleine Korrekturen am Porträt von Brenda Carberry-Pirbright an, trat seine Verlobte ein.

Er hatte sie erwartet, da sie heute für drei Wochen nach Südfrankreich in die Ferien verreiste, und sie hatte versprochen, auf dem Weg zum Bahnhof bei ihm hereinzugucken. Er legte den Pinsel nieder und schaute sie schmachtend an. Zum tausendsten Mal ging es ihm durch den Kopf, wie sehr er doch jeden einzelnen Tintenspritzer auf ihrer Nase vergöttere. Mit wilden Haaren, die büschelweise vom Kopf wegstrebten wie bei einer Vogelscheuche, stand sie unter der Tür, und ihr Anblick rührte ihn zutiefst.

‹Hallo, Reptil!› sagte er verliebt.

‹Holla, Wurm!› sagte Gladys. Innige jungfräuliche Zuneigung strahlte durch das Monokel, das sie sich ins linke Auge geklemmt hatte. ‹Ich kann nur eine halbe Stunde bleiben.›

‹Ach, eine halbe Stunde ist schnell vorbei›, meinte Lancelot. ‹Was ist denn das hier?›

‹Ein Brief, du Dummkopf. Was sonst?›

‹Wie bist du dazu gekommen?›

‹Ich bin dem Briefträger begegnet.›

Lancelot nahm den Brief und sah ihn sich genauer an. ‹Himmel nochmal!› rief er.

‹Was ist?›

‹Er stammt von Onkel Theodor.›

‹Ich wußte nicht, daß du einen Onkel Theodor hast.›

‹Aber natürlich, schon seit Jahren.›

‹Was schreibt er denn?›

‹Wenn du es einrichten könntest, während zweier Sekunden ruhig zu sein, werd' ich's dir sagen.› Und mit der wohlklingenden Stimme, an der man alle Mulliners, auch jene der entferntesten Nebenlinie, erkennt, las er:

Dechanei
Bolsover, Wiltshire

Mein lieber Lancelot,

Wie Du gewiß dem ‹Kirchenboten› bereits hast entnehmen können, bin ich zum Bischof der unbesetzten Diözese Bongo-Bongo in West-Afrika ernannt worden. Ich habe das Amt angenommen und werde unverzüglich abreisen und mit Gottes Segen meine neuen Pflichten übernehmen.

Die Umstände zwingen mich nun, für meinen Kater Webster ein geeignetes Heim zu finden. Zu meinem großen Leidwesen wird es Webster nämlich unmöglich sein, mich zu begleiten. Die Unbilden des Klimas und der Mangel des mindesten Komforts würden seiner Gesundheit, die seit jeher eher schwächlich war, schlecht bekommen.

Mein lieber Junge, im vollen Vertrauen darauf, daß Du ihm ein zuvorkommender und besorgter Gastgeber sein wirst, lasse ich ihn in einem Reisekorb an Deiner Adresse abgeben.

Mit allen guten Wünschen und herzlichen Grüßen

Dein Dich liebender Onkel
Theodor Bongo-Bongo

Nachdem er den Brief vorgelesen hatte, herrschte im Atelier nachdenkliches Schweigen.

‹So eine Unverschämtheit!› platzte Gladys heraus. ‹Ich an deiner Stelle würde da nicht mitmachen.›

‹Weshalb nicht?›

‹Was willst du mit einer Katze?›

Lancelot überlegte.

‹Zugegeben›, sagte er, ‹wenn es nach mir ginge, wäre es mir lieber, mein Studio würde nicht in eine Katzenei oder einen Katzenzwinger verwandelt. Doch bedenke die besonderen Umstände. Die Beziehungen zwischen Onkel Theodor und meinem Ich waren in den letzten Jahren etwas gespannt. Genaugenommen sind wir in heftigem Krach auseinandergegangen. Er scheint nun wieder einrenken zu wollen. Ich möchte diesen Brief mehr oder weniger als das bezeichnen, was man einen Ölzweig nennt. Glaubst du nicht, wenn ich mir alle Mühe um diesen Kater gebe, daß ich den Alten später anzapfen kann?›

‹Ist er reich, der Bursche?› fragte Gladys interessiert.

‹Außerordentlich.›

‹In dem Fall›, sagte Gladys, ‹nehme ich alles zurück. Ein guter, nahrhafter Wechsel von einem Katzenliebhaber wäre nicht von der Hand zu weisen. Dann könnten wir vielleicht noch dieses Jahr heiraten.›

‹Richtig›, sagte Lancelot, ‹zwar ein widerlicher Gedanke. Doch wir haben uns nun einmal dazu entschlossen. Je eher wir es hinter uns bringen, desto besser, meinst du nicht?›

‹Völlig richtig.›

‹Das wäre geregelt. Der Kater wird in Gewahrsam genommen und steht unter meinem Schutz.›

‹Es bleibt uns nichts anderes übrig›, sagte Gladys. ‹Könntest du mir dennoch deinen Kamm leihen? Gibt es so was in deinem Schlafzimmer?›

‹Was willst du mit einem Kamm?›

‹Beim Mittagessen ist mir Suppe ins Haar geraten. Ich bin gleich zurück.›

Sie rannte hinaus, und Lancelot, der den Brief wieder aufnahm, merkte, daß er die Fortsetzung auf der Rückseite übersehen hatte. Da hieß es:

PS. Ein tieferes Motiv, als der einfache Wunsch, meinen treuen Freund und Begleiter in guten Händen zu wissen, hat mich bewogen, Webster gerade Dir zu übergeben.

Vom moralischen wie vom erzieherischen Standpunkt aus gesehen, davon bin ich überzeugt, wird Websters Gesellschaft von unschätzbarem Wert für Dich sein. Sein Kommen, wahrlich, ich wage es zu hoffen, wird sich als Wendepunkt in Deinem Leben erweisen. Du wirst, wie ich annehme, wieder und wieder in eine Horde zuchtloser, unmoralischer Bohemiens geschleudert. In diesem Kater nun findest Du ein Beispiel edler Gesinnung, das als Gegengift zum Schierlingsbecher der Versuchung wirken muß, den man Dir zweifelsohne stündlich zur reichen versucht.

PPS. Sahne nur mittags; Fisch höchstens dreimal pro Woche.

Lancelot las den Brief ein zweites Mal, als die Hausglocke läutete und ein Mann mit einem Weidenkorb auf der Schwelle stand. Ein verhaltenes Miauen aus dem Innern ließ auf den Inhalt schließen. Lancelot brachte den Korb ins Atelier und durchschnitt den Bindfaden.

Er ging zur Tür und brüllte: ‹Hallo, Gladys!›

‹Was ist?› rief seine Verlobte vom obern Stock herunter.

‹Der Kater ist da.›

‹Ich komme schon.›

Lancelot kehrte zurück. ‹Holla, Webster!› sagte er munter. ‹Wie geht's, wie steht's, mein Junge?›

Der Kater antwortete nicht. Mit gebeugtem Kopf saß er da; er schniegelte und leckte sich hingebungsvoll, was nach einer Zugreise so unbedingt notwendig ist.

Um sich diese Toilettenprozedur zu erleichtern, streckte er das linke Bein in die Luft. Und da erinnerte sich Lancelot urplötzlich eines alten Aberglaubens, was immer man davon halten mochte, von dem ihm früher einmal eine seiner Kinderschwestern erzählt hatte. Wenn man, so hatte sie gesagt, sich an eine Katze heranschleiche, die ein Bein in der Luft habe, und man tüchtig daran zerre, dürfe man sich etwas wünschen, und der Wunsch erfülle sich nach dreißig Tagen.

Es war ein reizvoller Gedanke. Lancelot schien es einen Versuch wert. Er näherte sich also ganz sachte und hatte schon die Finger ausgestreckt, als Webster das Bein abstellte, sich umdrehte und seine Augen erhob.

Er blickte Lancelot an. Ein jäher Schrecken überfiel ihn, ganz übel wurde ihm, als er sich vergegenwärtigte, welch unverzeihliche Freiheit er sich dem Tier gegenüber hatte herausnehmen wollen.

Bis dahin, obwohl die Nachschrift zu Onkel

Theodors Brief ihn eigentlich hätte warnen sollen, hatte sich Lancelot Mulliner keine weiteren Gedanken über die Wesensart dieses Katers gemacht, den er bei sich aufgenommen hatte. Jetzt, zum erstenmal, sah er ihn sich genauer an und erfaßte ihn.

Webster war sehr groß, sehr schwarz und sehr würdig. Er wirkte ausgesprochen reserviert. Als direkter Nachkomme ekklesiastischer Vorfahren, die seit Generationen im Schatten von Kathedralen und hinter Bischofspalästen auf Freiersfüßen gingen, besaß er jene vollkommene innere Ausgeglichenheit, wie man sie bei hohen kirchlichen Würdenträgern sieht. Seine Augen waren klar und ruhig, und sein Blick schien bis ins Innerste der Seele des jungen Mannes vorzudringen und erfüllte ihn mit Schuldgefühlen.

Einmal, vor langer Zeit, in seiner hitzigen Jugend, als Lancelot seine Schulferien in der Dechanei verbrachte, hatte er sich von einem Ingwerbier und der Erbsünde dazu hinreißen lassen, einem alten Stiftsherrn mit einer Windbüchse ins Bein zu schießen, wobei er, als er sich umdrehte, entdeckte, daß ein auf Besuch weilender Archidiakon den Zwischenfall aus nächster Nähe beobachtet hatte. Genauso wie damals, als sein Blick demjenigen des Archidiakons begegnete, fühlte er sich jetzt, da Websters Augen unerbittlich auf ihm ruhten.

Webster, das muß man gerechterweise sagen, hatte nicht wirklich seine Augenbrauen hochgezogen, doch einzig und allein deshalb, wie Lancelot glaubte, weil er keine solchen hatte.

Errötend trat Lancelot einen Schritt zurück. ‹Verzeihung!› stammelte er.

Es entstand eine Pause. Webster musterte ihn unerschütterlich. Lancelot steuerte dem Ausgang zu.

‹Hm... Verzeihung... ich bin gleich zurück›, murmelte er, schlich seitlich zur Tür, drückte sich aus dem Zimmer und stürzte verwirrt die Treppe hinauf.

‹Hör mal›, sagte Lancelot zu Gladys.

‹Was denn?›

‹Kann ich den Spiegel haben?›

‹Wozu?›

‹Ach... ich... ich dachte›, stotterte Lancelot, ‹ich dachte, ich könnte mich eigentlich rasieren.›

Das Mädchen schaute ihn verblüfft an. ‹Rasieren? Du hast dich erst vorgestern rasiert.›

‹Ich weiß. Trotzdem... es wäre doch nichts als höflich. Dieser Kater, weißt du.›

‹Na, und?›

‹Er scheint es irgendwie zu erwarten. Nicht daß er es ausdrücklich gesagt hätte, verstehst du, aber man merkt es ihm an. Ich dachte, wenn ich mich kurz rasieren und meine blaue Serge-Kleidung anziehen würde...›

‹Der ist doch nur durstig. Stell ihm etwas Milch hin.›

‹Darf man das?› zweifelte Lancelot. ‹Wir kennen uns kaum.› Er hielt inne. ‹Hör mal, Gladys›, fuhr er leicht verlegen fort.

‹Ja?›

‹Ich weiß, du wirst mir deswegen nicht böse sein, aber du hast einige Tintenkleckse auf der Nase.›

‹Klar. Ich hab' doch immer Tintenkleckse auf der Nase.›

‹Meinst du nicht... vielleicht... etwas schrub-

ben mit dem Bimsstein... ich will sagen...
du weißt, wie entscheidend der erste Eindruck
ist...›

Das Mädchen blickte ihn scharf an.

‹Lancelot Mulliner›, sagte Gladys, ‹wenn du
glaubst, ich scheuere meine Nase bis auf den
Knochen wund, nur um einem elenden Kater zu
gefallen...›

‹Pst!› sagte Lancelot, bis aufs Blut gepeinigt.

‹Ich will hinuntergehen und ihn mir einmal
genauer ansehen›, sagte Gladys gereizt.

Als die beiden das Atelier betraten, ruhte
Websters Blick voller Empörung auf einer Illustration aus ‹La Vie Parisienne›, die die eine
Wand schmückte. Lancelot riß sie schleunigst
herunter.

Gladys aber schaute Webster alles andere als
freundlich an. ‹Das wäre also das Biest.›

‹Pst!›

‹Ich will dir mal was sagen: dieser Kater hat zu
üppig gelebt. Der ist entschieden zu fett. Du
tätest gut daran, ihn etwas kurzzuhalten.›

Ihre Bemerkungen waren keineswegs ungerechtfertigt. Bei Webster war tatsächlich mehr
als nur eine Tendenz zur Fülle festzustellen. Er
war von jener würdigen Wohlbeleibtheit, die
man sonst mit Personen in Verbindung bringt,
die im Schoße der Kirche ihr Dasein führen.
Doch Lancelot zuckte bei ihren Worten zusammen. Er hatte so sehr gewünscht, Gladys würde
eine gute Figur machen; und da war sie nun
und sagte ausgerechnet jetzt solche Taktlosigkeiten.

Allzu gerne hätte er Webster erklärt, daß er es
sich nicht zu Herzen nehmen solle, daß in den

Bohemienkreisen, denen sie zur Zierde gereichte, solche freundschaftlichen Neckereien persönlicher Art dazu gehörten, ja sogar geschätzt würden. Doch es war zu spät. Das Unglück war geschehen. Webster wandte sich ummißverständlich ab und verzog sich still hinter das Sofa.

Gladys, die sich der delikaten Lage überhaupt nicht bewußt war, machte sich reisefertig.

‹Auf bald, Schluckbruder›, sagte sie leichthin, ‹in drei Wochen. Ich denke mir, du und dieser Kater werden herumsumpfen, sobald ich euch den Rücken gekehrt habe.›

‹Bitte. Ich bitte dich!› stöhnte Lancelot. ‹Bitte!›

Er gewahrte ein schwarzes Schwanzende, das hinter dem Sofa hervorguckte. Es erschauerte leicht, und Lancelot konnte darin wie in einem Buch lesen. Mit einem Schlag wußte er, daß Webster ein vorschnelles Urteil gefällt und seine Verlobte als liederliche unwürdige Person verdammt hatte.

Etwa zehn Tage danach begegnete Bernhard Worple, der neo-vortizistische Bildhauer, beim Mittagessen zufällig dem wortgewaltigen surrealistischen Rodney Scollop. Nachdem sie sich eine Weile über ihre Kunst unterhalten hatten, fragte Worple: ‹Sag, was ist eigentlich in Lancelot gefahren? Man erzählt sich die tollsten Geschichten über ihn. Man will ihn mitten in der Woche glatt rasiert gesehen haben. Vermutlich nur ein Gerücht.›

Scollops Miene verdüsterte sich. Er wollte selber auf Lancelot zu sprechen kommen, da er ihn gut mochte und sich seinetwegen sorgte.

‹Es ist aber wahr.›

‹Kaum auszudenken.›

Scollop rückte etwas näher und beugte sich vor. Seine feinen Züge verrieten Kummer.

‹Soll ich dir etwas erzählen, Worple?›

‹Was denn?›

‹Es ist eine nackte Tatsache›, sagte Scollop, ‹daß sich Lancelot Mulliner jeden Morgen rasiert.›

Worple schob die Spaghetti, in die er sich verfangen und damit seinen Kopf bekränzt hatte, beiseite, und durch das Guckloch starrte er sein Gegenüber an.

‹Jeden Morgen?›

‹Jeden Morgen. Neulich bin ich bei ihm vorbeigegangen, und da habe ich ihn denn gesehen: tadellos in blauen Serge gekleidet und blank rasiert. Außerdem hege ich den dringenden Verdacht, daß er nach der Rasur Talkumpuder verwendet hatte.›

‹Ist das dein Ernst?›

‹Mein voller Ernst. Und noch etwas. Ein Buch lag offen auf dem Tisch. Er wollte es zwar verstecken, war aber zu langsam. Es war eins von diesen Anstandsbüchern!›

‹Ein Anstandsbuch?›

‹,Gute Umfangsformen', von Constance, Lady Bodbank.›

Worple spulte einen verirrten Spaghettifaden von seinem linken Ohr ab. Er war tief erschüttert. Wie Scollop, mochte auch er Lancelot gern.

‹Er wird sich nächstens zum Nachtessen in Gala stürzen!› rief er.

‹Ich habe allen Grund zur Annahme, daß er das bereits tut›, meinte Scollop ernst. ‹Jedenfalls wurde am letzten Dienstag bei Hope Brothers ein Mann beobachtet, der ihm täuschend ähnlich sah und der heimlich drei steife Kragen und eine schwarze Krawatte kaufte.›

Worple schob den Stuhl zurück und stand auf. Er war die Entschlossenheit selbst.

‹Scollop›, sagte er, ‹wir sind doch Mulliners Freunde, du und ich. Aus dem, was du berichtest, geht klar hervor, daß subversive Kräfte am Werk sind und er unserer Freundschaft nie dringender bedurfte als jetzt. Sollten wir nicht gleich hingehen?›

‹Du nimmst mir das Wort aus dem Mund›, sagte Rodney Scollop.

Zwanzig Minuten später befanden sie sich in Lancelots Studio; Scollop lenkte mit einem vielsagenden Blick die Aufmerksamkeit seines Begleiters auf die äußere Erscheinung ihres Gastgebers.

Lancelot Mulliner war ordentlich, direkt geckenhaft in blauen Serge gekleidet, mit Bügelfalten in der Hose, und sein Kinn – Worple gab es einen Stich ins Herz – schimmerte sanft in der Nachmittagssonne.

Lancelot sah die Zigarren seiner Freunde und zeigte sichtliches Unbehagen.

‹Ich darf euch wohl bitten, diese Dinger fortzuwerfen?› flehte er.

Rodney Scollop nahm Haltung an. ‹Seit wann, wenn ich fragen darf, sind dir die besten Vier-Penny-Zigarren, die in Chelsea zu finden sind, nicht mehr gut genug?›

Lancelot beeilte sich, ihn zu beschwichtigen. ‹Es ist nicht meinetwegen, sondern wegen Webster, meinem Kater. Ich weiß zufällig, daß er Tabakrauch nicht mag. Mit Rücksicht auf ihn habe ich das Pfeifenrauchen aufgegeben.›

Bernhard Worple schnaubte verächtlich.

‹Willst du uns weismachen›, höhnte er, ‹daß Lancelot Mulliner sich von einem verdammten Kater etwas vorschreiben läßt?›

‹Scht!› sagte Lancelot, am ganzen Körper zitternd. ‹Du kannst dir nicht vorstellen, wie sehr Kraftausdrücke sein Schicklichkeitsempfinden verletzen!›

‹Wo ist dieser Kater?› fragte Rodney Scollop. ‹Ist das das Tier?› sagte er und wies aus dem Fenster in den Garten, wo ein derber Kater mit arg havarierten Ohren kaltschnäuzig aus schiefgezogenen Mundwinkeln miaute.

‹Um Gottes willen, nein!› sagte Lancelot. ‹Das ist eine verwilderte herrenlose Katze, die von Zeit zu Zeit vorbeikommt, um sich das Fressen aus dem Abfalleimer zu holen. Webster ist ganz anders. Webster hat eine angeborene Würde und ein gediegenes Auftreten. Webster ist ein Kater, der viel auf seine gepflegte Erscheinung gibt. Wie Leitsterne sind seine Augen, aus denen edle Prinzipien und erhabene Ideale leuchten...› Dann fiel er in sich zusammen und fügte tonlos hinzu: ‹Verflucht! Verflucht! Verflucht!›

Worple schaute Scollop an. Scollop schaute Worple an.

‹Alter Knabe›, sagte Scollop, indem er besänftigend eine Hand auf Lancelots gebeugte Schulter legte, ‹wir sind deine Freunde. Vertraue auf uns.›

‹Rede frei heraus›, sagte Worple, ‹was ist mit dir los?›

Lancelot rang sich ein bitteres freudloses Lächeln ab.

‹Ihr wollt wissen, was mit mir los ist? Ich stehe unter dem Kater!›

‹Unter dem Kater?›

‹Habt ihr denn noch nie von Männern gehört, die unter dem Pantoffel stehen?› fragte Lancelot irritiert. ‹Nun, ich stehe unter dem Kater.›

Stockend erzählte er ihnen seine Leidensgeschichte. In groben Zügen zeichnete er seine Beziehung zu Webster auf, seitdem dieser zum erstenmal das Studio betreten hatte. Der Kater war außer Hörweite, und da schüttete er denn sein Herz rückhaltlos aus.

‹Es ist irgend etwas in den Augen dieses Biests›, sagte er mit bebender Stimme, ‹etwas Hypnotisierendes. Der Kater hat mich in seinen Bann gezwungen. Ich bin ihm ausgeliefert. Er schaut mich an und verachtet mich. Unter seinem Einfluß verliere ich langsam, aber sicher mein Eigenleben. Vom gesunden, innerlich freien Künstler werde ich zum ... ich weiß nicht, wie man das nennen soll. Es genügt, wenn ich euch sage, daß ich das Rauchen aufgegeben habe, keine Hausschuhe mehr trage, dafür im steifen Kragen daherkomme. Es würde mir nicht einfallen, mein bescheidenes Nachtessen einzunehmen, ohne mich vorher umzuziehen. Außerdem›, er schluckte leer, ‹habe ich meine Ukulele verkauft.›

‹Nicht doch!› sagte Worple und erblaßte.

‹Doch›, sagte Lancelot, ‹er empfand es als unanständig. Ich spürte es.›

Eine lange Stille trat ein.

‹Mulliner›, sagte Scollop, ‹das ist schlimmer als befürchtet. Wir müssen uns ernsthaft mit deinem Fall befassen.›

‹Vielleicht›, meinte Worple, ‹können Mittel und Wege gefunden werden.›

Lancelot schüttelte hoffnungslos den Kopf.

‹Es gibt keinen Weg. Es gibt keinen Ausweg. Was mich möglicherweise von dieser unerträglichen Unterdrückung erlösen könnte, wäre, wenn ich den Kater einmal – nur ein einziges Mal – bei einer Unbesonnenheit ertappte. Wenn er einmal – nur einmal – in meiner Gegenwart strauchelte, nur einen Augenblick lang, und ich weiß, seine Macht wäre damit gebrochen. Doch welche Hoffnung besteht?› rief Lancelot leidenschaftlich. ‹Ihr habt vorhin jenen Gammlerkater gesehen. Das ist einer, der alles daran gesetzt und keine Mühe gescheut hat, Websters unmenschliche Selbstbeherrschung zu brechen. Mit eigenen Ohren habe ich gehört, wie er ihm Sachen an den Kopf warf, die keine Katze mit auch nur einem Funken Leben in sich hingenommen hätte. Webster dagegen schaut ihn einfach an, schenkt ihm nicht mehr Beachtung als der Weihbischof dem sündigen Chorknaben, dreht sich um und fällt in einen erquickenden Schlaf.›

Seine Stimme versagte. Worple, von Natur aus Optimist, versuchte auf seine liebenswürdige Art die Tragödie herunterzuspielen.

‹Ach, weißt du›, sagte er, ‹das Rasieren und Sich-Umziehen und was sonst noch ist schlimm, bestimmt. Doch die Gesundheit dürfte es wohl kaum gefährden. Viele der größten Künstler... Whistler zum Beispiel...›

‹Warte!› unterbrach ihn hier Lancelot. ‹Das Schlimmste habt ihr noch nicht gehört.›

Er stand erregt auf, ging zur Staffelei und enthüllte das Porträt von Brenda Carberry-Pirbright.

‹Schaut euch das einmal an und sagt mir, was ihr von ihr haltet.›

Seine beiden Freunde betrachteten schweigend das Gesicht. Miss Carberry-Pirbright war eine junge Dame mit sprödem, eisigem Ausdruck. Man konnte sich lange fragen, weshalb sie sich gemalt haben wollte. Das Bild wäre für jede Wand eine Strafe.

Scollop brach das Schweigen: ‹Eine Bekannte von dir?›

‹Ich kann das Gesicht nicht leiden›, sagte Lancelot heftig.

‹In dem Fall darf ich offen meine Meinung sagen. Wenn du mich fragst: sie ist das reinste Brechmittel›, gestand Scollop.

‹Eine Pustel›, fand Worple.

‹Ein Furunkel. Die wahre Seuche›, faßte Scollop kurz und bündig zusammen.

Lancelot lachte krampfhaft. ‹Treffend habt ihr sie beschrieben. Sie ist der Inbegriff all dessen, was meiner Künstlerseele am entferntesten liegt. Sie hängt mir zum Hals heraus. Ich heirate sie.›

‹Wie bitte?› rief Scollop.

‹Du heiratest doch Gladys Bingely›, sagte Worple.

‹Webster ist anderer Ansicht›, sagte Lancelot niedergeschlagen. ‹Bei ihrer ersten Begegnung hat er Gladys in die Waagschale geworfen und als zu leicht befunden. Kaum hatte er Brenda Carberry-Pirbright gesehen, streckte er auch schon seinen Schwanz steil in die Luft, gurgelte freundlich und strich ihr an den Beinen herum. Er kehrte sich mir zu; er schaute mich an. Ich konnte in seinen Augen lesen. Ich wußte, was in ihm vorging. Fortan hat er sein möglichstes getan, um uns zu verkuppeln.›

‹Aber Mulliner›, sagte Worple, immer darauf bedacht, das Positive herauszustreichen, ‹warum sollte dieses Mädchen einen lausigen, kümmerlichen, armen Schlucker wie dich heiraten wollen? Harre aus, Mulliner! Über kurz oder lang wirst du ihr zuwider sein und sie anekeln.›

Lancelot schüttelte den Kopf.

‹Nein›, sagte er, ‹du sprichst wie ein wahrer Freund, doch erkennst du die Situation nicht. Die alte Carberry-Pirbright, dieses Muster von Mutter, die bei den Sitzungen als Anstandsdame fungiert, hatte nach kürzester Zeit meine Verwandtschaft mit Onkel Theodor herausgekriegt, der, wie ihr wißt, ein Krösus ist. Sie kann es sich an den Fingern abzählen, daß ich eines Tages ein reicher Mann sein werde. Sie hatte meinen Onkel Theodor bereits gekannt, als er noch Vikar an der St.-Botoloph-Kirche in Knightsbridge war. Vom ersten Augenblick an hat sie mich mit der abstoßenden Vertrautheit behandelt, die man einem langjährigen Familienfreund entgegenbringt. Stets ist sie bemüht, mich in ihr, wie sie es nennt, ‚trautes Heim' zu locken, zu ihren Sonntagsessen, zu ihren ‚kleinen Nachtessen'! Einmal hat sie mir doch tatsächlich vorgeschlagen, sie und ihre greuliche Tochter zur Königlichen Akademie der Künste zu begleiten.›

Er lachte bitter. Die beißenden Witze, die Lancelot Mulliner über die Königliche Akademie der Künste riß, erzählte man sich in London von der Tite Street im Süden über Holland Park im Norden bis hin nach Blumsberry im Osten.

‹Allen diesen Angeboten gegenüber›, fuhr Lancelot fort, ‹verhielt ich mich betont abweisend. Meine Haltung war stets kühl und reserviert.

Obwohl ich es nie ausdrücklich gesagt habe, daß ich lieber tot in einem Graben als in ihrem ‚trauten Heim' wäre, ließ mein Benehmen keine Zweifel offen. Schon hatte ich den Eindruck, ich sei sie endlich losgeworden, als Webster dazwischentrat und alle Hoffnungen zunichte machte. Wollt ihr wissen, wie oft ich vergangene Woche in diesem höllischen Haus zu Gast gewesen bin? Fünfmal. Webster scheint es zu wünschen. Ich kann euch nur sagen, um mich ist's geschehen.›

Er vergrub das Gesicht in den Händen. Scollop tippte Worple auf den Arm, und zusammen stahlen sie sich aus dem Zimmer.

‹Schlimm›, sagte Scollop.

‹Sehr schlimm!› pflichtete Worple bei.

‹Es kommt mir alles unglaublich vor.›

‹O nein. Fälle dieser Art sind bei Leuten wie Mulliner mit hochgradig überreizter, ultrasensibler künstlerischer Gemütsdisposition keineswegs selten. Ein Freund von mir, ein rhythmischer Raumgestalter, hatte sich einmal unbesonnenerweise anerboten, den Papagei seiner Tante zu sich zu nehmen, während sie bei Freunden in Nordengland weilte. Sie war eine Frau mit heftiger evangelischer Überzeugung, die sich der Vogel ebenfalls zu eigen gemacht hatte. Dieser konnte den Kopf schiefhalten, dabei einen Laut ausstoßen, als werde eine Flasche entkorkt, und meinem Freund die Gewissensfrage stellen, ob er bereits bekehrt worden sei. Kurz: als ich einen Monat später zufällig bei ihm vorbeiging, hatte er in seinem Atelier ein Harmonium aufgestellt und sang mit vollem Tenor alte und neue Kirchenlieder. Der Papagei auf seinem Stängelchen, das eine Bein hochgezogen, übernahm den

Baß. Eine sehr traurige Geschichte. Sie hat uns allen schrecklich zu schaffen gemacht.›

Ein Schauder überlief Worple.

‹Scollop, das ist entsetzlich! Da muß man doch etwas unternehmen.›

Rodney Scollop überlegte einen Augenblick.

‹Wir könnten Gladys Bingely telegraphieren, sie solle unverzüglich zurückkehren. Sie könnte den Unglückseligen vielleicht wieder zur Vernunft bringen. Der sanfte Einfluß einer Frau ... ja, das wäre eine Idee. Geh auf dem Heimweg bei der Post vorbei und schicke Gladys ein Telegramm. In die Kosten teilen wir uns.›

Im Studio verfolgte Lancelot stumm und mit starrem Blick eine schwarze Gestalt, die ins Zimmer getreten war. Er machte den Eindruck eines völlig in die Enge getriebenen Mannes.

‹Nein!› schrie er. ‹Nein! Hol's der Teufel!›

Webster sah ihn an und verzog keine Miene.

‹Warum sollte ich?› fragte Lancelot mutlos.

Webster zuckte nicht mit der Wimper.

‹Na, also›, sagte Lancelot verdrießlich.

Mit bleiernen Füßen ging er aus dem Zimmer nach oben, zog seinen Cutaway mit gestreifter Hose an und setzte sich den Zylinder auf. Dann, mit einer Gardenie im Knopfloch, machte er sich auf den Weg zum Maxton Square 11, wo Mrs. Carberry-Pirbright eine ihrer intimen Tee-Einladungen (‹nur einige liebe Freunde›) gab, um Clara Throckmorton Stooge, die Autorin von ‹Eines starken Mannes Kuß›, vorzustellen.

Gladys Bingely saß im Hotel in Antibes beim Mittagessen, als man ihr Worples Telegramm brachte. Es gab Anlaß zu ernstlicher Besorgnis.

Richtig klug wurde sie aus dem Inhalt allerdings nicht. Infolge der inneren Aufgewühltheit drückte sich Bernhard Worple sehr undurchsichtig aus. Bald glaubte sie, Lancelot sei schwer verunfallt. Bald schien des Rätsels Lösung, er habe sein Hirn dermaßen überbeansprucht, daß konkurrierende Irrenanstalten nun verbissen um seine Kundschaft wetteiferten. Dann wieder glaubte sie herauszulesen, Worple wolle ihr schonend beibringen, Lancelot habe sich mit dem Kater zusammengetan, um einen Harem zu eröffnen. Doch eines ging deutlich daraus hervor: ihr Herzallerliebster war in irgendwelche große Schwierigkeiten geraten, und seine treusten Freunde waren übereingekommen, daß lediglich ihre unverzügliche Rückkehr ihn noch zu retten vermochte.

Gladys zögerte keinen Augenblick. Eine halbe Stunde, nachdem sie das Telegramm erhalten hatte, waren ihre Koffer gepackt, ein letztes Stückchen Spargel aus der rechten Augenbraue entfernt, und sie besorgte sich bereits die Fahrkarte für den nächsten Zug Richtung Norden.

In London angekommen, war ihr erster Gedanke, schnurstracks zu Lancelot zu gehen. Aber eine angeborene weibliche Neugierde ließ sie vorerst Worple aufsuchen, um sich über einige besonders verworrene Stellen des Telegramms Klarheit zu verschaffen.

Worple mochte in seiner Eigenschaft als Schriftsteller zur Mehrdeutigkeit geneigt haben; beschränkte er sich hingegen auf das gesprochene Wort, konnte er klipp und klar sagen, worum es ging. Bereits nach fünf Minuten war Gladys über den Sachverhalt aufgeklärt, und auf ihrem

Gesicht begann sich jener grimmige schmallippige Ausdruck abzuzeichnen, der ausschließlich bei Bräuten festzustellen ist, die nach einem kurzen Urlaub zurückkehren und erfahren müssen, daß ihr Liebster während ihrer Abwesenheit vom so geraden und schmalen Pfad der Tugend abgeirrt war.

‹Brenda Carberry-Pirbright?› fragte Gladys mit unheilvoll ruhiger Stimme. ‹Die Brenda Carberry-Pirbright kann er von mir aus haben! Mein Gott, wenn man keine paar Tage mehr nach Antibes fahren kann, ohne daß sich der Verlobte herausputzt und sich wie ein mormonischer Kirchenältester aufführt, sieht es langsam so aus, als hätten Mädchen bösen Zeiten entgegenzusehen.›

Der gutmütige Bernhard Worple tat sein möglichstes. ‹Ich halte den Kater dafür verantwortlich›, beteuerte er. ‹Meiner Meinung nach ist Lancelot, wie schon Shakespeare sagte, ein Mann, an dem man mehr gesündigt, als er sündigte[1]. Ich glaube, seine Handlungen sind die Folge übermäßigen Einflusses oder Zwangs.›

‹Das nenne ich typisch Mann! Alles einem unschuldigen Kater in die Schuhe schieben.›

‹Lancelot sagt, es sei ein gewisses Etwas in seinem Blick!›

‹Eines versprech' ich dir: wenn ich Lancelot wiedersehe, wird ihm ein gewissen Etwas in *meinem* Blick nicht entgehen.›

Wutschnaubend verließ sie Worple. Er seufzte traurig und wandte sich wieder seiner neo-vortizistischen Bildhauerei zu.

Kaum fünf Minuten später, als Gladys auf dem Weg zur Bott Street den Maxton Square überquerte, blieb sie wie angewurzelt stehen. Bei dem, was sie sehen mußte, wäre es jeder Verlobten so ergangen.

Auf dem Gehsteig zum Haus Nummer 11 kamen zwei Gestalten daher. Oder deren drei, zählte man einen verdrießlichen dackelähnlichen Köter hinzu, der an der Leine geführt voraustrappelte. Eine der Gestalten war Lancelot Mulliner, schmuck in grauem Fischgrat und neuem Homburg. Er war es, der die Leine hielt. In der andern erkannte Gladys vom Porträt her, das sie auf Lancelots Staffelei gesehen hatte, diese moderne Du Barry, diese notorische Penaten-Zerstörerin und Liebesnest-Demoliererin, Brenda Carberry-Pirbright.

Aber bereits waren sie die Treppe zu Nummer 11 hinaufgegangen und hatten sich zu den Teegästen gesellt, höchstwahrscheinlich bei gedämpfter Musik.

Knapp eineinhalb Stunden, nachdem Lancelot nicht ohne beträchtliche Mühe dem Nest der Philisterinnen entflohen war, raste er in einem Taxi nach Hause. Wie üblich nach einem ausgedehnten Tête-à-tête mit Miss Carberry-Pirbright, war er betäubt und verwirrt und fühlte sich, als hätte er in einem Meer von Kleister gebadet und dabei tüchtig geschluckt. Er wußte nur noch, daß er dringend etwas zu trinken brauchte und daß es im Schrank hinter dem Sofa zu finden war.

Er bezahlte den Fahrer und stürzte ins Haus, die ausgetrocknete Zunge schepperte gegen seine Vorderzähne. Und da, vor ihm, stand Gladys Bingely, die er weit, weit weg wähnte.

‹Du!› entfuhr es Lancelot.

‹Ja, ich!› sagte Gladys.

Die lange Wartezeit hatte nicht eben dazu beigetragen, ihren Gleichmut wiederherzustellen. Seitdem sie im Studio angekommen war, hatte sie Zeit gefunden, dreitausendeinhundertzweiundvierzig Mal mit dem Fuß zu wippen, und die Summe der grimmigen Grimassen des Lächelns, die eine nach der andern über ihr Gesicht gezogen waren, belief sich auf neunhundertelf. Sie war in jeder Hinsicht für die Schlacht des Jahrhunderts gerüstet.

Sie erhob sich und trat Lancelot entgegen. Die geballte Weiblichkeit blitzte aus ihren Augen.

‹Nun, du Casanova!› sagte sie.

‹Du, du ... wer?› fragte Lancelot.

‹Sag nicht ‚Dudu' zu mir!› brüllte sie ihn an. ‹Spar dir das für deine Brenda Carberry-Pirbright auf! Ja, ich weiß Bescheid, Lancelot Don Juan Heinrich der Achte Mulliner! Ich hab' dich vorhin mit ihr gesehen. Wie ich höre, seid ihr unzertrennlich. Bernhard Worple sagt, du würdest sie heiraten.›

‹Du darfst nicht alles für bare Münze nehmen, was dir ein neo-vortizistischer Bildhauer erzählt.› Seine Stimme zitterte.

‹Wette, man hat dich zum Nachtessen eingeladen.›

Gladys attackierte aufs Geratewohl, stützte sich einzig und allein auf die besitzergreifende Kopfhaltung, die sie zuvor bei Brenda Carberry-Pirbright beobachtet hatte. ‹Hier›, hatte sie sich gesagt, ‹geht ein Mädchen, das Lancelot Mulliner zu einem traulichen Nachtessen einzuladen gedenkt oder bereits eingeladen hat und das er seinerseits danach ins Kino führen wird.› Die

Bemerkung war ein Volltreffer. Lancelot ließ den Kopf hängen.

‹Es war die Rede davon›, gestand er.

‹Ah!›

Lancelot blickte verstört drein. ‹Ich will durchaus nicht hingehen›, beteuerte er. ‹Wirklich nicht. Aber Webster besteht darauf.›

‹Webster!›

‹Jawohl, Webster. Wenn ich kneifen will, setzt er sich vor mich hin und schaut mich an.›

‹Pah!›

‹Ja, das tut er. Frag ihn nur selber.›

Gladys wippte weitere sechsmal rasch hintereinander mit dem Fuß und brachte es somit auf ein Total von dreitausendeinhundertachtundvierzig. Sie änderte nun ihre Taktik und wurde gefährlich ruhig.

‹Lancelot Mulliner›, sagte sie, ‹du hast die Wahl. Zwischen mir und Brenda Carberry-Pirbright. Bei mir wirst du im Bett rauchen und den ganzen Tag lang in Pyjama und Hausschuhen herumgehen dürfen und brauchst dich nur sonntags zu rasieren. Von ihr, was hast du von ihr zu erhoffen? Ein Haus in South Kensington – vielleicht in der Brompton Road – möglicherweise mit ihrer Mutter unter dem gleichen Dach. Ein Leben, das eine einzige Folge von steifen Kragen und unbequemen Schuhen, von Cuts und Zylindern sein wird.›

Lancelot zitterte wie Espenlaub, sie aber fuhr unbarmherzig fort: ‹Jeden zweiten Donnerstag wirst du zu Hause sein, und man wird von dir erwarten, daß du mit Gurken belegte Brötchen herumreichst. Tagtäglich wirst du den Hund an die Luft führen, bis du ein eingefleischter Hundelüfter bist. Dinieren wirst du in Bayswater und den Sommer in Bournemouth oder Dinard verbringen. Wähle gut, Lancelot Mulliner! Ich gehe jetzt, damit du's überdenken kannst. Noch ein letztes Wort: Wenn du dich nicht bis Schlag halb acht an der Garbigde Mews 6a eingestellt hast, um mich zum Abendessen im kleinen Restaurant um die Ecke einzuladen, weiß ich, wofür du dich entschieden hast, und werde mich danach richten.›

Sie rieb sich Zigarettenasche vom Kinn und stürmte hoch erhobenen Hauptes zur Tür hinaus.

‹Gladys!› schrie Lancelot.

Aber sie war weg.

Eine Zeitlang stand Lancelot verdutzt da und tat keinen Wank. Dann fiel ihm ein, daß er noch immer nicht zu seinem Drink gekommen war. Er stürzte zum Schrank und griff nach der Flasche. Er entkorkte sie und schenkte gerade großzügig ein, als sich am Boden etwas regte und ihn ablenkte.

Es war Webster, der zu ihm aufblickte. Jener wohlbekannte stille, vorwurfsvolle Blick ruhte auf ihm, der zu sagen schien: ‹Schwerlich, was ich von der Dechanei her gewöhnt bin.›

Lancelot war wie gelähmt. Das ohnmächtige Gefühl, an Händen und Füßen gefesselt zu sein, in einer Falle zu stecken, aus der es kein Entrinnen gab, überkam ihn heftiger denn je. Die Flasche entglitt seinen kraftlosen Fingern und rollte über den Fußboden. Der Inhalt ergoß sich dunkelgelb, doch war Lancelot allzusehr in Gedanken versunken, um es zu bemerken. Mit einer Gebärde, wie Hiob sie gemacht haben mag, als er eine weitere Schwäre an sich entdeckte, taumelte er zum Fenster und schaute niedergeschlagen hinaus.

Dann drehte er sich seufzend um, schaute wieder auf Webster – schaute ein zweites Mal – und erstarrte.

Der Anblick, der sich ihm bot, hätte auch einen stärkeren Mann als Lancelot Mulliner umgehauen. Zuerst wagte er seinen Augen nicht zu trauen. Allmählich begriff er, daß es sich bei dem, was er sah, nicht nur um die Ausgeburt einer krankhaften Phantasie handelte. Das Unglaubliche geschah tatsächlich.

Webster kauerte neben der größer und größer werdenden Whiskylache. Doch kauerte er nicht etwa aus Mißfallen oder Ekel. Er kauerte, weil er kauernd näher an den Saft herankam und sauberere Arbeit leisten konnte. Wie ein Kolben schoß seine Zunge hin und her.

Und dann hielt er für einen flüchtigen Augenblick inne, schaute zu Lancelot auf, und über sein Gesicht huschte ein Lächeln – so freundlich, so innig, so ganz wohlwollend kameradschaftlich, daß der junge Mann unweigerlich zurücklächeln mußte, er zwinkerte ihm sogar zu. Und als Antwort auf dieses Zwinkern zwinkerte Webster zurück. Es war ein herzliches, schalkhaftes Zwinkern, als frage er laut und deutlich: ‹Sag, wie lange gibt es denn so was schon?›

Mit einem leichten Schluckauf wandte er sich wieder dem köstlichen Naß zu, um keine Zeit zu verlieren, ehe es im Boden versickerte.

Sonnenschein flutete in Lancelot Mulliners finstere Seele. Es war, als sei eine schwere Last von seinen Schultern gewälzt worden. Der quälende Bann der vergangenen zwei Wochen war aufgehoben: er war wieder ein freier Mensch. In der allerletzten Minute hatte man ihn begnadigt. Webster, diese scheinbare Säule strenger Sittlichkeit, war auch nur ein gewöhnlicher Sterblicher. Nie wieder würde Lancelot unter seinen Blicken verzagen. Webster hatte ausgespielt.

Webster hatte sich nun wie der Hirsch am Abend satt getrunken[2]. Er hatte vom Alkohol gelassen und drehte einige langsame nachdenkliche Runden. Von Zeit zu Zeit miaute er vorsichtig, als versuche er, ‹britische Konstitution› zu sagen. Die Silben blieben ihm jedoch im Halse stecken, schienen ihn zu kitzeln, und nach jedem Anlauf kicherte er amüsiert vor sich hin. Darauf verfiel er plötzlich in einen beschwingten Tanzschritt, einer Sarabande nicht unähnlich.

Es war eine bemerkenswerte Darbietung, und zu jedem andern Zeitpunkt hätte Lancelot sie mit gespannter Aufmerksamkeit verfolgt. Nun aber saß er an seinem Schreibtisch und setzte einen Brief an Mrs. Carberry-Pirbright auf. In knappen Worten teilte er ihr mit, daß, wenn sie glaube, er sei je wieder innerhalb einer Meile von ihrer Hütte anzutreffen, heute abend oder an irgendeinem Abend, so habe sie die Widerstandskraft eines Lancelot Mulliner gewaltig unterschätzt.

Und Webster? Der Alkohol hielt ihn in seinen Klauen. Die jahrelange Enthaltsamkeit hatte ihn zur leichten Beute der schicksalshaften Flüssigkeit werden lassen. Er war nun an jenem Punkt angelangt, an dem die Friedfertigkeit der Streitsucht Platz macht. Das eher dümmliche Lächeln war aus seinem Gesicht gewichen, seine Stirn umwölkte sich. Er richtete sich auf den Hinterbeinen auf und hielt nach einem geeigneten Gegner Ausschau. Dann, nachdem es um seine Selbstbeherrschung vollends geschehen war, raste er fünfmal im Zimmer herum, stieß gegen eine Fußbank, fiel grausam über sie her, weder Zähne noch Krallen schonend.

Aber Lancelot sah ihn nicht. Lancelot war nicht dort. Lancelot schrie in der Bott Street nach einem Taxi.

‹Nach Fulham, bitte, Garbidge Mews 6a›, sagte er zum Fahrer.»

Théophile Gautier

Meine Hausmenagerie

I *Alte Zeiten*

Man hat mich oft karikiert: in türkischem Gewand, auf Kissen hockend und umlagert von Katzen, die mir zutraulich und ungescheut auf die Schultern, ja bis auf den Kopf steigen. Die Karikatur ist eine bloße Überspitzung der Wahrheit, und so will ich gerne gestehen, daß ich für Tiere im allgemeinen und für Katzen im besondern von jeher eine Schwäche hatte wie ein Brahmane oder eine alte Jungfer. Der große Byron schleppte, wohin er ging, stets eine ganze Menagerie mit sich, und seinem treuen Neufundländer Boatswain ließ er im Garten der Abtei von Newstead ein Grabmal mit einer eigens von ihm gereimten Inschrift errichten. Man wird mir wohl nicht vorwerfen, ich äffe eine fremde Mode nach, da diese Neigung sich bei mir schon zeigte, bevor ich lesen konnte. – Ich mache diese Aufzeichnungen, weil ein gescheiter Mann eben daran ist, eine «Geschichte der belletristischen Tiere» zusammenzustellen. Er wird in ihnen zuverlässige Angaben über meine Tiere finden.

Meine älteste diesbezügliche Erinnerung geht auf die Zeit zurück, als wir aus Tarbes nach Paris kamen. Ich war damals dreijährig, was die Behauptung der Herren Mirecourt und Vapereau, wonach ich in der Schule meiner Vaterstadt «etwas zurückgeblieben» sei, zumindest fragwürdig macht. Ein Heimweh, wie man es in einem Kind nie vermutet hätte, packte mich damals. Ich redete bloß meine heimische Mundart, und französischsprechende Leute waren für mich «keine Menschen unserer Art». Oft erwachte ich mitten in der Nacht und wollte wissen, ob wir nicht bald heimkehrten.

Kein Leckerbissen vermochte mich abzulenken, an keinem Spielzeug fand ich Gefallen, weder Trommeln noch Trompeten kamen gegen meine Lustlosigkeit auf. Unter den Dingen und Wesen, denen ich nachtrauerte, war ein Hund namens Cagnotte, den wir nicht hatten mitnehmen können. Ich vermißte ihn so schmerzlich, daß ich eines Morgens, nachdem ich zuerst meine Bleisoldaten, die buntfarbigen Häuschen meines deutschen Dorfes und meine knallrote Geige zum Fenster hinausgeworfen hatte, den Weg zurück nach Tarbes, zu den Gascognern und zu Cagnotte unter die Füße nahm. Noch rechtzeitig wurde ich aber am Rockärmel erwischt. Darauf versprach mir Josephine, unsere Magd, daß Cagnotte, der sich ebenfalls nach mir sehne, noch am gleichen Tage mit der Postkutsche hier eintreffen werde. Kinder glauben treuherzig selbst die unwahrscheinlichsten Dinge. Nichts erscheint ihnen unmöglich, wobei man sie allerdings nicht irreführen darf. Haben sie sich einmal an eine Idee geklammert, so bringt sie nichts mehr davon ab. Alle Viertelstunden fragte ich darum wieder, ob Cagnotte nicht endlich angekommen sei. Da kaufte Josephine, damit ich endlich Ruhe gab, auf dem Pont-Neuf ein Hündchen, das demjenigen von Tarbes ähnlich sah. Zuerst wollte ich es allerdings nicht als Cagnotte anerkennen, doch belehrte man mich, daß sich

Hunde auf Reisen gewaltig veränderten. Mit dieser Erklärung gab ich mich zufrieden und nahm somit den Hund vom Pont-Neuf als einen echten Cagnotte an. Er war sehr sanft und lieb und leckte mir die Wangen. Doch verschmähte seine Zunge auch die Butterbrote nicht, die ich zum Imbiß erhielt. Ich verstand mich mit ihm aufs beste. Dann aber wurde der falsche Cagnotte allmählich traurig, patschig und unbeholfen. Beim Schlafen vermochte er sich kaum mehr zusammenzurollen. Er verlor all seine frühere Munterkeit, wurde kurzatmig und aß nicht mehr. Da, eines Tages, als ich ihn streichelte, stieß ich mit der Hand auf eine Naht auf seinem ballig gespannten und geblähten Bauch. Ich rief die Magd herbei. Sie kam mit einer Schere, durchschnitt den Faden und befreite Cagnotte von einem Mäntelchen aus gekraustem Lammfell, mit dem die Händler vom Pont-Neuf ihn in einen Pudel verwandelt hatten. Nun zeigte er sich plötzlich in der ganzen Blöße und Häßlichkeit eines wert- und rasselosen Straßenköters. Er war dicker geworden, und deshalb hatte dieses enge Gewand ihn eingeschnürt. Jetzt aber, von seinem Panzer erlöst, schüttelte er die Ohren, streckte die Glieder und tollte ausgelassen im Zimmer herum, kaum bekümmert über sein schäbiges Aussehen, sondern vielmehr froh darüber, daß es ihm wohl war. Bald bekam er wieder Appetit und machte seine fehlende Schönheit durch gute Charaktereigenschaften wett. Im Umgang mit Cagnotte, diesem waschechten Pariser Burschen, vergaß ich nach und nach Tarbes mit den hohen Bergen, die man von unserem Fenster aus sehen konnte. Ich lernte

Französisch und wurde auch ein echter Pariser.
– Hoffentlich wird dies niemand für eine zur
bloßen Unterhaltung der Leser ersonnene Geschichte halten. Sie beruht auf der schlichten
Wahrheit und zeigt, daß zu jener Zeit Hundeverkäufer, die die braven Bürger mit so «bemäntelter Ware» übers Ohr hauten, den Pferdehändlern
an Durchtriebenheit nachstanden.

Nach dem Tod Cagnottes taten es mir die
seßhafteren und haustreueren Katzen an. Ich
werde ihre Geschichte hier nicht ausführlich aufzeichnen. Dynastien von Katzen, so zahlreich
wie diejenigen der ägyptischen Könige, lösten
sich bei uns ab. Unfälle, Ausreißereien und der
Tod rafften sie dahin. Wir liebten sie alle und
trauerten um sie. Aber das Leben besteht aus
Vergessen, und die Erinnerung an Katzen erlischt
wie diejenige an Menschen.

Schade, daß das Dasein dieser bescheidenen
Freunde, dieser kleineren Brüder nicht im Verhältnis zu dem ihrer Meister bemessen ist.

Auf ein altes graues Katzenweibchen, das
mich gegen meine Eltern in Schutz nahm und
meine Mutter in die Beine biß, wenn sie mich
schalt oder strafen wollte, folgte, in den Jahren
der Romantik, eine Katze, die ich Childebrand
nannte. Schon ihr Name verrät, wie sehr es mich
damals reizte, dem mir verhaßten Boileau[1] – mit
dem ich mich aber seither ausgesöhnt habe – ein
Schnippchen zu schlagen. Schrieb dieser nicht:

> Ein Dichter? Nein, ein Tor,
> Wer aus so vielen Helden
> Zu seinen Versgemälden
> Den Childebrand erkor![2]

Mir schien es durchaus nicht so töricht, einen Helden zu wählen, den niemand kannte. Childebrand, ein Name, der nach etwas sehr Merowingischem mit dichtem Haarschopf klang, war für mich der Inbegriff alles Mittelalterlichen und Gotischen und jedem griechischen Namen wie Agamemnon, Achilles, Idomeneus oder Odysseus bei weitem vorzuziehen. So waren damals die Sitten, wenigstens unter der Jugend, denn nie hat laut einer Schrift über die Fresken von Kaulbachs an der Münchener Pinakothek die Hydra der alten akademischen Garde erbostere Häupter erhoben als gegen jene Generation. Und sicher nannten die Klassizisten ihre Katzen Hektor, Ajax oder Patroklos. – Childebrand war eine herrliche Katze aus den Dachrinnen, kurzhaarig und, ähnlich der Hose des Saltabadil in «Le Roi s'amuse»[3], rötlich und schwarz gestreift. Mit seinen großen grünen, mandelförmig geschnittenen Augen und seinen ebenmäßigen samtenen Streifen bestach er mich durch seine entfernte Ähnlichkeit mit einem Tiger. – Katzen, habe ich einmal geschrieben, sind die Tiger des armen Volkes. Ebenfalls um Boileau zu necken, habe ich Childebrand sogar in einem meiner Gedichte verewigt, wo sein Name sich aufs schönste mit Rembrandt reimt, und zwar in einem Bekenntnis zur Romantik an einen inzwischen verstorbenen Freund, der einst meine Begeisterung für Victor Hugo, Sainte-Beuve und Alfred de Musset teilte.

Wie Don Ruy Gomez de Silva, der dem gelangweilten Don Carlos all seine Ahnen, von Don Silvius an, dem «dreimaligen Konsul von Rom», aufzählen will[4], so muß auch ich viele unserer Katzen – darunter von den besten – überspringen. Wenden wir uns immerhin einem rothaarigen Weibchen mit weißem Brustlatz, rosaroter Nase und blauen Pupillen zu. Madame-Théophile, so benannt, weil sie mit mir in einem vollkommen ehelichen Verhältnis lebte, schlief am Fußende meines Bettes, träumte, derweil ich schriftstellerte, auf meiner Armlehne vor sich hin, schlich mir in den Garten hinunter und auf meinen Spaziergängen nach, wohnte meinen Mahlzeiten bei, in der Erwartung, auf halbem Weg zwischen meinem Teller und meinem Mund mitunter einen Bissen zu erhaschen.

Eines Tages vertraute mir ein Freund, der für einige Zeit verreiste, einen Papagei an, damit ich während seiner Abwesenheit für ihn sorge. Der Vogel, der sich bei mir nicht heimisch fühlte, hatte sich mit seinem Schnabel zuoberst auf seine Sitzstange gehißt. Dort ließ er, ziemlich entgeistert, seine den Ziernägeln an einem Lehnstuhl ähnlichen Augen rollen, wozu er mit den weißen Häuten seiner Lider zwinkerte. Madame-Théophile hatte noch nie einen Papagei gesehen und war darum von diesem ihr neuen Tier sichtlich überrascht. Grüblerisch und regungslos, wie eine einbalsamierte ägyptische Katze in ihrem Bändergeschnür, musterte sie den Vogel und suchte sich all dessen zu entsinnen, was sie in Dachrinnen, Gärten und Höfen an Naturkundlichem gelernt hatte. Was sie dachte, spiegelte sich dabei in ihren Augen, so daß ich daraus ablesen konnte, zu welchem Schluß sie endlich kam: «Nun ja, das muß ein grünes Huhn sein.»

So mit sich selber eins geworden, sprang sie

von ihrer Sternwarte auf dem Tisch herab und verkroch sich in eine Zimmerecke, den Bauch flach auf dem Boden, die Beingelenke gespreizt, den Kopf geduckt und die Rückenmuskeln gespannt, wie der schwarze Panther, der an einem See auf durstende Gazellen lauert, auf einem Gemälde Géromes[5].

Der Papagei verfolgte die Bewegungen der Katze voll fiebriger Unruhe. Er sträubte das Gefieder, rasselte mit seiner Kette, hob eine seiner Klauen, krümmte die Krallen und strich mit dem Schnabel über die Kante seines Futternapfs hin und her. Instinktiv witterte er einen Feind, der Böses im Schilde führte.

Und mit Blicken, die mit Faszinationskraft auf den Vogel gerichtet waren, sagte die Katze, dem Papagei durchaus verständlich: «Selbst wenn es grün ist, muß das Huhn doch schmackhaft sein.»

Ich beobachtete die Szene neugierig, bereit, wenn nötig einzugreifen. Madame-Théophile hatte sich merklich nähergeschlichen: ihre rosa Nase zitterte, sie verkniff die Augen und ließ ihre Krallen spielen. Schauer liefen ihr über den Rücken, wie einem Feinschmecker vor einem mit Trüffeln gespickten Huhn. Sie schwelgte im Vorgenuß der ungewohnten, saftigen Speise. Das exotische Gericht kitzelte sie wollüstig.

Dann plötzlich krümmte sie den Rücken, wie man einen Bogen spannt, und mit einem kräftig-geschmeidigen Satz landete sie direkt auf der Sitzstange. Da rief der Papagei, der die Gefahr geahnt hatte, mit tieffeierlicher Baßstimme wie Joseph Prudhomme[6]: «Schon gespeist, Jacquot?»

Die Worte entsetzten die Katze. Sie wich zurück. Trompetengeschmetter, das Getöse fallenden Geschirrs, der Knall einer Pistole dicht an ihrem Ohr hätten ihr keinen tödlicheren Schrekken einjagen können. Alles, was sie über Ornithologie wußte, war über den Haufen geworfen.

«Und was denn?» schrie der Papagei weiter. «Königsbraten...»

Das Gesicht der Katze besagte deutlich: «Das ist kein Vogel, sondern ein Herr! Er kann ja reden...»

«Hab' ich tüchtig Wein getrunken,
Drehn sich um mich die Spelunken»,

krächzte der Vogel markerschütternd, denn er hatte begriffen, daß die Angst vor seinen Worten seine beste Verteidigung war. Die Katze starrte mich fragend an, doch da meine Antwort sie nicht befriedigte, verkroch sie sich unter das Bett und war den ganzen übrigen Tag nicht mehr aus diesem Versteck hervorzulocken. Leute, die nicht ständig mit Tieren leben und in ihnen, wie Descartes, bloß mechanische Gebilde sehen, meinen vielleicht, ich schreibe dem Federvieh und dem Vierbeiner fremde Absichten zu. Tatsächlich habe ich lediglich das, was sie dachten, getreu in menschliche Sprache übertragen. Als Madame-Théophile am folgenden Tag etwas frischen Mut geschöpft hatte, unternahm sie nochmals einen Angriffsversuch. Er wurde auf gleiche Art abgewehrt. Darauf hielt sie sich an ihre Einsicht und ließ den Vogel endgültig als einen Menschen gelten.

Das zartfühlende und reizende Tier liebte Parfums über alles. Patschuli und Vetiveröl aus Kaschmir machten Madame-Théophile halb toll. Aber auch musikalisch war sie. Auf einem

Stapel von Notenblättern sitzend, hörte sie aufmerksam und vergnügt zu, wie Sängerinnen bei mir, am Klavier eines Musikkritikers, Proben ihres Könnens ablegten. Schrille Töne gingen ihr freilich auf die Nerven, und beim hohen A verschloß sie den Sängerinnen unweigerlich mit ihrer Pfote den Mund, ein Versuch, den wir oft zum Scherz wiederholten und der nie fehlschlug. Unmöglich, diese kunstliebende Katze mit einer anderen Note zu täuschen.

II *Die weiße Dynastie*

Sprechen wir nun von neueren Zeiten. Aus Havanna hat Aïta de la Penuela, eine junge spanische Künstlerin, deren Studien weißer Angoras noch heute die Auslagen der Gravürenhändler zieren, eine Katze heimgebracht, von der ich ein Junges erhielt. Es war das entzückendste Geschöpf der Welt – anzusehen wie ein mit Reispuder bestäubter Wedel aus Schwanenfedern. Seiner makellosen Weiße wegen nannte ich es Pierrot, ein Name, der sich später, als es heranwuchs, zu Don-Pierrot-de-Navarre verlängerte, was natürlich hoheitsvoller, ja nach Grandezza klang. Wie alle Tiere, um die man sich kümmert und bemüht, so wurde auch Don-Pierrot äußerst liebenswürdig. Glücklich nahm er am häuslichen Leben teil, wie alle Katzen mit einem traulichen Heim. Von seinem angestammten Platz beim Kaminfeuer aus verfolgte er unsere Gespräche, anscheinend voll Verständnis und Interesse. Er guckte die Sprechenden an und räusperte sich manchmal leise, wie um etwas einzuwenden oder auch *seine* Meinung über die Literatur vorzubringen, von der bei uns tagtäglich die Rede war. Bücher liebte er sehr, und wenn eines offen auf dem Tisch lag, ließ er sich darauf nieder, bestaunte die Seite und wendete die Blätter mit seinen Krallen. Schließlich schlummerte er darüber ein, als hätte er tatsächlich einen Moderoman gelesen. Sobald ich zur Feder griff, sprang er auf meinen Schreibtisch, studierte mit gespannter Aufmerksamkeit, wie der kleine Metallschnabel das Papierblatt vollkritzelte, und drehte bei jedem neuen Zeilenanfang den Kopf mit. Mitunter wollte er sogar mitmachen und mir die Feder aus der Hand nehmen, wahrscheinlich um selber zu schreiben. Denn er war eine schöngeistige Katze wie Hoffmanns Kater Murr. Ich vermute sogar, daß er nächtlicherweile, in irgendeiner Dachrinne, im Schimmer seiner phosphoreszierenden Augen, seine Memoiren hingeschmiert hat. Leider ist dieses Schriftwerk aber verschollen.

Don-Pierrot-de-Navarre legte sich nicht schlafen, bevor ich heimgekehrt war. Er wartete hinter der Tür auf mich, und kaum hatte ich das Vorzimmer betreten, strich er mir um die Beine, machte einen Buckel und schnurrte zutraulich und froh. Dann schritt er mir wie ein Page voran und hätte auf meinen Wunsch wohl gar den Kerzenleuchter gehalten. So geleitete er mich zum Schlafzimmer, wartete, bis ich entkleidet war, sprang auf mein Bett, legte mir die Pfoten um den Hals, drückte seine Nase an die meine, leckte mich mit seinem feileartig rauhen Zünglein und stieß leise Gluckser aus, ein untrügliches Zeichen der Freude über meine Rückkehr. Wenn sein Zärtlichkeitsdrang gestillt und die

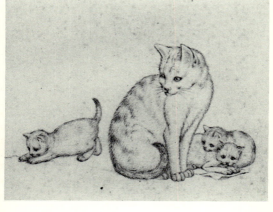

Ruhezeit gekommen war, stieg er auf die Rückenlehne seines Lagers und schlief dort, im Gleichgewicht wie der Vogel auf seinem Ast. Kaum war ich erwacht, legte er sich neben mich, bis ich aufstand.

Mitternacht war die späteste Stunde, zu der ich heimkehren durfte. Pierrot hatte darüber Vorstellungen wie ein Hauswart. Wir hatten dazumal unter Freunden eine kleine Abendgesellschaft gegründet, den «Verein zu den vier Kerzen», so benannt, weil die Beleuchtung unseres Versammlungsorts tatsächlich aus vier Kerzen bestand, die in silbernen Haltern an den Tischecken steckten. Dort vergaßen wir über unsern regen Diskussionen bisweilen die Zeit, auf die Gefahr hin, daß sich unsere Kutsche, wie diejenige Aschenbrödels, in eine Kürbisschale und der Kutscher in eine stämmige Ratte verwandelte[7]. Ein paarmal wartete Pierrot bis zwei Uhr morgens, doch auf die Länge mißfiel ihm mein Benehmen, und so ging er eben ohne mich schlafen. Dieser stumme Protest gegen meine harmlose Liederlichkeit ging mir zu Herzen, und so kam ich fortan vor Mitternacht nach Hause. Pierrot grollte mir aber noch lange und wollte sicher sein, daß meine Reue echt war. Erst als er zur Überzeugung kam, daß ich mich aufrichtig bekehrt hatte, beehrte er mich wieder mit seiner Gunst und bezog erneut seinen nächtlichen Warteposten im Vorzimmer.

Die Freundschaft einer Katze zu gewinnen, ist ein heikles Unterfangen. Die Katze ist ein philosophisches Tier, sittsam und gelassen. Sie hat ihre festen Gewohnheiten, liebt Ordnung und Reinlichkeit und verschenkt ihre Zuneigung nicht leichtfertig. Sie will wohl, falls Sie dessen würdig sind, Ihr Freund sein, niemals aber Ihr Sklave. Bei aller Zärtlichkeit bewahrt sie ihre völlige Willensfreiheit, und sie wird nie etwas für Sie tun, das ihr unvernünftig scheint. Hat sie sich aber einmal jemandem hingegeben, dann liebt sie treu und mit rückhaltlosem Vertrauen. Dann wird sie zu Ihrem Gefährten in der Einsamkeit, zur Stunde der Schwermut und bei der Arbeit. Abendelang verharrt sie in Ihrem Schoß und läßt ihr Spinnrad schnurren, glücklich darüber, in Ihrer Gesellschaft zu sein, und bereit, auf den Umgang mit ihresgleichen zu verzichten. Vergeblich miaut es draußen auf dem Dach und ruft es zu einem jener Katzenabende, wo Heringsöl den Tee ersetzt. Sie läßt sich nicht verlocken, sondern wacht mit Ihnen bis spät in die Nacht hinein. Wenn Sie sie auf den Boden stellen, klettert sie flugs mit einer Art Gurren, das wie ein leiser Vorwurf klingt, an ihren früheren Platz zurück. Manchmal, wenn man sie vor sich setzt, äugt sie so sanft, bittend und fast menschlich zu einem auf, daß man darüber beinahe erschrickt; unmöglich, sich vorzustellen, in diesem Blick sei der Gedanke abwesend.

Don-Pierrot-de-Navarre hatte eine Gespielin der gleichen Rasse, nicht minder weiß als er. Alles, was ich in meiner «Symphonie en blanc majeur»[8] an schneeträchtigen Bildern zusammengetragen habe, ergäbe keinen hinreichenden Begriff von ihrem fleckenlosen Pelz, neben dem ein Hermelin vergleichsweise gelb erschiene. Wir hießen sie Séraphita, nach dem swedenborgschen Roman Balzacs.[9] Nie erstrahlte die Heldin dieser wundersamen Sage, wenn sie mit Minna die schneebedeckten Gipfel des Falbergs erklomm, in reinerem Weiß. Séraphita war träumerisch und nachdenklich veranlagt. Stundenlang verweilte sie unbeweglich, aber wach auf einem Kissen und bestaunte gebannt Vorgänge, die gewöhnlichen Sterblichen verborgen blieben. Liebkosungen ließ sie sich gefallen, doch gab sie sie eher kühl zurück und nur jenen, die sie mit ihrer schwer zu gewinnenden Achtung beehrte. Sie liebte Luxus und war immer nur auf dem einladendsten Lehnstuhl oder auf dem Tuch zu finden, auf dem ihr Schwanenflaumhaar am besten zur Geltung kam. Auf ihre Toilette verwendete sie eine Unmenge Zeit, ihr Fell war jeden Morgen säuberlich glatt. Sie putzte sich das Gesicht mit der Pfote, und jedes Haar ihres Vlieses leuchtete, von ihrer rosaroten Zunge beleckt, wie neues Silber. Wenn man sie berührte, strich sie jede Spur davon sofort wieder aus, da sie es nicht ertrug, zerzaust zu sein. Ihre Eleganz, ihr vornehmes Wesen hatten etwas Aristokratisches, und unter ihren Gattungsgenossen war sie zumindest eine Herzogin. Sie war verrückt auf alles, was duftete, steckte die Nase in jeden Blumenstrauß, biß mit Wonneschauern in parfümierte Taschentücher, schlich im Badezimmer um die Fläschchen mit Essenzen und beschnupperte ihre Pfropfen, und hätte man sie gewähren lassen, so wäre sie wohl noch mit Reispuder betupft einhergekommen.

Zu jener Zeit zogen einst durch unsere Rue de Longchamps zwei jener angeblichen Seeleute, die buntscheckige Decken, Tüchlein aus Ananasfibern und andere exotische Güter feilboten. In einem kleinen Käfig trugen sie zwei weiße norwegische Ratten mit den allerhübschesten rosaroten Augen. Damals war ich auf weiße Tiere richtig versessen. Selbst mein Hühnerstall war ausschließlich mit weißem Geflügel bevölkert. Ich kaufte die beiden Ratten und ließ ihnen ein weites Gehege mit Innentreppen zu verschiedenen Stockwerken, Futterkrippen, Schlafkammern und Trapezen zum Turnen bauen. Darin waren sie bestimmt besser behaust und glücklicher als die Ratte La Fontaines in ihrem Holländerkäse.[10]

Diese freundlichen Tiere, vor denen es merkwürdigerweise allen Menschen derart kindisch graust, wurden, sobald sie merkten, daß man es gut mit ihnen meinte, erstaunlich zahm. Sie ließen sich streicheln wie Katzen, nahmen einem den Finger zwischen ihre feinen rosaroten Pfötchen und leckten einen zutraulich. Wir ließen sie gewöhnlich nach unseren Mahlzeiten frei. Da kletterten sie einem auf Arme, Schultern und Kopf, schlüpften in Ärmel von Morgenrökken oder Jacken und wieder hinaus, eigentümlich flink und behende. Zweck dieser anmutigen Kunststücke war, sich die Überbleibsel unseres Nachtischs zu erbetteln. Da setzten wir sie auf den Tisch, und im Nu hatte das Rattenpaar Nüsse, Haselnüsse, Rosinen und Zuckerbrocken aus dem Wege geräumt. Es gab nichts Drolligeres als ihr emsig-heimliches Treiben oder ihre Verblüffung, wenn sie sich am Rande des Tischtuchs fanden. Doch über ein Brettchen, das wir ihnen als Laufsteg hinhielten, schafften die beiden ihre Schätze in den Nahrungsspeicher ihres Geheges. Das Paar vermehrte sich rasch, und so stiegen denn zahlreiche ebenso weiße Familien die

Leiterchen des Käfigs hinauf und hinab. Ich sah mich etwa dreißig Ratten vorgesetzt, denen es bei kaltem Wetter so kläglich erging, daß sie mir in die Taschen krochen und dort nicht mehr muksten. Manchmal ließ ich die Tore dieser Ratopolis aufsperren und pfiff, während ich zuoberst ins Haus hinaufstieg, auf eine allen Schülern wohlvertraute Weise. Darauf kraxelten die auf Treppenstufen unbeholfenen Ratten an einer Geländersäule empor, klammerten sich am Handlauf fest und klommen so, in Einerkolonne und in unsicherem Gleichgewicht, den engen Pfad hinan, auf dem sonst etwa Schulkinder rittlings heruntergleiten. Und so stießen sie schließlich freudig fiepend wieder zu mir. Hier muß ich leider eine böotische Tölpelhaftigkeit bekennen. Da ich häufig hatte sagen hören, der Schwanz der Ratten gleiche einem roten Wurm und schade ihrer sonstigen Niedlichkeit, griff ich eines Tages ein jüngeres Tier heraus und trennte ihm mit einer glühroten Schaufel das vielgeschnödete Anhängsel vom Leib. Das Kleine überstand die Operation gut und wuchs zu einem kräftigen, schnäuzigen Rattenmann heran. Dieser jedoch zeigte sich, obgleich seiner hinteren Verlängerung entledigt, weit ungelenkiger als seine Kameraden. Zu ihrer Gymnastik wagte er sich nur ängstlich und fiel öfter hin. Beim Aufstieg am Geländer war er immer der letzte. Er glich einem Seiltänzer, der sich ohne Balancierstange dem Seil entlang tastet. Da begriff ich, wozu den Ratten ihr Schwanz nützt, nämlich dazu, sich waagrecht zu halten, wenn sie über Leisten oder enge Gesimse laufen. Als Gegengewicht lassen sie ihn links oder rechts herunter-

baumeln, je nach der Seite, auf die es sie zieht.
Daher ihr dauerndes, sonst unerklärliches Zappeln. Wer sorgfältig die Natur studiert, erkennt,
daß diese nichts Überflüssiges schafft und daß
man ihr Werk daher nur äußerst behutsam verändern darf.

Vielleicht wundern Sie sich, wie Katzen und
Ratten, zwei einander so feindliche Gattungen,
von denen die eine der andern als Beute dient,
friedlich miteinander leben konnten. Sie ertrugen sich aufs beste. Die Katzen gaben sich den
Ratten gegenüber sanftmütig, während diese
alles Mißtrauen vor ihnen ablegten. Nie kam es
von seiten der Katzen zu Arglist, und nie hatten
die Nager um einen der Ihren zu klagen. Don-Pierrot-de-Navarre war voller Güte zu ihnen. Er
streckte sich neben ihrem Käfig aus und ergötzte
sich stundenlang an ihren Spielen. War zufällig
die Tür zu ihrem Zimmer geschlossen, so kratzte
und miaute er leise, bis man ihm öffnete und er
seine kleinen weißen Freunde wiederfand. Diese
legten sich oft dicht neben ihm schlafen. Die
hochnäsigere Séraphita, der der starke Moschusgeruch der Ratten nicht zusagte, hielt sich von
ihren Vergnügungen fern. Doch quälte sie sie nie
und ließ sie vorüberziehen, ohne je die Krallen
ihnen entgegenzustrecken.

Mit den Ratten nahm es ein seltsames Ende.
An einem schwülen Sommertag, als das Thermometer, wie im Senegal, gegen die vierzig Grad
anzeigte, hatte man ihr Gitter im Garten unter
eine von Weinreben umrankte Laube gestellt, da
sie anscheinend sehr unter der Hitze litten. Da
brach ein Gewitter mit Blitz, Regen, Donner und
Böen aus. Die hohen Pappeln am Flußufer bogen

sich wie Binsen, und während ich, unter einem Regenschirm, den der Wind umkehrte, hinauslief, meine Ratten zu holen, nagelte mich ein greller Blitzstrahl, der die Tiefen des Himmels aufwühlte, oben auf den Stufen fest, die von der Terrasse zu den Gartenbeeten führten.

Ein Donnerschlag, schauerlicher als das Krachen von hundert Geschützen, folgte dicht auf den Blitz. Die heftige Erschütterung warf mich beinahe zu Boden.

Nach dieser fürchterlichen Entladung flaute das Unwetter ein wenig ab, doch als ich unter die Laube trat, fand ich die zweiunddreißig Ratten, Bauch nach oben, vom selben Strahl erschlagen. Sicher hatte der Eisendraht ihres Käfigs die Elektrizität angezogen und ihr als Leiter gedient.

So starben die zweiunddreißig norwegischen Ratten, alle miteinander, wie sie gelebt hatten. Ein beneidenswerter Tod, wie ihn das Schicksal nur selten vergönnt.

III *Die schwarze Dynastie*

Als Kind von Havanna brauchte Don-Pierrot-de-Navarre eine wahre Treibhauswärme. Diese fand er in der Wohnung, doch rings um das Haus erstreckten sich weite Gärten mit Umzäunungen, durch die eine Katze schlüpfen konnte, und mit hohen Bäumen, auf denen Schwärme von Vögeln zwitscherten, pfiffen und sangen. Und bisweilen entwich Pierrot abends durch eine halboffene Tür und zog auf die Jagd, mitten über Rasen und durch taufeuchte Blumen. Danach mußte er bis zum nächsten Morgen draußen warten, denn obwohl er unter den Fenstern jaulte, wurde darüber von denen, die drinnen schliefen, nicht immer einer wach, der ihn hereinließ. Er war sehr empfindlich auf der Brust, und nach einer besonders kühlen Nacht kam er mit einer Erkältung heim, die rasch in Schwindsucht ausartete. Ein Jahr lang hustete der arme Pierrot und magerte ab bis auf die Knochen. Sein einst so seidig weißes Haar wurde matt wie ein Leichentuch. Die weiten, durchsichtigen Augen standen übergroß in dem geschrumpften Gesicht. Seine rosa Nase verlor ihre Farbe, und langsam strich er nur noch sonnenbestrahlten Wänden nach und schaute lustlos zu, wie die gelben Herbstblätter in Spiralen emporwirbelten. Man hätte geglaubt, er sage Stücke aus den Elegien von Millevoye[11] vor sich hin. Es gibt nichts Ergreifenderes als ein krankes Tier: es erträgt sein Leiden mit einer so stillen und traurigen Ergebenheit! Wir unternahmen das menschenmögliche, um Pierrot zu retten. Ein kundiger Arzt auskultierte ihn und befühlte ihm den Puls. Er verschrieb ihm Eselsmilch, die das arme Tier ganz gerne in seinem Porzellanschälchen aufleckte. Stundenlang ruhte Pierrot mir auf den Knien, das blasse Abbild einer Sphinx. Unter meinen Fingern fühlte sich sein Rückgrat wie eine Perlenschnur an. Meine Liebkosungen versuchte er mit einem schwachen Schnurren zu erwidern, das aber eher wie ein Röcheln tönte. Am Tage seines Ablebens lag er keuchend auf der Seite, raffte sich dann mit letzter Kraft nochmals auf. Er kam auf mich zu und blickte mich mit geweiteten Pupillen inständig flehend an, als wollte er sagen: «Komm, hilf mir; du bist doch ein Mensch!» Dann wankte er mit schon glasigem Blick ein paar Schritte weit und brach zusammen, mit einem so jammervollen, verzweifelten, so angsterfüllten Schrei, daß mir davon ein stummer Schreck im Leibe blieb. Er wurde hinten im Garten begraben, unter einem Strauch mit roten Rosen, der bis heute seine Grabstätte bezeichnet.

Séraphita starb zwei, drei Jahre später an einer Rachendiphtherie, gegen die keine Ärztekunst etwas vermochte. Sie ruht unweit von Pierrot entfernt. Mit ihr erlosch die weiße Dynastie, nicht aber das Geschlecht. Denn von jenem schneeweißen Paar stammten drei tintenschwarze Katzen ab. Möge dieses Rätsel erklären, wer es kann. Damals feierte der Roman «Les Misérables»[12] von Victor Hugo Triumphe. Alles sprach nur von diesem neuen Meisterwerk, und die Namen seiner Helden waren in aller Mund. So wurden die beiden Männchen Enjolras und Gavroche, das Weibchen Eponine getauft. Ihre Jugendzeit war liebevoll umhegt, und sie wurden wie Hunde darauf abgerichtet, Kugeln aus zerknülltem Papier, die man vor sie hinwarf, zu apportieren. Wir warfen diese Kugeln bis auf die Kranzleisten von Kästen, versteckten sie hinter Kisten oder in tiefe Gefäße, wo die Katzen sie mit ihren Pfoten geschickt hervorangelten. Als sie erwachsen wurden, ließen sie von solchen Tändeleien ab und hüllten sich in jene philosophische und nachdenkliche Gelassenheit, die echter Katzenart entspricht.

Für jene, die in eine amerikanische Kolonie mit Sklaven einreisen, sind alle Neger Neger, die sich durch nichts voneinander unterscheiden. Desgleichen sind drei schwarze Katzen für einen gleichgültigen Betrachter einfach drei schwarze Katzen. Aber ein geübtes Auge täuscht sich da nicht. Tiergesichter sind unter sich so verschieden wie Menschengesichter, und ich wußte genau, wem welche Schnauze gehörte, dunkel gleich der Maske Harlekins, wie sie alle waren, doch von goldspiegelndem Smaragdgrün erhellt.

Enjolras, bei weitem der schönste von den dreien, fiel auf durch einen breiten Kopf mit löwenhaften Zügen und dicht behaarten Backen, durch kräftige Schultern, eine lange Rückenpartie und einen prächtigen federwischartigen Schwanz. Er hatte etwas Theatralisches und Bombastisches an sich und schien zu posieren wie ein bewunderter Schauspieler. Seine Bewegungen waren langsam, geschmeidig und voller Würde. Er ging einher, als schritte er stets auf einem mit Porzellanväschen und venezianischen Gläsern übersäten Wandsims, so vorsichtig setzte er seine Füße auf. Artmäßig war er kein Stoiker, und fürs Essen zeigte er eine Vorliebe, die sein literarischer Schutzheiliger mißbilligt hätte. Enjolras, jener nüchterne und selbstlose Jüngling, hätte wohl, wie der Engel zu Swedenborg, zu ihm gesagt: «Du ißt zuviel!» Wie bei gefräßigen Affen wurde diese Völlerei von den Menschen noch gefördert, so daß Enjolras eine für Hauskatzen ungewöhnliche Fülle und Schwere erreichte. Da verfielen wir auf die Idee, ihn zu scheren wie einen Pudel, damit er noch stärker einem Löwen gleiche. Wir ließen ihm nur eine Mähne und eine lange Haarquaste am Schwanz stehen. Ich glaube fast, daß man ihm auf den Oberschenkeln noch Koteletten beließ, wie sie Munito trug. So zurechtgestutzt, sah er allerdings weniger einem Löwen aus dem Atlasgebirge oder dem Kapland als einer japanischen Chimäre gleich. Nie war eine ausgefallenere Schrulle einem lebenden Tier so auf den Leib geschnitten worden. Das kurzgeschorene Haar ließ die Haut durchschimmern und überzog sich mit den merkwürdigsten bläulichen Tönungen, wodurch es eigentümlich vom Schwarz der Mähne abstand.

Gavroche war eine Katze von listig-verschmitztem Aussehen, wie zur Erinnerung an ihren Namensvetter im Roman. Kleiner als Enjolras, zeigte er eine jähe und spaßige Gewandtheit und gab statt der faulen Sprüche und der derben Sprache des Pariser Gassenjungen allerhand Sprünge, Überschläge und possierliche Haltungen zum besten. Allem Volkstümlichen zugetan, benützte er jede Gelegenheit, den Salon zu verlassen und im Hof drunten, ja auf der Straße mit streunenden Katzen beliebiger Herkunft und jeglichen Geblüts sich in zweifelhafte Techtelmechtel einzulassen. Abenteuer, über denen er all seine havannische Würde sowie die Tatsache vergaß, daß er ein Sohn des berühmten Don-Pierrot-de-Navarre, eines spanischen Granden ersten Ranges, und der Marquise Doña Séraphita war, einer Dame von vornehm-aristokratischem Gebaren. Manchmal lud er schwindsüchtige Kumpane, denen er ein Fest bieten wollte, an seinen Futternapf: abgemergelte Gestalten aus nichts als Haar und Knochen, die er auf seine Strolchenfahrten und seine Ausreißbummel mitnahm – denn er war ein gutmütiger Geselle. Die armen Hungerschlucker standen mit zurückgelegten

Ohren da, den Schwanz zwischen die Beine geklemmt und stets zur Seite schielend vor Angst, sie könnten vom Besen einer Putzfrau von ihrem Freimahl vertrieben werden, und verschlangen viel zu große Bissen. Und wie der berühmte Hund Siete-Aguas (Sieben Wasser) der spanischen *posadas* (Wirtshäuser), leckten sie ihren Teller so sauber, als wäre er von einer holländischen Hausfrau gewaschen und blankgerieben worden, die einem Mieris oder einem Gerard Dou Modell gestanden hätte. Beim Anblick der Gefährten Gavroches kam mir unwillkürlich ein Satz in Erinnerung, der als Legende unter einer Zeichnung Gavarnis[13] steht: «Nett sind sie, die Freunde, mit denen Sie allenfalls ausgehen müssen.» Doch all dies zeugte einzig von der Gutherzigkeit Gavroches, der ja auch alles hätte allein verzehren können.

Die Katze, die den Namen der interessanten Eponine trug, war schlanker und zierlicher von Gestalt als ihre Brüder. Ihre längliche Schnauze, die etwas chinesisch schräggestellten Augen von der Farbe, die Homer bei Pallas Athene nie anders als γλαυκῶπις[14] nennt, ihre samtschwarze Nase, die sich anfühlte wie eine feine Perigord-Trüffel, und der dauernd bewegte Schnurrbart prägten ihr Gesicht auf eigentümliche Weise. Ihre herrlich schwarzen Haare bebten immer leise und durchwirkten sich so mit einem wechselnden Spiel von Schatten. Nie hat es ein so feinfühlendes, feinnerviges Tier gegeben, und eines, das stärker mit Elektrizität geladen war. Fuhr man ihm im Dunkeln ein paarmal mit der Hand über den Rücken, so sprangen aus seinem Pelz knisternd blaue Funken. Eponine schloß sich mir besonders eng an, wie die Eponine des Romans dem Marius. Da es mich aber weniger nach einer Cosette verlangte als jenen schönen Jüngling, habe ich die große Liebe dieser zärtlich ergebenen Katze angenommen, und so leistet sie mir noch immer eifrig Gesellschaft bei der Arbeit und ist die Zierde meiner einsamen Klause draußen am Rande der Vorstadt. Sie läuft herbei, wenn die Hausglocke klingelt, und empfängt die Gäste, sie führt sie in den Salon und läßt sie sich dort setzen, spricht mit ihnen – jawohl, sie spricht – lispelnd, murmelnd, glucksend, in Tönen, die nicht den gewöhnlichen Katzenlauten gleichen, sondern die artikulierte Sprache der Menschen vortäuschen. Was aber sagt sie? Nun, ganz eindeutig dies: «Gedulden Sie sich ein wenig. Schauen Sie sich die Bilder an, oder plaudern Sie mit mir, wenn es Ihnen Vergnügen macht. Der Herr wird gleich herunterkommen.» Bei meinem Eintritt zieht sie sich unauffällig auf einen Polsterstuhl zurück oder auf eine Ecke des Klaviers und lauscht auf unser Gespräch, ohne sich weiter darin einzumischen, wie es sich für ein Tier mit soviel Anstand und gesellschaftlicher Erfahrung schickt.

Die liebe Eponine hat so häufig bewiesen, wie einsichtig, gutherzig und leutselig sie ist, daß wir ihr einmütig die Würde einer Person zuerkannt haben. Was sie lenkt, ist ganz offenbar eine wahre Vernunft, dem bloßen Instinkt weit überlegen. Diese Würde verleiht ihr das Recht, wie eine Person bei Tisch zu essen und nicht, nach Tierbrauch, aus einem Tellerchen in einer Ecke am Boden. Eponine hat also ihren Stuhl neben uns beim Mittag- und beim Abendessen, doch haben wir ihr, ihrer Kleinheit wegen, gestattet, die beiden Vorderpfoten auf den Tischrand zu setzen. Sie hat ihr Gedeck, ohne Messer und Gabel, doch mit einem Glas. Sie nimmt an der ganzen Mahlzeit teil, Gericht um Gericht, von der Suppe bis zum Nachtisch, wobei sie wartet, bis sie bedient wird, und sich so sittsam und manierlich verhält, wie man es vielen Kindern wünschen möchte. Beim ersten Glockenzeichen ist sie da, und wenn wir das Eßzimmer betreten, ist sie bereits an ihrem Platz auf dem Stuhl, die Pfoten an der Tischkante, die kleine Stirn zu einem Kuß hingestreckt, wie eine wohlerzogene junge Dame und voll Artigkeit gegen Eltern und ältere Leute.

Man findet Trübungen in Diamanten und Flecken auf der Sonne. Sogar was sonst vollkommen ist, kann leicht überschattet sein. So muß ich zugeben, daß Eponine, wie alle Katzen, sehr erpicht ist auf Fische. Im Gegensatz zum lateinischen Sprichwort

Catus amat pisces, sed non vult tingere plantas[15]

würde Eponine gerne sich mit der Tatze einen Weißfisch, einen kleinen Karpfen oder eine Forelle aus dem Wasser holen. Fischspeisen lassen sie ganz außer sich geraten, und wie Kinder, die sich mächtig auf den Nachtisch freuen, ziert sie sich mitunter beim Suppenessen, wenn sie vorher gewittert hat, daß Meerfische in der Küche sind und Vatel folglich keinen Grund hat, sich ein Schwert durch den Leib zu stoßen[16]. Wenn sie sich so benimmt, wird sie nicht bedient, und mit kühler Miene erklären wir ihr: «Fräulein, eine *Person*, die keine Suppe mag, wird auch keinen Fisch essen wollen», worauf wir sie beim ersten Gang schonungslos übergehen. Darauf ißt die gefräßige Eponine, überzeugt, daß die Drohung ernst gemeint ist, die Suppe doch noch in aller Eile, leckt den letzten Tropfen Brühe auf und verzehrt die kleinste Krume Brot, den winzigsten Rest italienischer Teigwaren. Dann sieht sie uns stolz an, wie jemand, den kein Tadel mehr trifft, weil er gewissenhaft seine Pflicht getan hat. So erhält sie nun ihren Anteil und vertilgt diesen mit äußerstem Behagen. Und zum Schluß, wenn sie von allen Speisen gekostet hat, trinkt sie ihr Glas zu einem Drittel leer.

Wenn wir abends Gäste erwarten, weiß dies Eponine, noch bevor sie sie gesehen hat. Sie späht nämlich nach ihrem Platz, und wenn sie dort neben ihrem Teller ein Besteck findet, verzieht sie sich auf den Klavierstuhl, ihren Zufluchtsort bei solchen Anlässen. Mögen jene, die den Tieren Vernunft absprechen, diesen scheinbar so einfachen und doch aufschlußreichen Umstand erklären. Daraus, daß in ihrem Gedeck jene Geräte vorhanden sind, die einzig ein Mensch zu gebrauchen weiß, folgert die aufmerksame und scharfsinnige Katze, daß sie an jenem Tag ihren Platz einem Geladenen abtreten muß, was sie auch eiligst tut. Nie irrt sie sich dabei. Einzig steigt sie dem Gast, wenn er ihr vertraut ist, auf die Knie und versucht dort durch ihre anmutige Zärtlichkeit gelegentlich einen Bissen von ihm zu erschmeicheln.

Doch genug von all dem. Man darf den Leser nicht allzu lange mit denselben Dingen hinhalten. Katzengeschichten gefallen weniger als Hundegeschichten, und dennoch glauben wir berichten zu müssen, welches Ende es mit Enjolras und Gavroche nahm. Im Lateinbuch für Anfänger steht die folgende Regel: «Sua eum perdidit ambitio.»[17] In bezug auf Enjolras läßt sich das umformen in: «Sua eum perdidit pinguetudo.»[18] Rohlinge, die es nach einem Pfefferbraten gelüstete, brachten ihn um. Doch die Mörder starben noch im selben Jahr auf jammervolle Weise. Der Tod einer schwarzen Katze, eines so rätselvollen Tieres, rächt sich immer.

Gavroche, den plötzlich ein rasender Freiheitsdrang oder genauer ein Taumel ergriff, sprang eines Tages zum Fenster hinaus, dann über die Straße und die Umzäunung des Saint-James-Parks gegenüber unserem Haus, worauf er verschwand. Wie sehr wir nach ihm forschten, wir hörten nie mehr von ihm. Ein geheimnisvolles Dunkel umhüllt sein Schicksal. So überlebt denn von der schwarzen Dynastie allein Eponine, ihrem Herrn unverbrüchlich treu und heute nachgerade die «Literaturkatze».

Ihr Gespiele ist ein prächtiger Angorakater mit einem silbergrauen Balg, der an rissiges Chinaporzellan erinnert. Er heißt Zizi oder «Zu schön, um etwas zu tun». Das stattliche Tier lebt in einer Art besinnlichem Kief[19], wie ein Theriakis[20] während seiner Trunkenheit. Bei seinem Anblick denkt man an «Die Ekstasen des Herrn Hochenez». Zizi schwärmt für Musik. Nicht befriedigt vom bloßen Zuhören, erzeugt er solche sogar selber. In der Stille der Nacht, wenn alles schläft, ertönen bisweilen Melodien, auf die ein Kreisler oder die Musikanten der Zukunft neidisch sein könnten: das ist Zizi, der über die Tasten des offen gebliebenen Klaviers spaziert und staunt vor Entzücken, daß diese unter seinen Tritten aufklingen.

Es wäre ungerecht, dieser Linie nicht auch Cléopatre, die Tochter Eponines, anzureihen, ein bezauberndes Tier, das einzig zu schüchtern ist, unter die Leute zu gehen. Sie ist rötlichschwarz wie Mumma, die behaarte Gefährtin Atta Trolls[21], und hat grüne Augen wie ungeheure Aquamarinsteine. Sie steht gewöhnlich auf drei Füßen, den vierten zurückgebogen in der Luft, wie ein Löwe in klassischer Haltung, der seine Marmorkugel verloren hätte.

Soweit die Chronik der schwarzen Dynastie. Enjolras, Gavroche und Eponine erinnern mich an die Gestalten eines geliebten Meisters. Freilich, wenn ich die «Misérables» wieder lese, scheinen mir die Hauptrollen des Romans von schwarzen Katzen erfüllt – was ihrem Wert aber durchaus keinen Abbruch tut.

Gottfried Mind

1768–1814

Gottfried Mind wurde geboren zu Bern vielleicht schon im August oder September 1768 und am 25. September gleichen Jahres getauft.[1] Sein ebenfalls Gottfried genannter Vater, der ursprünglich aus Lipisch in Ungarn stammte und seines Berufes erst Schreiner und Formschneider gewesen war, hatte sich in den sechziger Jahren zu Worblaufen bei Bern niedergelassen, wo er in der dortigen Grunerschen Papiermanufaktur arbeitete. Das Burgerrecht scheint er in Pizy[2] im Waadtlande erworben zu haben, da er im Taufrodel ausdrücklich als von dorther stammend bezeichnet ist. Seine Frau, die Mutter des kleinen Gottfried oder «Friedli», wie er gewöhnlich genannt wurde, war Susanna Maria Chapelay[3] von Oesch. Der arme Knabe war indessen fast blödsinnig, auch körperlich schwächlich und mißgestaltet. Seine Gestalt war klein und gebückt, sein unförmlich großer, oben platter Kopf mit struppigem Haar und tiefliegenden Augen neigte sich auf die Brust herab, seine breiten Backen waren schlaff, seine Gesichtsfarbe braunrot, der Hals, mit einem bedeutenden Kropfansatze, erschien unverhältnismäßig kurz. Seine Stimme war hohl und rauh, seine Hände groß und grob. Und doch schlummerte unter dieser armseligen und unscheinbaren Hülle ein Talent, das den Namen Minds auf die Nachwelt bringen sollte.

Der erste, welcher dasselbe an ihm bemerkte,

war ein deutscher Maler namens Legel, der während eines Sommers im Hause des Prinzipals seines Vaters, des Herrn Gruner, wohnte und den der letztere als Kunstliebhaber hatte nach Worblaufen kommen lassen, um dort und in der Umgegend Studien nach der Natur zu machen. Der kleine Friedli, der wegen seiner schwächlichen Leibesbeschaffenheit meistens sich selber überlassen war, machte sich, wo er nur konnte, an diesen Künstler und sah ihm zu, wenn er arbeitete. Legel, dem der arme Knabe Bedauern einflößte, zeigte ihm auch stets bereitwillig seine Arbeiten, nahm ihn oft auf seine Spaziergänge mit oder unterhielt sich mit ihm auf seinem Zimmer durch Vorzeigen von Kupferstichen. Besonders ließ er ihn Riedingers Tierbilder, von denen Herr Gruner eine Sammlung besaß, durchsehen, sooft Mind nur wollte. Bald versuchte dieser nun mit Bleistift einige derselben nachzuzeichnen, vorzüglich dazu Löwen wählend, welche lange seine Lieblingstiere blieben. Diese Versuche berichtigte alsdann Legel von Zeit zu Zeit, und so ging es nach und nach besser, so daß der Knabe es wagte, gleich seinem Lehrer nach der Natur zu arbeiten und einige Ziegen, Schafe und Katzen abzubilden, woraus damals fast die ganze lebende Tierwelt von Worblaufen bestand.

Mit diesen Studien des jungen Friedli schien indessen sein Vater nur halb einverstanden. So auf einem Wisch Papier zu kritzeln, sei nichts, meinte derselbe; Holz sei vielmehr das einzige Material, in welchem zu arbeiten es sich der Mühe lohne. Sooft daher der Knabe Papier zum Zeichnen von ihm verlangte, warf er ihm ein

Stück Holz hin, und so versuchte Gottfried auch, notgedrungen, seine Tierchen in Holz zu schnitzen, worin er es bald zu einer ziemlichen Geschicklichkeit brachte, so daß allmählich seine hölzernen Ziegen und Schafe auf allen Kleiderschränken und Öfen im Dorfe prangten und als Kunststücke bewundert wurden. Bisweilen versuchte er wohl auch, einige Bauernknaben von Worblaufen abzuzeichnen oder gar in Holz zu schnitzen, die nicht unähnlich gefunden wurden.

So verlief Minds erste Jugendzeit in dem ländlichen Worblaufen: es war für ihn die erste und einzige Zeit jugendlicher Freiheit und Sorglosigkeit, an die er sich in den späteren Jahren seines, wenn allerdings auch nicht unglücklichen, aber doch höchst einsamen und einförmigen Erdendaseins stets lebhaft und mit herzlichster Freude erinnerte und sich auch mit den Erzeugnissen seines Talentes in seiner Phantasie in dieselbe zurückversetzte.

Eine zweite Periode in Minds Leben bildete sein Aufenthalt in Pestalozzis Armenanstalt auf dem Neuhof bei Brugg.[4] Die Veranlassung dazu soll folgende gewesen sein. Minds Vater, ärgerlich darüber, daß Friedli eine zugelaufene Katze angenommen hatte und von da an nur noch Katzenbilder zeichnen wollte, drohte ihm dieselbe totzuschlagen, worauf der Knabe, das Tier mit sich nehmend, von Hause weglief und nach mehrtägigem Herumirren in halb verhungertem Zustande, wie seine Katze, von Pestalozzi an der Landstraße aufgefunden und nach dem Neuhof gebracht wurde. Die Katze folgte ihm auch dahin. Indessen zeigte es sich bald, daß Friedli weder zur Gartenarbeit noch zur Beschäftigung mit Schneidern, Schustern, Hobeln, Pappen und dgl. zu gebrauchen war. Auch in den andern Unterrichtsfächern, wie Lesen, Schreiben, Rechnen, leistete er fast gar nichts und brachte es nur mit knapper Not dazu, seinen Namen richtig zu schreiben. Nur im Zeichnen machte er auffallende Fortschritte, wobei er hauptsächlich seine Katze in den verschiedensten Stellungen abbildete. Als ihm jedoch eines Tages einer seiner Mitzöglinge im Übermut, wenn auch ohne eigentliche böse Absicht, dieselbe mit einem Stein totwarf und Friedli, durch den Tod seiner treuen vierbeinigen Gefährtin in die fürchterlichste Wut versetzt, den Betreffenden über und über blutig gekratzt und gebissen hatte und nun dafür gestraft werden sollte, entwich er mitsamt seiner toten Katze aus dem Neuhof.

Den letzten Abschnitt in Minds so bescheidenem und stillem äußern Leben bildet sein Aufenthalt im Hause des bekannten Malers *Freudenberger* in Bern.

Ungefähr in der ersten Hälfte der achtziger Jahre des vorigen Jahrhunderts war der letztere durch einen Freund auf den jungen Mind aufmerksam gemacht und anfangs mehr nur durch Mitleid bewogen worden, ihn zu sich zu nehmen und in der Kunst des Kolorierens zu unterrichten. Da er hierin bald Tüchtiges leistete, indem er Freudenberger dessen «Ländliche Schweizersitten» unermüdet und mit der größten Treue kolorieren half, und da der Maler auch bald das bedeutende Talent des jungen, äußerlich so unscheinbaren Menschen entdeckte, so wollte er denselben nicht mehr von sich lassen. Von der Zeit seines Eintrittes in das Freudenbergersche

Haus bis zu seinem Lebensende ist äußerlich nichts mehr über ihn zu sagen, als daß er sein ganzes Leben, auf einem Stuhle sitzend, mit Malen und Zeichnen beschäftigt zubrachte. Einen wirklichen Begriff von der Bedeutung seines Talentes scheint der bescheidene, genügsame und menschenscheue Mann, der mit seinen Haus- und andern Tieren viel befreundeter und

vertrauter war als mit den weitaus meisten seiner Mitmenschen, entweder überhaupt gar nie gehabt oder doch jedenfalls nie andern gegenüber behufs Erlangung materieller Vorteile für seine eigene Person geltend gemacht zu haben.

Nach Freudenbergers Tod blieb Mind bei dessen Witwe, welche seine Arbeiten, die ihr noch über das mäßige Kostgeld ihres Pfleglings hinaus schöne Summen einbrachten, an reiche Liebhaber zu verkaufen pflegte. Von dieser Zeit an entwickelte sich auch sein Talent ganz besonders an den Gegenständen, denen er sein Leben lang mit besonderer Liebe zugetan war und die er eben darum auch mit solcher Treue und Wahrheit darzustellen wußte. Der Zustand der Bauernkinder, ihre Leiden und Freuden, ihre Spiele und Zänkereien, der derbe Hochmut der Wohlhabenden, die schüchterne Armseligkeit der Dürftigen, alles stand aus der Zeit seines Aufenthaltes zu Worblaufen in lebhaftester Erinnerung vor seiner Phantasie, die sich gerne wiederum in jene ihm unvergeßliche Epoche seiner ersten Jugend zurückversetzte. In Freudenbergers Schule hatte er eine leicht faßliche und natürliche Anordnung kleiner Gruppen und eine reinliche und gefällige Darstellung erlernt; deswegen war es ihm ein leichtes, solche Szenen mit Naivität darzustellen. Daher sind seine meistens nur auf kleinen Blättern ausgeführten Neckereien, Balgereien und Schlittenfahrten der Landkinder mit halberfrorenen und doch fröhlichen Gesichtern in ihrer pauschigen und doch nicht unmalerischen Tracht, seine Bettelbuben mit Lumpenkram auf dem Rücken wahrhaft geistreich und ergötzlich. Bei seinem einförmigen Stubenleben hatte er sich mit den Haus- und Stubentieren, besonders den *Katzen*, in ein höchst befreundetes, sozusagen väterliches Verhältnis gesetzt. Wenn er arbeitete, saß ihm meistenteils eine seiner Lieblingskatzen zur Seite oder lag, seiner Arbeit zusehend, auf dem Tisch, und es waltete alsdann zwischen ihr und ihm eine Art von Unterhaltung ob, welche teils durch Worte, teils durch Mienen und Gebärden geführt wurde. Oft lag ihm noch eine zweite Katze unter dem Tisch auf dem Schoß – manchmal sogar mit mehreren Jungen zugleich –, während drei bis vier kleine Kätzchen auf seinen beiden Schultern oder in der Höhlung des vorgebeugten Nackens lagen. Stundenlang konnte er so beladen an seiner Arbeit sitzen und sich jeder Bewegung enthalten, die nur irgendwie den lieben Tierchen unbequem gewesen wäre. Neben seinem Reißbrett standen gewöhnlich auch Laubfrösche in Gläsern, und mit allen diesen Tieren sprach er auf die freundlichste Weise, während er hingegen die ihn täglich umgebenden Menschen oder auch die, welche zu ihm kamen, oftmals fast wie ein erzürnter Eber angrunzte, so daß viele Leute, insbesondere Kinder, wegen solchen Benehmens, verbunden mit seiner abschreckenden äußern Erscheinung, sich vor ihm ordentlich fürchteten.

Kaum weniger vertraut als mit den ihm so lieben Katzen war Mind auch mit den *Bären.* Manche glückliche Stunde brachte er am Bärengraben[5] in Bern zu, so daß er zuletzt auch mit dessen Bewohnern gut bekannt und vertraut wurde. Sobald er nur am Graben erschien, eilten die Bären mit freundlichem Brummen hinzu, stellten sich auf die Hinterfüße und erhielten denn auch stets von ihm ein Stück Brot oder einen Apfel. Darum waren auch nächst den Katzen die Bären Lieblingsgegenstände seines Pinsels, und er glaubte wohl nicht mit Unrecht, diese Tiere besser als andere, selbst noch so berühmte Künstler, darstellen zu können. Allmählich erlangte er denn auch in der Darstellung dieser beiden Tiergattungen eine solche Meisterschaft, daß die berühmte Künstlerin

Lebrun[6] von Paris auf jeder ihrer verschiedenen Reisen durch die Schweiz an des Künstlers Wohnort in Bern immer einige Blätter von ihm kaufte mit der bestimmten Äußerung, dieselben seien wahre Meisterstücke in ihrem Fach und würden selbst in Paris als solche anerkannt werden. Sie war es auch, welche Mind zuerst den Namen «Le Raphaël des chats» (Katzenraffael) beilegte, der ihm seither geblieben ist und unter welchem viele Fremde sich in Bern nach ihm erkundigten. Gewiß hat der bescheidene Künstler diese Benennung wohlverdient, und zwar sowohl wegen der vollkommenen Richtigkeit der Zeichnung dieser Tiere und der wahren, wenn auch veredelten Darstellung ihrer Formen als auch hauptsächlich wegen der Seele und dem Leben, welche er denselben in seinen Bildern gleichsam einzuhauchen wußte. Die individuelle, durchaus porträtähnliche Physiognomie, die jede seiner Katzen sozusagen persönlich auszeichnet, der schmeichlerische, halb tigerartige, halb verschmitzte Blick, der allen gemeinsam ist, die anmutigen Bewegungen seiner jungen Kätzchen, welche zuweilen drei bis vier an der Zahl die Mutterkatze umspielen, das seidene Haar ihres Balges, das man aufblasen zu können meint – mit einem Worte, alles, was den Katzen nur irgendwie eigentümlich ist, findet sich in seinen Arbeiten jederzeit mit solcher Treue und Wahrheit nachgeahmt, daß man sich kaum wundern würde, wenn die Augen seiner Katzenbilder zu rollen und zu spielen anfingen, die Pfötchen sich zum hüpfenden Sprung erhüben und zu guter Letzt ein zärtlicher Katzenruf vom Papier ertönte!

An Sonntagen oder Winterabenden schnitzte Mind zum Zeitvertreib aus gedörrten wilden Kastanien kleine niedliche Kätzchen, Bärchen und andere Tiere mit solcher Wahrheit und Kunst, daß sie bald ebenso gesucht waren wie seine Zeichnungen. Leider sind alle diese Schnitzarbeiten durch die sich im Innern der Kastanien entwickelnden Insekten zerstört worden.

Einer der traurigsten Tage in Minds Leben war der 5. Dezember 1809[7], an welchem in Bern über achthundert Katzen getötet wurden, weil eine, rasend geworden, viele andere gebissen haben sollte. Bei diesem großen Katzenmord hatte er zwar sein eigenes liebes «Büsi» sorgsam verborgen und gerettet; allein das traurige Schauspiel, jeden Augenblick eine tote oder lebendige Katze von Bedienten, Mägden oder Kindern zum Abdecker tragen zu sehen, zerriß ihm das brüderliche Herz, und lange blieb er wegen dieses Ereignisses untröstlich.

Neben seinem Umgange mit den Katzen und Bären bildete die Besichtigung von Kunstsachen, namentlich von Kupferstichen, seine größte Freude, wobei ihm wiederum Tiere das meiste Vergnügen gewährten.

Der Berner Kunstkenner *Sigmund Wagner* lud Mind oft an Wintersonntag-Abenden zu sich ein und ließ ihn dann seine auserlesene Kupferstichsammlung durchsehen. Indes Wagner schrieb, las oder zeichnete, machte Mind für sich halblaut seine Bemerkungen über jedes Blatt, besonders über Tierstücke. Unter diesen waren es aber einzig die Löwen von Rubens, einige von Rembrandt und Potter und die Hirsche von Riedinger, die er für gut gelten ließ, während er z. B. Riedingers übrige Tiere ohne Ausnahme, als unrichtig gezeichnet, tadelte, ja dessen Bären insbesondere für wahre Untiere erklärte. Selbst die berühmten Katzen von Cornelius Vischer und Wenzel Hollar wollten ihm nicht recht gefallen. Auch über andere Kunstdarstellungen, wie Jagden und historische Kompositionen, fällte er nicht selten richtige, obgleich derbe Urteile, ohne jede Rücksicht auf die berühmten Namen der Meister. Ja, selbst über die Welthändel ließ er hin und wieder, trotz seines abgesonderten Lebens, ein treffendes Wörtlein fallen, indem sein ausgebildeter Scharfsinn für einen bestimmten Gegenstand sich mit Erfolg auch auf andere, wenngleich dem Anscheine nach äußerst fremdartige Dinge ausbreitete.

Nach solchen Kunstmusterungen trank er dann mit Wagner Tee, wobei er sich das dazu aufgestellte Backwerk wohl schmecken ließ. Diese Abende waren gewissermaßen Minds Himmel auf Erden; nichtsdestoweniger ließ er zuweilen Wagner auf dessen Einladung erwidern: «Er könne heute nicht kommen; das Büsi sei krank, er müsse bei ihm bleiben», oder: «Das Büsi werde heute vermutlich Junge bekommen; da könne er es unmöglich verlassen.»

Mind zeichnete nur sehr selten nach der Natur, oder er tat es nur mit wenigen Strichen. Seine Einbildungskraft war so stark, daß, wenn er etwas genau betrachtet hatte, es sich seinem Gedächtnisse so fest einprägte, daß er es zu Hause und oft geraume Zeit hernach aufs getreueste wiederzugeben wußte. Er sah dann oft gleichsam in sich selbst hinein, und wenn er in solchen Momenten aufblickte, so hatten seine Augen etwas Träumerisches.

Minds Arbeiten haben sich durch ihre Originalität und ihre seltene Trefflichkeit selbst in die höchste Gesellschaft Eingang zu verschaffen gewußt. So verschrieb sich der König von Württemberg, der im Jahre 1812 zufällig einige Blätter davon zu Gesicht bekommen hatte, eine ganze Partie derselben, wesentlich aus Katzen- und Bärenstücken sowie Kinderspielen bestehend, und Kaiser Franz von Österreich ließ sich während seines Aufenthaltes in Basel im Frühjahr 1813 das Bild einer von ihren drei Jungen umspielten Brocardmutterkatze als ein ihm nach seiner ausdrücklichen Erklärung besonders angenehmes Geschenk und in seiner Art vollendetes Kunstwerk überreichen.

Im Laufe des Jahres 1813 setzte eine zunehmende Brustwassersucht den originellen Künstler außer Tätigkeit, und am 7. November 1814 machte ein Steckfluß seinem so fleißigen und anspruchslosen Leben im sechsundvierzigsten Altersjahr ein Ende.

Robert von Diesbach

Quellen: Berner Taschenbuch auf das Jahr 1853 (Nachtrag: Biographische Literatur). – Allgem. deutsche Biographien, Art.: «Mind». – XII. Neujahrsstück der Künstlergesellschaft in Zürich auf das Jahr 1816. – Gemeinnützige schweizer. Nachrichten vom 15. und 16. November 1814 (Nr. 180 und 181). – Der Schweizerfreund vom 8. Dezember 1814 (Nr. 10). - Wiedemann, Franz: «Der Katzenraphael, Lebensbild eines seltsamen Künstlers», Leipzig, Verlag von Alfred Oehmigke. – Biographie universelle.

Zu den Texten

Zunächst zu denen, die der Leser in diesem Band vielleicht vermißt: «The Black Cat» von Edgar Allan Poe und «Spiegel, das Kätzchen» von Gottfried Keller fehlen, weil sie in anderen Bänden der Manesse Bibliothek enthalten sind, das letztere nicht nur in «Die Leute von Seldwyla», sondern auch in der Anthologie «Tiergeschichten». Sie dürften überdies so bekannt sein, daß es ratsam schien, den beschränkten Raum, der zur Verfügung steht, etwas weniger geläufigen Erzählungen und Gedichten zu überlassen. Es bleibt natürlich eine Frage des Ermessens, ob man dann nicht ebenso auf Storm, Kipling oder Baudelaire verzichten und dafür mehr von dem hätte aufnehmen können, was wie die Texte von Smart, Tasso, Balzac, Raiberti oder Hunt, ganz zu schweigen von den Proben aus dem Japanischen, im deutschsprachigen Kulturgebiet bisher kaum je vertraut wurde. Aber solche Auswahlen sind nun einmal Kompromisse. Es galt auch hier, vieles oder besser: vielerlei zu bringen, um manchem etwas zu bringen, und in der Abwechslung von gebundener und ungebundener Sprache, von Kurzem und Langem, von Ernst und Spiel sich einigermaßen den Launen anzupassen, die wir unsern lieben Katzen nachsagen.

Zu den Bildern

Zu den Bildern hätte die Erzählung von Franz von Gaudy (1800–1840) gehört: «Der Katzen-Raffael». Sie ist jedoch so umfangreich und als ein Stück «biographie romancée» gar gefühlsselig ausgeschmückt, daß wir der knappen und wahrheitsgetreueren Lebensbeschreibung aus der Feder von Robert von Diesbach den Vorzug gaben. Es heißt darin, wie schon im Nekrolog, nach Sigmund von Wagner (1759–1835), der 1816 als XII. Neujahrsstück der Künstlergesellschaft in Zürich erschien, Gottfried Mind sei «fast blödsinnig» gewesen. Schaut man sich seine Blätter an, die unter anderem von so scharfer und durchaus nicht mechanisch angewandter Beobachtungsgabe zeugen, möchte man an dem Urteil zweifeln oder den Worten einen viel weiter gefaßten Sinn verleihen: vielleicht war der Katzen-Raffael doch eher nur ein Sonderling, der wie eine Märchengestalt die Sprache der Tiere und der ihnen enger verbundenen, mit ihnen rätselhaft solidarisch fühlenden Kinder besser verstand als die der erwachsenen Menschen. Der nüchtern klassifizierende Kunsthistoriker mag ihm unter den Kleinmeistern seiner Zeit den gebührenden Platz zuweisen; wer den Blick und das Herz für die ergreifende menschliche Erscheinung hat, der man hier begegnet, wird sich die Worte im obenerwähnten Nachruf gern zu eigen machen: «Unfähig, durch ihr Äußeres Aufmerksamkeit zu erregen, ohne Geschick, sich selbst in der Welt einzuführen und bekannt zu machen, bleiben solche Menschen oft lange in der Dunkelheit verborgen und gelangen oft gar nicht oder doch immer sehr selten und spät zu einer Art von Berühmtheit, über die sie selbst am meisten sich verwundern.»

Federico Hindermann

Bildnachweis

Kunstmuseum, Bern (Gottfried Keller-Stiftung):
S. 32/33, 40, 65, 80/81, 103, 123, 128/129, 135, 174,
192/193 unten, 239, 262, 288/289, 294, 304/305,
321

Kunstmuseum, Basel (Kupferstichkabinett): S. 108,
137, 160/161, 224/225, 243, 256/257

Graphische Sammlung ETH, Zürich: S. 20, 89, 95,
96/97, 101, 117, 130, 172, 192/193 oben, 215, 247,
249

Anmerkungen

Walter de la Mare:

1 Guy Fawkes: Anführer der Pulververschwörung. Der Tag, der 15. November 1605, da das Parlamentsgebäude in die Luft gesprengt werden sollte, wird in England von der Jugend mit Feuerwerk gefeiert.
2 Auf der Isle of Man einheimische Katzenrasse, die ohne Schwanz zur Welt kommt.

Leigh Hunt:

1 Godolphin: Der Berberhengst kam 1729 als Geschenk des Sultans von Marokko an Ludwig XIV. nach Frankreich. Nach wechselvollem Schicksal kaufte ihn Lord Godolphin in Paris und ließ ihn nach England bringen. «The Godolphin Arabian» wurde einer der drei Stammväter der englischen Vollblutzucht.
2 Samuel Johnson (1709–1784), englischer Schriftsteller und Lexikograph. Gründete 1764 den «Literary Club», dem die nachstehenden Personen als Mitglieder angehörten.
3 James Boswell hält diese Anekdote in seinem Werk «The Life of Samuel Johnson» ebenfalls fest; allerdings heißt es dort: «Es wird mir unvergeßlich bleiben, was er sich von Hodge, seinem Kater, alles gefallen ließ, für den er jeweils selbst Austern holen ging, weil er befürchtete, falls er seinen Diener damit betraute, könnte dieser eine Abneigung gegen das arme Tier fassen.» (Boswell, «Dr. Samuel Johnson», Manesse Verlag, Zürich 1951, Seite 586.)
4 Straße in London, in der Johnson von 1776 bis 1784 wohnte.
5 David Garrick (1717–1797), Dramatiker und einer der berühmtesten Schauspieler seiner Zeit; Leiter des «Drury Lane Theatre» in London.

6 Oliver Goldsmith (1728–1774), irischer Lyriker, Essayist, Bühnen- und Romanschriftsteller.
7 Topham Beauclerk (1739–1780), Urenkel Karls II.; Freund Johnsons.
8 Sir Joshua Reynolds (1723–1792), englischer Maler; Porträtist der Londoner Gesellschaft.
9 Edmund Burke (1729–1797), englischer Politiker und Schriftsteller; einflußreicher Parlamentsredner.
10 Edward Gibbon (1737–1794), Historiker und Parlamentarier.

P. G. Wodehouse:

1 «König Lear», III, 2, 58–59: I am a man / more sinned against than sinning.
2 Sir Walter Scott, «The Lady of the Lake», Canto First, I, 28: The stag at eve had drunk his fill.

Théophile Gautier:

1 Nicolas Boileau-Despréaux (1636–1711), französischer Dichter und Kritiker, leidenschaftlicher Verfechter des klassischen Ideals der Klarheit und der formalen Strenge.
2 Bruder des Karl Martell, unter dem er gegen die Araber kämpfte. Gestorben 741. – In seiner «Art poétique» brandmarkt Boileau an diesem Beispiel die Wahl eines «ungeeigneten» Helden.
3 Drama von Victor Hugo, 1832.
4 In «Hernani», dem berühmtesten von Hugos romantischen Dramen, 1830.
5 Jean-Léon Gérome (1824–1904), französischer Maler und Bildhauer der akademischen Richtung.
6 Witzfigur, bekannt durch zwei Bilderfolgen (1830 und 1857) des Karikaturisten Henri Monnier. Prudhomme ist ein selbstzufriedener Spießer, der lautstark die größten Plattheiten verkündet.
7 Das französische «Cendrillon»-Märchen, in der Fassung von Charles Perrault (1628–1703, «Contes

de ma mère l'oye»), weicht in vielen Einzelheiten
vom deutschen «Aschenputtel» bei Grimm ab.
8 «Symphonie in Weißdur».
9 «Séraphita», 1835, in «Le Livre mystique»; 1846 unter den «Etudes philosophiques» der «Comédie humaine» eingegliedert.
10 «Le Rat qui s'est retiré du monde», «Fables», VII, 3.
11 Charles-Hubert Millevoye (1782–1816), französischer Dichter, Verfasser der Elegien «La Chute des feuilles».
12 «Die Elenden», 1862; deutsche Ausgabe in der Manesse Bibliothek der Weltliteratur.
13 Sulpice-Guillaume Chevalier, genannt Gavarni (1804–1866), französischer Zeichner, einst bekannt durch seine Mitarbeit an der Zeitschrift «Charivari».
14 eigentlich: leuchtend, kuhäugig; hier aber als Farbadjektiv zu verstehen, wie frz. «glauque»: blaugrün, meergrün.
15 Die Katze liebt die Fische, will sich aber nicht die Füße nässen.
16 Vatel, Oberkellner beim Prinzen Condé, brachte sich 1671 aus Kummer darüber um, daß die frischen Meerfische nicht rechtzeitig zu einem Bankett eingetroffen waren, das der Condé zu Ehren Ludwigs XIV. gab.
17 Durch sein eigenes Streben kam er zu Fall.
18 Durch seine Fettleibigkeit kam er zu Fall.
19 orientalisch: absoluter Ruhezustand.
20 orientalisch: Opiumraucher.
21 Name des Bären bzw. der Bärin im gleichnamigen satirischen Epos Heinrich Heines von 1841.

Gottfried Mind (Anmerkungen von Robert von Diesbach):

1 Taufrodel.
2 Kleines Dörfchen, ¾-Stunde von Aubonne.
3 Der Name der Mutter ist im Taufbuch etwas undeutlich geschrieben, scheint aber doch Chape-

lay zu lauten. Der Geschlechtsname Mind hat am Schlusse noch ein t. Als Gottfrieds Taufzeugen erscheinen: Jakob Siegfried von Zofingen, Jakob Hegg von Buchsee, Barbara Zwygart von Bremgarten.

4 So nach der Notiz von L. Lauterburg in seiner «Biographischen Literatur» im Berner Taschenbuch von 1853, Seite 263: «Acht Jahre alt, kam er in Pestalozzis Armenanstalt, wo er nur im Zeichnen brauchbar war.» Die von Zeitgenossen Minds verfaßten Nekrologe in den «Gemeinnützigen schweizer. Nachrichten» vom 15. November 1814 und im «Schweizerfreund» vom 8. Dezember 1814 erwähnen eines solchen Aufenthaltes gar nicht, und ebensowenig verlautet in der Biographie Minds im «Zwölften Neujahrsstück der Künstlergesellschaft in Zürich auf das Jahr 1816» irgendein Wort davon. Da jedoch Lauterburgs Behauptung kaum rein aus der Luft gegriffen sein kann, indem vielmehr die ungünstigen materiellen und intellektuellen Verhältnisse Minds einen solchen, wie es allerdings scheint, nur vorübergehenden Aufenthalt in einer Anstalt für körperlich und geistig zurückgebliebene Kinder eher wahrscheinlich als unwahrscheinlich machen, so wird diese Angabe Lauterburgs hier auch aufgenommen.

5 Derselbe befand sich zu Minds Zeiten nordöstlich neben dem innern Aarbergertor. (Gefl. Mitteilung des Herrn Staatsarchivars Türler.)

6 Maria-Louise-Elisabeth Vigée, geboren zu Paris 16. April 1755 als Tochter eines geschätzten Porträtmalers, zeigte schon in ihrer Jugend ein sehr entschiedenes Talent zum Zeichnen und Malen, genoß den Unterricht der Maler Davesne, Briard, Josef Vernet und Jean-Baptiste-Pierre Lebrun, mit welch letzterem sie sich 1776 verheiratete, ohne aber durch diese Ehe glücklich zu werden, da ihr Mann ihren sämtlichen Verdienst durch unordentliches Leben verschwendete. Schon seit 1775 durch

d'Alembert in die Akademie eingeführt, gewann sie durch ihr Talent und ihr Auftreten in hohem Maße die Gunst der Königin Marie-Antoinette, die sie vielfach porträtierte, und war auch sonst in der aristokratischen Gesellschaft wohl angesehen, weshalb sie während der Revolution Frankreich verlassen mußte, wurde an den Höfen von Neapel, Österreich, Rußland und Preußen ehrenvoll aufgenommen, kehrte 1801 nach Paris zurück, von wo aus sie auch England und die Schweiz bereiste, verlor 1813 ihren Mann und 1818 ihre einzige Tochter und starb 30. März 1842. In ihrer äußern Erscheinung anmutig und liebreizend, glänzte sie außer der Malkunst noch durch weitgehende Begabung für Musik und Gesang sowie durch ein überraschendes schauspielerisches Talent. (Biographie universelle.)

7 Dieses Datum nennt Lauterburg in seinem Nachtrag zum Taschenbuch 1853. In Nr. 3 der «Gemeinnützigen schweizer. Nachrichten» vom Samstag, 6. Januar 1810, erscheint die Nachricht von der Verordnung, binnen 24 Stunden alle Katzen in der Stadt Bern oder deren Bezirk bei 16 Franken Strafe dem Wasenmeister zu überliefern, auf Seite 12 unter der Rubrik «Inländische Nachrichten» wirklich mit dem Datum vom 5. Dezember. Allein, ganz abgesehen davon, daß es widersinnig gewesen wäre, die Maßregel erst vier Wochen nach ihrem Beschluß zu publizieren, ergeben Vergleichungen mit dem Sanitätsmanual Nr. 95, worin diese Maßregel erstmals am 6. Januar 1810 erwähnt und dabei die «gestrige» Publikation genannt wird, ganz untrüglich, daß es sich also nicht um den 5. Dezember 1809, sondern um den 5. Januar 1810 handelt. (Gefl. Mitteilung des Herrn Staatsarchivars Türler.)

Quellenhinweise

Kipling, Joseph Rudyard (1865–1936)
Die Katze, die für sich allein ging
aus: «Just So Stories», 1902
Übersetzung aus dem Englischen von Hans Rothe in «Das kommt davon».
© Paul List Verlag GmbH & Co. KG, München 1978.

Osaragi, Jirō (1897–1973)
Das Zirpkätzchen
aus: «Gendai Nihon bungaku taikei», Band 53, «Chikuma shobō», Tokyo 1971
Übersetzung aus dem Japanischen von Silvain Guignard.
© Masako Nojiri.

Colette, Sidonie-Gabrielle (1873–1954)
«*Poum*», «*Prrou*», «*Schah*», *Der Kater, Die Katzenmutter*
aus: «La paix chez les bêtes», 1916
Übersetzung aus dem Französischen von Erna Redtenbacher und Helene M. Reiff in «Friede bei den Tieren». © Paul Zsolnay Verlag, Wien 1931.

Storm, Theodor (1817–1888)
Von Katzen
aus: «Storms Werke», Band 1, Leipzig 1936.

Flukowski, Stefan (geb. 1902)
Der Traum des Katers
Übersetzung aus dem Polnischen von Karl Dedecius in «Polnische Prosa des 20. Jahrhunderts». © Carl Hanser Verlag, München 1966.

Tasso, Torquato (1544–1595)
[Auf die Katzen im Irrenhaus St. Anna]
aus: «Le rime di Torquato Tasso», Band IV, «Rime d'occasione o d'encomio, 1579–86», Bologna 1902.
Übersetzung aus dem Italienischen von Federico Hindermann.

Balzac, Honoré de (1799–1850)
Die Herzensqualen einer englischen Katze
aus: «Œuvres complètes», Band III, «Œuvres diverses (1836–1848)», 1940
Übersetzung aus dem Französischen von Hugo Meier.

Eliot, Thomas Stearns (1888–1965)
Wie heißen die Katzen
Nachdichtung aus dem Englischen von Erich Kästner
Jellicle-Lied
Nachdichtung von Rudolf Alexander Schröder
beide aus: «Old Possum's Book of Practical Cats», 1939
In «Old Possums Katzenbuch». © Suhrkamp Verlag, Frankfurt a. M. 1977.

Volkstümliche Überlieferung (17. Jahrhundert)
Die Geisterkatze im Haus Nabeshima
Sage mit historischem Hintergrund, die vor allem durch das Kabuki-Theater berühmt wurde.
Übersetzung aus dem Japanischen von Eduard Klopfenstein, aufgrund der Version in «Nihon no densetsu», Band 38, «Saga no densetsu» (Überlieferungen der Provinz Saga), Tokyo 1979.

Krylow, Iwan Andrejewitsch (1768–1844)
Der Kater und der Koch
aus: «Basni», 1809–1843
Übersetzung aus dem Russischen von Rudolf Bächtold in «Sämtliche Fabeln». © Verlag Die Waage, Zürich 1960.

Cecchi, Emilio (1884–1966)
Katzenaugen
aus: «Corse al trotto», 1936
Übersetzung aus dem Italienischen von Federico Hindermann. In «Goldfische», Manesse Verlag, Zürich 1973. © Erbengemeinschaft Cecchi.

Baudelaire, Charles (1821–1867)
Die Katze, Die Katzen
aus: «Les Fleurs du Mal», 1857
Übersetzung aus dem Französischen von Friedhelm Kemp in «Sämtliche Werke / Briefe», Band 3, «Die Blumen des Bösen». © Ernst Heimeran Verlag, München 1977. Mit freundlicher Genehmigung Carl Hanser Verlag, München.

Gorki, Maxim (1868–1936)
Sasubrina
aus: «Očerki i rasskazy», Band 1, 1898
Übersetzung aus dem Russischen von Ilma Rakusa.

Pergaud, Louis (1882–1915)
Falschheit der Katze?
aus: «La vie des bêtes», 1923
Übersetzung aus dem Französischen von Elisabeth Schmid-Kläui.
© Mercure de France, Paris 1970.

Pu, Songling (1640–1715)
Die List der Katze
«Die List der Katze» ist dem «Liaozhai zhiyi», einer berühmten Sammlung von 431 Erzählungen aus der Qing-Zeit entnommen. Diese berichten von Dämonen und Fuchsgeistern, Priestern, Mönchen, Gelehrten und wundersamen Begebenheiten. Pu Songling brachte diese im Volk größtenteils schon bekannten Erzählungen in eine literarische Form. In seiner Fassung können viele davon als Kritik an den damals herrschenden Zuständen verstanden werden.
Übersetzung a. d. Chinesischen von Brigitte Kölla.

de la Mare, Walter (1873–1956)
Besenstiele
aus: «Collected Stories for Children», 1947
Übersetzung aus dem Englischen von Meret Ehrenzeller.
© Erbengemeinschaft Walter de la Mare und «The Society of Authors» als ihr Vertreter.

Fujiwara, Teika (1162–1241)
Matsuo, Bashō (1644–1694)
Masaoka, Shiki (1867–1902)
Okuma, Kotomichi (1798–1868)
Enomoto, Kikaku (1661–1707)
Kobayashi, Issa (1763–1827)
Tanka und Haiku
Auswahl und Übersetzung aus dem Japanischen von Eduard Klopfenstein.

Raiberti, Giovanni (1805–1861)
Geburt, Kindheit, Emanzipation der Katze
Die Katze, ein Freiheitssymbol
Zwei Kapitel aus «Il gatto», 1845, einem kleinen Werk, das in scherzhaftem Ton den Stil einer gelehrten Abhandlung parodiert und die Katze preist. Raiberti, in Mailand geboren, war Arzt; er übersetzte Horaz in Mailänder Mundart und verfaßte u. a. Gedichte, die komische Beschreibung einer Reise nach Paris und einen Essay über die Kunst, ein guter Gastgeber zu sein. Den freiheitsliebenden Patrioten aus dem Risorgimento kennzeichnet die überlieferte Anekdote, wonach er, von einem Schlaganfall getroffen, die Sprache verlor, sie aber für einen Augenblick wiedererlangte, als er auf einem Brief die Handschrift des Mannes erkannte, der damals die Ideale der Zeitgenossen verkörperte, und begeistert dessen Namen hervorstieß: «Garibaldi!»
Übersetzung aus dem Italienischen von Federico Hindermann.

Okudschawa, Bulat Šalvovič (geb. 1924)
Der schwarze Kater
Übersetzung aus dem Russischen von Mary von Holbeck in «Ausgewählte Gedichte». © Possev-Verlag, Frankfurt a. M. 1965.

Storm, Theodor (1817–1888)
Bulemanns Haus
aus: «Storms Werke», Band 2, Leipzig 1936.

Gray, Thomas (1716–1771)
Ode auf den Tod einer Favoritin – ertrunken im Goldfischbecken
aus: «Dodsley's Collection of Poems by Several Hands», 1748
Übersetzung aus dem Englischen von Elisabeth Schnack.

Shimaki, Kensaku (1903–1945)
Der schwarze Kater
Erstveröffentlichung in der Zeitschrift «Shinchō», November 1945. Jetzt in der Gesamtausgabe «Shimaki Kensaku zenshū», Band 11, «Kokusho kankōkai», Tokyo 1977.
Diese Erzählung, die deutlich autobiographische Züge trägt, entstand Ende 1944/Anfang 1945, also auf dem Höhepunkt des pazifischen Kriegs und kurz vor dem Hinschied des an Lungentuberkulose leidenden Autors.
Übersetzung aus dem Japanischen von Eduard Klopfenstein.

Smart, Christopher (1722–1771)
Aus: *Jubilate Agno*
aus: «Rejoice in the Lamb (Jubilate Agno)», 1954
Übersetzung aus dem Englischen von Ilse Leisi.

Zola, Emile (1840–1902)
Das Katzenparadies
aus: «Nouveaux contes à Ninon», 1874
Übersetzung aus dem Französischen von Hugo Meier.

Baudelaire, Charles (1821–1867)
Die Katze
aus: «Les Fleurs du Mal», 1857
Übersetzung aus dem Französischen von Friedhelm Kemp in «Sämtliche Briefe / Werke», Band 3, «Die Blumen des Bösen». © Ernst Heimeran Verlag, München 1977. Mit freundlicher Genehmigung Carl Hanser Verlag, München.

Minamoto, Takakuni (1004–1077)
Wie Fujiwara Kiyokado sich vor den Katzen fürchtete
aus: «Konjaku monogatari» (Geschichten aus jetzt vergangener Zeit), Band 28, Nr. 31. Umfangreiche Erzählungssammlung vom Anfang des 12. Jahrhunderts. Als Verfasser gilt der Hofmann Minamoto Takakuni. «Nihon koten bungaku taikei», Band 26, Tokyo 1963.
Übersetzung aus dem Japanischen von Eduard Klopfenstein.

Hunt, James Henry Leigh (1784–1859)
Die Katze beim Kamin
aus: «The Seer; or, Commonplaces Refreshed», 1840/41
Übersetzung aus dem Englischen von Anne Marie Fröhlich.

Goethe, Johann Wolfgang von (1749–1832)
Begünstigte Tiere
aus: «West-östlicher Divan», 1819
Manesse Verlag, Zürich 1952.

Wodehouse, Pelham Grenville (1881–1975)
Die Geschichte von Webster
aus: «Mulliner Nights», 1933
Übersetzung aus dem Englischen von Anne Marie Fröhlich.
© Erbengemeinschaft P. G. Wodehouse und Literarische Agentur A. P. Watt als ihr Vertreter.

Gautier, Théophile (1811–1872)
Meine Hausmenagerie
aus: «Œuvres complètes», Band VI, «La nature chez elle et ménagerie intime», 1883
Übersetzung aus dem Französischen von Hugo Meier.

Diesbach, Robert von (1858–1917)
Gottfried Mind 1768–1814
aus: «Sammlung Bernischer Biographien des Kantons Bern», Band III, Bern 1898.

Inhalt

Rudyard Kipling:
Die Katze, die für sich allein ging 5
Deutsch von Hans Rothe

Osaragi Jirō:
Das Zirpkätzchen 21
Deutsch von Silvain Guignard

Colette:
«Poum» 28
«Prrou» 32
«Schah» 38
Der Kater 44
Die Katzenmutter 48
Deutsch von Erna Redtenbacher und Helene M. Reiff

Theodor Storm:
Von Katzen 53

Stefan Flukowski:
Der Traum des Katers 55
Deutsch von Karl Dedecius

Torquato Tasso:
[A le gatte de lo spedale di S. Anna] 64
[Auf die Katzen im Irrenhaus St. Anna] 65
Deutsch von Federico Hindermann

Honoré de Balzac:
Die Herzensqualen einer englischen Katze 66
Deutsch von Hugo Meier

T. S. Eliot:
The Naming of Cats 90
Wie heißen die Katzen 91
Deutsch von Erich Kästner

The Song of the Jellicles 92
Jellicle-Lied 93
Deutsch von Rudolf Alexander Schröder

Volkstümliche Überlieferung:
Die Geisterkatze im Haus Nabeshima 96
Deutsch von Eduard Klopfenstein

I. A. Krylow:
Der Kater und der Koch 102
Deutsch von Rudolf Bächtold

Emilio Cecchi:
Katzenaugen 104
Deutsch von Federico Hindermann

Charles Baudelaire:
Le Chat 112
Die Katze 113
Les Chats 114
Die Katzen 115
Deutsch von Friedhelm Kemp

Maxim Gorki:
Sasubrina 118
Deutsch von Ilma Rakusa

Louis Pergaud:
Falschheit der Katze? 131
Deutsch von Elisabeth Schmid-Kläui

Pu Songling:
Die List der Katze 136
Deutsch von Brigitte Kölla

Walter de la Mare:
Besenstiele 138
Deutsch von Meret Ehrenzeller

Tanka und Haiku 173
Deutsch von Eduard Klopfenstein

Giovanni Raiberti:
   Geburt, Kindheit, Emanzipation der Katze 175
   Die Katze, ein Freiheitssymbol 179
   Deutsch von Federico Hindermann

Bulat Okudschawa:
   Der schwarze Kater 182
   Deutsch von Mary von Holbeck

Theodor Storm:
   Bulemanns Haus 183

Thomas Gray:
   Ode on the Death of a Favourite Cat, Drowned
     in a Tub of Gold Fishes 212
   Ode auf den Tod einer Favoritin – ertrunken im
     Goldfischbecken 213
   Deutsch von Elisabeth Schnack

Shimaki Kensaku:
   Der schwarze Kater 216
   Deutsch von Eduard Klopfenstein

Christopher Smart:
   From: Jubilate Agno 230
   Aus: Jubilate Agno 231
   Deutsch von Ilse Leisi

Emile Zola:
   Das Katzenparadies 240
   Deutsch von Hugo Meier

Charles Baudelaire:
   Le Chat 248
   Die Katze 249
   Deutsch von Friedhelm Kemp

Minamoto Takakuni (?):
Wie Fujiwara Kiyokado sich vor den Katzen
fürchtete 250
Deutsch von Eduard Klopfenstein

Leigh Hunt:
Die Katze beim Kamin 256
Deutsch von Anne Marie Fröhlich

J. W. Goethe:
Begünstigte Tiere 263

P. G. Wodehouse:
Die Geschichte von Webster 264
Deutsch von Anne Marie Fröhlich

Théophile Gautier:
Meine Hausmenagerie 295
Deutsch von Hugo Meier

Robert von Diesbach:
Gottfried Mind 323

Zu den Texten 334
Zu den Bildern 335
Bildnachweis 336
Anmerkungen 337
Quellenhinweise 342